ANDREAS POHL

Abfallrechtliche Sicherungs- und Rekultivierungspflichten

Schriften zum Umweltrecht

Herausgegeben von Prof. Dr. Michael Kloepfer, Berlin

Band 34

Abfallrechtliche Sicherungs- und Rekultivierungspflichten

Von

Dr. Andreas Pohl

Duncker & Humblot · Berlin

Die Deutsche Bibliothek – CIP-Einheitsaufnahme

Pohl, Andreas:
Abfallrechtliche Sicherungs- und Rekultivierungspflichten / von Andreas Pohl. — Berlin : Duncker und Humblot, 1993
(Schriften zum Umweltrecht ; Bd. 34)
Zugl.: Bochum, Univ., Diss., 1992/93
ISBN 3-428-07845-4
NE: GT

Fotoprint: Berliner Buchdruckerei Union GmbH, Berlin
Printed in Germany

ISSN 0935-4247
ISBN 3-428-07845-4

Meinen Eltern

Vorwort

Die vorliegende Arbeit wurde im Wintersemester 1992/93 von der Juristischen Fakultät der Ruhr-Universität Bochum als Dissertation angenommen. Rechtsprechung und Literatur sind bis Januar 1993 berücksichtigt. Spätere Entscheidungen und Literatur konnten nur vereinzelt aufgenommen werden.

Herrn Professor Dr. Jarass, der mir bei der Erstellung der Arbeit mit wertvollem Rat zur Seite stand und so wesentlich zu ihrem Gelingen beitrug, bin ich in tiefer Dankbarkeit verbunden. Herrn Professor Dr. Tettinger möchte ich ebenfalls für seine hilfreichen Anregungen danken. Mein Dank gilt auch den zuständigen Mitarbeitern der Regierungspräsidenten, Kommunalverwaltungen und Firmen, die mit ihren Auskünften das notwendige Tatsachenmaterial lieferten, ohne das die Arbeit in der vorliegenden Form nicht hätte erstellt werden können. Schließlich möchte ich auch Herrn Professor Dr. Kloepfer danken, der die Aufnahme meiner Arbeit in die "Schriften zum Umweltrecht" befürwortet hat.

Hohenlimburg, im Mai 1993

Andreas Pohl

Inhaltsverzeichnis

2. Teil

Rechtsgrundlagen

3. Teil

Betroffene Anlagen

4. Teil

Inhalt der Sicherungs- und Rekultivierungspflichten

5. Teil

Grenzen für Sicherungs- und Rekultivierungsanordnungen

6. Teil

Wiederholbarkeit und zeitliche Grenze für Sicherungs- und Rekultivierungsanordnungen

7. Teil

Adressat von Sicherungs-und Rekultivierungspflichten

Abkürzungsverzeichnis

a. A.	anderer Ansicht
AbwAG	Gesetz über die Abgaben für das Einleiten von Abwasser in Gewässer in der Fassung vom 6.11.1990 (BGBl. I S. 2432)
AbfG	Gesetz über die Vermeidung und Entsorgung von Abfällen (Abfallgesetz) in der Fassung vom 27.08.1986 (BGBl. I S. 1410, berichtigt S. 1501), zuletzt geändert durch Gesetz vom 26.06.1992 (BGBl. I S. 1161)
AbfG LSA	Abfallgesetz des Landes Sachsen-Anhalt vom 14.11. 1991 (GVBl. S. 422)
Abs.	Absatz
a. F.	alte Fassung
AGAbfG SH	Ausführungsgesetz zum Abfallbeseitigungsgesetz vom 26.11.1973 (Schleswig-Holstein)
Anm.	Anmerkung
AtG	Gesetz über die friedliche Verwendung der Kernenergie und den Schutz gegen ihre Gefahren (Atomgesetz) in der Fassung vom 15.07.1985 (BGBl. I S. 1565), zuletzt geändert durch Gesetz vom 26.08.1992 (BGBl. I S. 1564)
Aufl.	Auflage
BArtSchV	Verordnung zum Schutz wildlebender Tier und Pflanzenarten in der Fassung vom 18.09.1989 (BGBl. I S. 1677, berichtigt S. 2011)
BauGB	Baugesetzbuch in der Fassung vom 8.12.1986 (BGBl. I 2253), zuletzt geändert durch Gesetz vom 11.01.1993 (BGBl. I S. 50)
BauO NW	Bauordnung für das Land Nordrhein-Westfalen vom 26.06.1984 (GV S. 419), zuletzt geändert durch Gesetz vom 20.06.1989 (GV S. 432)
BayAbfAlG	Gesetz zur Vermeidung, Verwertung und sonstigen Entsorgung von Abfällen und zur Erfassung und Überwachung von Altlasten in Bayern vom 27.02.1991 (GVBl. S. 64)
BayAbfG	Gesetz über die geordnete Beseitigung von Abfällen vom 25.07.1973 (Bayern, GVBl. S. 324), zuletzt geändert durch Gesetz vom 20.07.1982 (GVBl. S. 471)
BayObLG	Bayerisches Oberstes Landesgericht

LAbfG BW	Gesetz über die Vermeidung und Entsorgung von Abfällen und die Behandlung von Altlasten in Baden-Württemberg vom 8.01.1990 (GBl. S. 1), geändert durch Gesetz vom 24.06.1991 (GBl. S. 434)
LAbfG NW	Abfallgesetz für das Land Nordrhein-Westfalen vom 21.06.1988 (GV S. 250), zuletzt geändert durch Gesetz vom 14.02.1990 (GV S. 32)
LAbfVG Brbg.	Vorschaltgesetz zum Abfallgesetz für das Land Brandenburg vom 20.02. 1992 (GVBl. S. 16)
LAbfWAG RP	Landesabfallwirtschafts- und Altlastengesetz vom 30.04. 1991, Rheinland-Pfalz, (GVBl. 251)
LAbfWG SH	Abfallwirtschaftsgesetz für das Land Schleswig-Holstein vom 6.12.1991 (GVBl. S. 640)
LandesforstG NW	Forstgesetz für das Land Nordrhein-Westfalen in der Fassung vom 24.04.1980 (GV S. 546), zuletzt geändert durch Gesetz vom 20.06.1989 (GV S. 477)
LandespflegeG RP	Gesetz über Naturschutz und Landschaftspflege vom 5.02.1979 (Rheinland-Pfalz, GVBl. S. 37), geändert durch Gesetz vom 7.02.1983 (GVBl. S. 17)
LandschaftsG NW	Gesetz zur Sicherung des Naturhaushalts und zur Entwicklung der Landschaft vom 26.06.1980 (GV S. 734), zuletzt geändert durch Gesetz vom 6.10.1987 (GV S. 342)
LandschaftspflegeG SH	Gesetz über Naturschutz und Landschaftspflege in der Fassung vom 19.11.1982 (Schleswig-Holstein, GVBl. S. 256), zuletzt geändert durch Gesetz vom 7.06.1991 (GVBl. S. 331)
LFischG NW	Fischereigesetz für das Land Nordrhein-Westfalen vom 11.07.1972 (GV S. 226), zuletzt geändert durch Gesetz vom 6.11.1984 (GV S. 160)
LG	Landgericht
lit.	litera
LWaldG BW	Waldgesetz für Baden-Württemberg in der Fassung vom 4.04.1985 (GBl. S. 105), zuletzt geändert durch Gesetz vom 17.12.1991 (GBl. S. 848)
LWG NW	Wassergesetz für das Land Nordrhein-Westfalen vom 9.06.1989 (GV S. 384)
LWG RP	Wassergesetz für das Land Rheinland-Pfalz in der Fassung vom 14.12.1990 (GVBl. 1991 S. 11)
NAbfG	Niedersächsisches Abfallgesetz vom 21.03.1990 (GVBl. S. 91), zuletzt geändert durch Gesetz vom 7.11.1991 (GVBl. S. 295)
NatSchG BW	Gesetz zum Schutz der Natur, zur Pflege der Landschaft und über die Erholung in der freien Landschaft vom 21.10.1975 (Baden-Württemberg, GBl. S. 654, berichtigt GBl. 1976 S. 96), zuletzt geändert durch Verordnung vom 19.03.1985 (GBl. S. 71)

NdsSOG	Niedersächsisches Gesetz über die öffentliche Sicherheit und Ordnung vom 17.11.1981 (GVBl. S. 347), zuletzt geändert durch Gesetz vom 17.12.1991 (GVBl. S. 367)
NdsWaldG	Landeswaldgesetz in der Fassung vom 19.07.1978 (Niedersachsen, GVBl. S. 595), zuletzt geändert durch Gesetz vom 22.3.1990 (GVBl. S. 595)
NWG	Niedersächsisches Wassergesetz in der Fassung vom 20.08.1990 (GVBl. S. 371)
NJW	Neue Juristische Wochenschrift
NStZ	Neue Zeitschrift für Strafrecht
NuR	Natur und Recht
NVwZ	Neue Zeitschrift für Verwaltungsrecht
NWVBl.	Nordrhein-westfälische Verwaltungsblätter
OBG NW	Gesetz über Aufbau und Befugnisse der Ordnungsbehörden in der Fassung vom 13.05.1980 (Nordrhein-Westfalen, GV S. 528), zuletzt geändert durch Gesetz vom 7.03.1990 (GV S. 201)
OVG	Oberverwaltungsgericht
OwiG	Gesetz über die Ordnungswidrigkeiten in der Fassung vom 19.02.1987 (BGBl. I S. 602), zuletzt geändert durch Gesetz vom 15.07.1992 (BGBl. I S. 1302)
PflSchG	Gesetz zum Schutz der Kulturpflanzen vom 15.09.1986 (BGBl. I S. 1505), zuletzt geändert durch Gesetz vom 28.06.1990 (BGBl. I S. 1221)
PolG NW	Polizeigesetz des Landes Nordrhein-Westfalen in der Fassung vom 24.02.1990 (GV S. 70)
RdE	Recht der Elektrizitätswirtschaft
RGZ	Entscheidungen des Reichsgerichts in Zivilsachen
ROG	Raumordnungsgesetz in der Fassung vom 25.07.1991 (BGBl. I S. 1726, berichtigt S. 1883)
SAbfG	Saarländisches Abfallgesetz vom 3.06.1987 (Amtsblatt S. 849)
SächsEGAB	Erstes Gesetz zur Abfallwirtschaft und zum Bodenschutz im Freistaat Sachsen vom 12.08.1991 (GVBl. S. 306)
SächsPolG	Polizeigesetz des Freistaates Sachsen vom 30.07.1991 (GVBl. S. 291)
SNG	Gesetz Nr. 1097 über den Schutz der Natur und die Pflege der Landschaft vom 31.01.1979 (Saarland, Amtsblatt S. 147), geändert durch Gesetz vom 8.04.1987 (Amtsblatt S. 569)
SOG LSA	Gesetz über die öffentliche Sicherheit und Ordnung des Landes Sachsen-Anhalt vom 19.12.1991 (GVBl. S. 538)
Sp.	Spalte

StGB	Strafgesetzbuch in der Fassung vom 10.03.1987 (BGBl. I S. 915, berichtigt S. 1160), geändert durch Gesetz vom 25.07.1992 (BGBl. I S. 1398)
TA Abfall	Technische Anleitung Abfall vom 12.03.1991, Gemeinsames Ministerialblatt S. 139, berichtigt S. 469
ThAbfAG	Gesetz über die Vermeidung, Verminderung, Verwertung und Beseitigung von Abfällen und die Sanierung von Altlasten (Thüringen) vom 31.07.1991 (GVBl. S. 27)
TierKBG	Gesetz über die Beseitigung von Tierkörpern, Tierkörperteilen und tierischen Erzeugnissen vom 2.09.1975 (BGBl. I 2313)
TierSchG	Tierschutzgesetz in der Fassung vom 18.08.1986 (BGBl. I S. 1319), zuletzt geändert durch Gesetz vom 20.08. 1990 (BGBl. I S. 1762)
UmweltHG	Umwelthaftungsgesetz vom 10.12.1990 (BGBl. I S. 2634)
UTR	Umwelt- und Technikrecht
VBlBW	Verwaltungsblätter für Baden-Württemberg
VerwArch	Verwaltungsarchiv
VG	Verwaltungsgericht
VGH	Verwaltungsgerichtshof
VR	Verwaltungsrundschau
WHG	Gesetz zur Ordnung des Wasserhaushalts (Wasserhaushaltsgesetz) in der Fassung vom 23.09.1986 (BGBl. I S. 1529, berichtigt S. 1654), zuletzt geändert durch Gesetz vom 26.08.1992 (BGBl. I S. 1564)
ZfW	Zeitschrift für Wasserrecht

Einführung

Im Rahmen der öffentlichen Abfallentsorgung werden gegenwärtig auf dem Gebiet der alten Bundesrepublik Deutschland etwa 3200 größere Abfallentsorgungsanlagen betrieben. 3082 davon sind Deponien, auf denen ungefähr 90% des überwiegend in Form von Bauschutt und Hausmüll anfallenden Abfallvolumens entsorgt werden. Bei der großen Mehrheit dieser Deponien wird in spätestens 10 Jahren die Grenze der Ablagerungskapazität erreicht sein. Zwar hat die Zahl der Deponien in der Vergangenheit beständig abgenommen. Dieser Rückgang ist jedoch nicht auf eine Verringerung des Abfallvolumens oder die Entwicklung neuer Entsorgungstechniken zurückzuführen, sondern auf eine anhaltende Tendenz zur Zentralisierung auf wenige große Deponien. Die für die Zukunft zu sichernden und zu rekultivierenden Flächen sind damit insgesamt nicht kleiner geworden. Die nächst größere Gruppe von Abfallentsorgungsanlagen stellen die Verbrennungsanlagen dar, in denen etwa 8% des anfallenden Abfallvolumens entsorgt wird. Zu den derzeit ungefähr 50 Müll- und Klärschlammverbrennungsanlagen kommen noch 28 größere Sondermüllverbrennungsanlagen hinzu. Zwar gibt es bei Verbrennungsanlagen keine so eng begrenzte Nutzungsdauer wie bei Deponien. Letztlich wird aber auch hier die Sicherung und Rekultivierung aktuell, weil etwa neue und umweltschonendere Entsorgungsverfahren entwickelt werden oder die Anlagen selbst durch Abnutzung veralten. Die in der Abfallentsorgung noch unbedeutendste Gruppe bilden die sonstigen Anlagen, wie beispielsweise Kompostieranlagen, zu denen nur 2% des öffentlich zu entsorgenden Mülls verbracht wird. Daneben existieren noch etwa 10.000 zumeist kleinere betriebseigene Abfallentsorgungsanlagen, von denen über 7000 beispielsweise als Neutralisations-, Entgiftungs-, Emulsionstrennungs- oder Schlammentwässerungsanlagen der Vorbehandlung von Abfällen dienen. In den neuen Bundesländern und Berlin (Ost) wurden 1989 annähernd 10.000 unkontrollierte Müllkippen betrieben. Diese nahmen über 90% des dort anfallenden Abfalls auf. Im Jahre 1990 existierten davon noch 6000, zu denen noch 1000 kontrollierte Deponien hinzuzurechnen sind. Daneben wurde eine Müllverbrennungsanlage betrieben.

Im folgenden sollen die wesentlichen Probleme untersucht werden, die im Zusammenhang mit der Sicherung und Rekultivierung auftreten. Dabei werden sowohl die für die zuständige Behörde wichtigen Punkte als auch die Fragen, die für den Inhaber einer Abfallentsorgungsanlage von maßgeblichem Interesse sind, Berücksichtigung finden. Es soll erörtert werden, für welche Anlagen Sicherungs- und Rekultivierungspflichten bestehen, welchen Inhalt entsprechende Anordnungen haben können und an wen sie innerhalb welchen Zeitraumes zu richten sind. Neben diesen, für Behörde und Inhaber wesentlichen Fragen soll anschließend noch geklärt werden, ob der Adressat von Sicherungs- und Rekultivierungsanordnungen eventuell einen internen Ausgleichsanspruch gegen Dritte geltend machen kann.

1. Teil

Sicherung und Rekultivierung in der Praxis[1]

A. Handelnde Behörde

Nachträgliche Sicherungs- und Rekultivierungsanordnungen im Sinne der §§ 9 S. 1, 9a Abs. 1 S. 1, 10 Abs. 2 und 10a Abs. 3 AbfG werden von der zuständigen Behörde getroffen, die nach § 19 AbfG durch die Landesregierungen oder die von ihnen bestimmten Stellen festgelegt werden, soweit keine Regelung durch Landesgesetz erfolgt. Die Landesgesetze ordnen diese Aufgabe entweder allgemein der Regierung oder Landesumweltämtern zu[2] oder gliedern die Zuständigkeit für die Umweltministerien als oberste, die Regierungspräsidien als höhere und schließlich die Gemeinden und kreisfreien Städte als untere Abfallrechtsbehörde.[3] In der Praxis geben die Regierungspräsidenten bzw. die Bezirksregierungen Rahmenvorgaben, die oft nur festlegen, daß überhaupt eine Sicherung und Rekultivierung in einer noch näher zu bezeichnenden Weise durchgeführt wird. Zum einen steht bei Betriebsbeginn noch nicht endgültig fest, welche konkreten Maßnahmen erforderlich sein werden, zum anderen können die höheren Behörden nicht festlegen, welche Bepflanzung beispielsweise konkret vor Ort sinnvoll ist. Die auszuwählenden Pflanzen können sogar innerhalb eines Gemeindegebietes häufig nicht einheitlich für jeden Standort bestimmt werden. Daher werden die Gemeinden auch in den Fällen, in denen die Regierungspräsidenten Vorgaben machen, die konkreten Maßnahmen vorschlagen. Die Gemeinden wiederum lassen sich im Regelfall von dritter Seite beraten. So werden Rekultivierungsvorschläge teils vom Betreiber der Abfallentsorgungsanlage selbst gemacht; in anderen Fällen wird ein Landschaftsarchitekt hinzugezogen, der letztlich einen Plan erstellt, in dem festgelegt wird, welche

---

1 Die nachfolgenden Ausführungen basieren auf persönlichen Gesprächen mit Mitarbeitern von Städten, Gemeinden, Regierungspräsidenten, privaten Entsorgern und privaten Firmen, die Sanierungskonzepte erstellen, sowie auf eigenen Beobachtungen.

2 Art. 29 BayAbfAlG, §§ 33 Abs. 3 Nr. 5, 7 LAbfVG Brbg., 16 Abs. 1 BremAGAbfG, 10 Abs. 1 HAAbfG, 24 SAbfG.

3 §§ 28 Abs. 2 LAbfG BW, 27 Abs. 1 HAbfAG, 24, 25 NAbfG, 34, 38 LAbfG NW, 13 SächsEGAB, 34 AbfG LSA.

Pflanzen wo angesiedelt werden. Bezüglich der Sicherungsmaßnahmen wird häufig der Rat von privaten Unternehmen eingeholt, die Sanierungskonzepte erstellen, um eventuelle Verunreinigungen zu beseitigen oder Schadstoffe einzukapseln.

B. Rekultivierung

I. Typische Rekultivierungsmaßnahmen

Bis in die siebziger Jahre hinein wurde auf die Rekultivierung des Geländes stillgelegter Abfallentsorgungsanlagen nur wenig Sorgfalt verwandt. Häufig wurde eine schnelle Folgenutzung als Kleingartenanlage oder sogar eine zusammenhängende Bebauung angestrebt. Sofern eine Bepflanzung erfolgte, bestand diese weitgehend aus kostengünstigen, schnellwachsenden Nadelgehölzen, ohne Rücksicht auf deren ökologische Funktion. Kleinere Gebäude, wie etwa ein Schrankenwärterhäuschen, ließ man oft einfach stehen und verfallen. Seit der Einführung des Abfallgesetzes und des Bundesnaturschutzgesetzes hat sich die Rekultivierungspraxis grundlegend geändert. Die Verantwortlichen versuchen nunmehr, ökologische Belange zu berücksichtigen und auch das Landschaftsbild durch gezielte Gestaltung des Geländeprofils zu verbessern. Die Umwelt- und Grünflächenämter der Städte und Gemeinden bemühen sich um eine landschaftsgerechte Bepflanzung, die möglichst vielfältige ökologische Funktionen erfüllt. Dabei bereitet es in der Praxis keine Probleme, dem Pflichtigen aufzuerlegen, eine Landschaft zu schaffen, die ökologisch wertvoller ist als sie vor Betriebsbeginn war. Dazu werden zur ehemaligen Abfallentsorgungsanlage gehörende bauliche Anlagen, wie etwa die Anlieferungsfläche, Betriebsgebäude oder Wertstoffzwischenlager, abgerissen. Anschließend wird ein 1 - 2 m starker kulturfähiger Oberboden angefahren. Dieser wird dann mit einer 30 - 50 cm dicken Schicht Mutterboden abgedeckt. Die exakte Dicke dieser Mutterbodenschicht hängt von der nachfolgenden Bepflanzung ab.

Die Bepflanzung selbst besteht im wesentlichen aus drei Gruppen von Pflanzen: aus Bäumen, aus Sträuchern oder aus Gräsern. Zumeist werden, insbesondere bei größeren Flächen, alle drei Pflanzengruppen gemischt angesiedelt. So pflanzt man beispielsweise Baumgruppen an, zwischen denen Wiesen entstehen, die wiederum durch Hecken oder Feldgehölze begrenzt und gegliedert werden. Weitere Einzelheiten hängen davon ab, ob und inwieweit eine Folgenutzung geplant ist. Grundsätzlich wird bei der Rekultivierung unterschieden zwischen der Schaffung eines Bürgerparks und der Schaffung eines Landschaftsparks. Ein Bürgerpark soll, wie der Name schon andeutet, als Naherholungsgebiet dienen. Dementsprechend wird hier nicht die gesamte Fläche bepflanzt, sondern es werden Freizeitflächen, etwa in Form von Liegewiesen oder Sport- und Spielplätzen, und ein Wegenetz angelegt. Bürgerparke werden vor allem dann errichtet, wenn das zu rekultivierende Gelände in der Nähe eines Stadtkerns liegt und dadurch von vielen Menschen leicht erreicht werden kann. Es erfolgt eine regelmäßige Pflege, zum Teil durch eigens hierfür angestelltes Personal. In Außenbereichen werden in aller Regel reine Landschaftsparke angelegt. Diese unterscheiden sich von Bürgerparken durch das Fehlen von Freizeitflächen. In Landschaftsparken wird eine gewisse Rahmenbepflanzung bzw. eine einmalige Aussaat vorgenommen. Anschließend überläßt man das Gelände bewußt als sogenannte Sukzessionsfläche weitgehend sich selbst. Um eine störende Beeinflussung durch Menschen zu minimieren, wird allenfalls ein dürftiges Wegenetz angelegt. Die Erfahrung mit Gebieten, die jahrzehntelang kaum Menschen zugänglich waren, wie einige ehemals sowjetische Militäranlagen in den neuen Bundesländern oder Grenzstreifen, wie das bekannt gewordene Lenné-Dreieck in Berlin, hat gezeigt, daß sich unter derartigen Umständen eine ökologisch intakte Landschaft entwickeln kann, in der sich sogar Arten ansiedeln, die als ausgestorben galten. In manchen Fällen ist hier allerdings eine Einschränkung zu machen. In Mitteleuropa besteht langfristig die Pflanzenwelt bei ungehinderter Sukzession fast überall aus Wald. Bei einigen Rekultivierungsvorhaben wird aus Kostengründen keine ausreichend dicke Oberbodenschicht angefahren, so daß einige Baumarten das Oberflächenabdichtungssystem[4] durchwurzeln würden. Deswegen rodet man dort das rekultivierte Gelände teilweise in Abständen von etwa 5 bis 10 Jahren. So wird die Entstehung eines voll leistungsfähigen Naturhaushalts behindert.

II. Rekultivierungskosten

Die Kosten für eine Rekultivierung sind naturgemäß je nach Art der konkreten Maßnahmen sehr unterschiedlich. Am kostengünstigsten ist die Anlage einer Wiese. Hier muß lediglich ausgesät werden, die anzufahrende Schicht an Mutterboden braucht nur eine Stärke von wenigen Zentimetern zu besitzen. Die Kosten für eine Wiese liegen bei etwa 15 DM/qm ohne kulturfähige Bodenschicht. Kleingehölze und Sträucher müssen eingepflanzt werden und benötigen auch mehr Mutterboden. Ihre Ansiedlung kostet derzeit 25 DM/qm ohne kulturfähige Bodenschicht und etwa 30 DM/qm mit Boden. Bei Bäumen liegen die

4 Ausführlich zum Oberflächenabdichtungssystem unten S. 30 ff.

Kosten zwischen 2000 und 5000 DM pro Baum. Für eine Mischbepflanzung sind im Schnitt zwischen 30 und 50 DM/qm aufzuwenden. Ein nicht zu vernachlässigender Kostenfaktor ist auch die häufig vorgenommene Geländeprofilierung. Hierbei werden mitunter enorme Erdmassen bewegt, um dem gesamten Gelände eine neue Struktur zu geben. Deutlich teurer als die Bepflanzung selbst ist auch die Anlage von Sportanlagen und Spielplätzen, die etwa 250 bzw. 70 DM/qm kosten. Der Bau dieser Einrichtungen gehört jedoch nicht zur Rekultivierung als solcher. Die Kosten sind daher, obwohl sie bei der Anlage von Bürgerparken im Rahmen einer Rekultivierung anfallen, nicht mehr zu den eigentlichen Rekultivierungskosten zu rechnen.

III. Rekultivierungsbeispiele

1. Rekultivierung der Deponie Hagen-Hamecke

Ein aufschlußreiches Rekultivierungsbeispiel stellt die Errichtung eines Bürgerparkes auf dem Gebiet einer ehemaligen Deponie in Hagen-Hamecke in Westfalen dar. Dort wurde ein ursprünglich tief eingeschnittenes Bachtal über Jahrzehnte hinweg mit Abfällen verfüllt. Mitte 1987 stellte man den Deponiebetrieb endgültig ein. Da das Gelände im Innenstadtbereich gelegen ist, sollte die Rekultivierung der etwa 225.000 qm großen Fläche mit der Schaffung eines Naherholungsgebietes für Bürger verbunden werden. Zu diesem Zweck veränderte man zunächst das Landschaftsprofil. Es wurde eine hügelige, bewegte Geländetopographie geschaffen, so daß sich die Gesamtfläche in viele kleinere Einzelflächen aufgliederte. Vom noch zu schaffenden Park her sollte sich eine gute Aussicht bieten. Gegenüber den Infrastrukturen der Innenstadt sollte ein noch zu bepflanzender Wall Sichtschutz gewähren. Ein Teil des Geländes wurde bebaut mit Parkplätzen, einer Caféterrasse, einer Freilichtbühne sowie einem Mehrzweckgebäude. An Sportanlagen errichtete man ein Groß- und ein Kleinspielfeld, einige Tennisplätze und eine Rollschuhlaufbahn. Vor der Begrünung der übrigen Flächen mußte ein 50 cm starker kulturfähiger Oberboden angefahren werden. Dieser wurde mit einer Mutterbodenschicht von 15 cm im Bereich der Rasenflächen und 25 cm im Bereich der Pflanzflächen angedeckt. Die Auswahl der Bepflanzung erfolgte in Zusammenarbeit mit einem Landschaftsarchitekten. Standortgerechte Sträucher und Hecken wurden ausgesucht, um das Gelände zu gliedern und Einzelflächen zu begrenzen. Die so gegliederten Flächen wurden teilweise mit Rasen begrünt und als Liegewiesen oder Grill- und Picknickplätze ausgewiesen. Baumgruppen ergänzten die Bepflanzung. Die bebauten Flächen hat man so verteilt, daß zwischen den einzelnen Freizeitanlagen breite Pflanzungen liegen. Die Grünflächen nehmen damit nicht nur den weitaus größten Teil der Gesamtfläche ein, sie beherrschen auch rein optisch das Landschaftsbild. Schließlich wurde ein Wegenetz angelegt, das nicht nur zu den einzelnen Freizeitanlagen führt, sondern auch die durch die Deponie getrennten Ortsteile wieder miteinander verbindet. Ende Oktober 1991 wurde die Errichtung des Bürgerparkes Hagen-Hamecke abgeschlossen. Die Gesamtkosten des Projekts überschritten 12 Millionen DM. Die reinen Begrünungskosten nahmen dabei den geringsten Teil ein.[5] Über 7 Millionen DM gewährte das Land Nordrhein-Westfalen als Zuschüsse. Knapp 2 Millionen DM übernahm das Arbeitsamt, da der Ausbau zum Teil als Arbeitsbeschaffungsmaßnahme gefördert wurde. Die Stadt Hagen mußte letztlich nur knapp 30% der Gesamtkosten tragen.

2. Rekultivierung der Deponien Dortmund-Grevel und Monte Scherbelino (Alt) in Frankfurt

Ein anderes Konzept liegt der Rekultivierung der Deponien Dortmund-Grevel und Monte Scherbelino (Alt) zugrunde, die zur Zeit zur Rekultivierung anstehen. In beiden Fällen ist die Errichtung eines Landschaftsparkes geplant. Der Monte Scherbelino soll durch Bepflanzung mit Wald in aufgelockerter Form und mit Gehölzgruppen in den umgebenden Frankfurter Stadtwald eingegliedert werden. In Dortmund-Grevel ist eine Rahmenbepflanzung mit heimischen Bäumen, vorwiegend Erlen, und anderen Gehölzen geplant. Im übrigen sollen größere Flächen als Sukzessionsflächen dem wilden Bewuchs überlassen werden. Angestrebtes Ziel ist die Entwicklung eines intakten Ökosystems, das sich im wesentlichen von selbst bilden soll. Am Deponierand wird in Dortmund-Grevel ein bepflanzter Wald errichtet, der, anders als in Hagen-Hamecke, als Sichtschutz für die Anwohner vor dem im großen und ganzen noch kahlen Deponiehügel dienen soll. Die Kosten der Begrünung betragen in Dortmund-Grevel zwischen 10 und 20 DM ohne Mutterbodenschicht und etwa 30 DM mit Boden.

---

[5] Vgl. die Kostenbeispiele oben S. 25 f.

C. Sicherung

I. Typische Sicherungsmaßnahmen

Eine systematische Katalogisierung von Sicherungsmaßnahmen nach verschiedenen Arten findet sich in dem Sondergutachten "Altlasten" des Rates von Sachverständigen für Umweltfragen.[6] Konkrete Maßnahmen werden auch in der TA Abfall sowie in dem noch nicht veröffentlichten Entwurf eines neuen Merkblattes "Die geordnete Ablagerung von Abfällen", das von der Länderarbeitsgemeinschaft Abfall zur Zeit ausgearbeitet wird, genannt. Teilweise entwickeln die Länder auch eigene Richtlinien.[7]

1. Kontroll- und Beschränkungsmaßnahmen

Die erste Gruppe von möglichen Maßnahmen bilden die sogenannten Kontroll- und Beschränkungsmaßnahmen.[8] Hierzu gehören beispielsweise die Errichtung von Schutzzäunen, um ein Betreten durch Menschen und Tiere zu verhindern, oder Meßeinrichtungen. Gemessen werden die Belastungen des Sickerwassers sowie Art und Menge der austretenden Gase. Die Kontrolle von Gas und Sickerwasser ist die wohl am häufigsten durchgeführte Sicherungsmaßnahme. Sie wird bei nahezu jeder Deponie vorgenommen. Dabei ist zu unterscheiden zwischen Eigen- und Fremdkontrolle. In der Regel erfolgt monatlich eine Messung durch den ehemaligen Inhaber selbst. Die Ergebnisse werden turnusmäßig, etwa vierteljährlich, von der Aufsichtsbehörde überprüft. Die Meß- und Kontrollmaßnahmen variieren im einzelnen.[9] Insbesondere bei kleineren und alten Deponien werden häufig nur Kontrollbrunnen angebracht. Bei größeren und neu zugelassenen Deponien wird ein System von Sickerrohren angelegt, das das anfallende Sickerwasser einer zentralen Drainageleitung an der Deponiesohle zuführt. Kontrolliert und gemessen werden bei größeren Anlagen nicht nur die Wasserqualität, sondern auch Temperatur, Niederschlagsmengen und Luftfeuchtigkeit. Bei den austretenden Gasen wird ihre Zusam-

---

6 BT-Drs. 11/6191.

7 Hessen entwirft zur Zeit eine Richtlinie für die Planung, den Bau, den Betrieb und die Stillegung von Deponien für Siedlungsabfälle.

8 Zu der Unterteilung in Gruppen siehe vor allem die Übersicht in BT-Drs. 11/6191, S. 120.

9 Zu den Meßverfahren und zeitlichen Intervallen der jeweiligen Messungen siehe Anhang G zur TA Abfall.

mensetzung sowie die Wasserdampfkondensatabscheidung untersucht, um den Grad der in den Abfällen noch enthaltenen Feuchtigkeit zu ermitteln.[10]

2. Einkapselung und Drainage

Die nächste Gruppe bilden Sicherungsmaßnahmen zur Unterbrechung der Kontaminationswege durch Einkapselung des verseuchten Erdreichs und Ableitung von Wasser und Gasen.

a) Das Vorhandensein von Wasser ist die notwendige Voraussetzung für den Ablauf vieler chemischer und insbesondere biochemischer Prozesse, die zur Entstehung schädlicher Stoffe führen. Nur solange Wasser in eine Deponie eindringen kann, können organische Stoffe abgebaut werden. Der Abbau organischer Stoffe ist ursächlich für das Entstehen von Deponiegasen.[11] Durch Wasser wird dem Boden zudem Sauerstoff zugeführt, der Oxidationsprozesse auslöst, die wiederum eine Verschiebung des pH-Wertes zur Folge haben. Dadurch wird die Mobilität von Schwermetallen im Boden erheblich verstärkt.[12] Wegen dieser enormen Bedeutung des Wassers bei der Entstehung von Gefährdungen durch giftige Stoffe geht es bei der Einkapselung und Drainage im wesentlichen darum, Wasser von der Deponie fernzuhalten bzw. das Wasser, das dennoch eindringen konnte, und die Gase, die in den dadurch ausgelösten Prozessen entstanden, zu erfassen und abzuleiten.

b) Aus der Bedeutung des Wassers für die Entstehung von Giftstoffen folgt allerdings nicht zwingend, daß als Gegenmaßnahme nun eine Einkapselung der abgelagerten Abfälle und eine Drainage des Restwassers vorgenommen werden muß. Man könnte auch daran denken, das genaue Gegenteil zu tun, nämlich möglichst viel Wasser hinzuzugeben, um den Abbau der organischen Materialien zu beschleunigen. Dadurch wird die Ausgasung zwar erhöht. Nach Abbau der organischen Stoffe wäre eine Entstehung weiterer Gase allerdings unmöglich, während eine Einkapselung letztlich immer nur Sicherheit auf Zeit bedeuten kann. Wenn die Einkapselung undicht wird, können die biochemischen Abbauprozesse, die vermieden werden sollten, doch noch in Gang kommen. Daher wird vor allem in England und Frankreich ein Auslaugen von Schadstoffen be-

---

[10] Ausführlich hierzu Anhang G zur TA Abfall.

[11] Vgl. hierzu *Spendlin/Stegmann*, Gasentstehung in Altdeponien und ihre Problematik, in: Franzius/Stegmann/Wolf, Handbuch der Altlastensanierung, Nr. 1.2.3.

[12] *Förstner*, Bewertung der Altlasten hinsichtlich der Mobilität von Schadstoffen (Schwermetallen), in: Franzius/Stegmann/Wolf, Handbuch der Altlastensanierung, Nr. 4.1.4.1.

trieben, indem die Abfälle mit Wasser vermischt werden, um die organischen Stoffe abzubauen und andere Schadstoffe zu verflüssigen. Der Nachteil dieser Methode liegt jedoch in den unkontrollierten chemischen Reaktionen, die durch eine Auslaugung ermöglicht werden. Schadstoffe werden zwar verdünnt, aber letztlich nicht vollständig aufgefangen. Sie erreichen durch das Wasser oft erst die Mobilität, die zu einer Gefährdung führt. Aus diesem Grund wird in Deutschland auf eine Auslaugung weitgehend verzichtet. Eine Sicherung erfolgt durch Einkapselung und Drainage, um den chemischen, physikalischen und mikrobiologischen Stoffumsatz im Deponiekörper zu minimieren.

c) Neben der Kontrolle von Sickerwasser und Gas sind die Einkapselung von Schadstoffen und die Drainage von Wasser und Gas die wichtigsten und am häufigsten durchgeführten Sicherungsmaßnahmen. Derartige Vorkehrungen werden in der TA Abfall weiter konkretisiert.[13] Danach müssen ein Basisabdichtungssystem als Untergrund einer Deponie sowie ein Oberflächenabdichtungssystem als Abdeckung geschaffen werden. Die Reihenfolge der einzelnen Schichten beider Abdichtungssysteme sowie deren Mindeststärke und physische Beschaffenheit werden von der TA Abfall und im noch unveröffentlichten Entwurf des neuen Merkblattes "Die geordnete Ablagerung von Abfällen" der Länderarbeitsgemeinschaft für Abfall detailliert geregelt.[14]

Die Basisabdichtung kann danach durch mehrere Schichten aus mineralischem Dichtungsmaterial[15], wie etwa einer Sand-Bentorit-Mischung, bestehen, die durch Pressen verdichtet werden. Nach der Verdichtung müssen sie noch mindestens 75 cm dick sein und eine sehr geringe Wasserdurchlässigkeit besitzen.[16] Die Wasserdurchlässigkeit wird in Metern pro Sekunde gemessen. Angestrebt wird eine Durchlässigkeit von maximal 5×10^{-10} m/s, also eine praktisch völlige Undurchlässigkeit. Schadstoffe würden bei dieser Geschwindigkeit mehrere tausend Jahre benötigen, um die Abdichtung zu durchdringen. Vielfach verwendet man als Basisabdichtung auch eine Kunststoffolie oder kombiniert sie mit mineralischen Schichten. Derartige Folien müssen eine Stärke von min-

---

[13] Nr. 9.4 TA Abfall.

[14] Vgl. die Schaubilder in Nr. 9.4.1.4 TA Abfall; technische Einzelheiten zur Beschaffenheit von Dichtungselementen finden sich bei *Steffen*, Müll und Abfall 1990, 638 ff.

[15] Näher zu den Eigenschaften mineralischen Dichtungsmaterials *Bracke/Hagemann/Echte/Püttmann*, Müll und Abfall 1991, 409 ff. und *Hoffmann/Stief*, Müll und Abfall 1991, 404 ff.

[16] Allgemein zum Transport von Schadstoffen durch mineralische Dichtungssysteme *Finsterwalder*, Stofftransport-Prozesse in Deponie-Ummantelungen von Altlasten - Ihr Einfluß auf den Entwurf der Abdichtungen, in: Jessberger (Hrsg.), Erkundung und Sanierung von Altlasten, 5. Bochumer Altlasten-Seminar, S. 99 ff.

destens 2,5 mm aufweisen und wasserundurchlässig sowie weitgehend chemikalienresistent sein. Sie bestehen nur aus Polyethylenverbindungen, die von der Bundesanstalt für Materialforschung und -prüfung ausdrücklich zugelassen wurden.[17]

Für die Oberflächenabdichtung gilt ähnliches wie für die Basisabdichtung. Zum Teil werden hier zusätzlich noch Schichten aus feinem Bauschutt oder aus gereinigter Schlacke aus Müllverbrennungsanlagen aufgebracht. Die Schlacke hat die Eigenschaft, sich extrem zu verhärten. Zur Abdichtung der Oberfläche können zusätzlich noch wasserbindende Böden verwendet werden, die dann mit wasserspeichernden Pflanzen besiedelt werden. Hier können sich Sicherung und Rekultivierung überschneiden.

Die Drainage von Wasser und Gas erfolgt durch sogenannte Rigolen. Rigolen sind Schüttungen aus hohlraumbildendem Material, das eine höhere Gas- bzw. Wasserwegsamkeit besitzt als die umgebenden Schichten. Es werden möglichst viele, eher kleine Rigolen angelegt, um nicht zu große Hohlräume zu erhalten, die dann Setzungen des Deponiekörpers verursachen können.[18] Die Rigolen unterteilen sich in flächige und linienförmige sowie in horizontale und vertikale Fassungssysteme. Vertikale flächige Drainageschichten bestehen aus grobstückigem Kies oder Schotter, gelegentlich auch aus Bauschutt. Ein horizontales flächiges Erfassungssystem besteht aus gleichem Material und befindet sich regelmäßig unmittelbar unterhalb der Oberflächenabdichtung. Horizontale linienförmige Fassungselemente sind kiesummantelte Drainageleitungen aus temperatur- und chemikalienbeständigen Kunststoffen, die den gesamten Deponiekörper durchziehen. Bei ihnen ergibt sich allerdings die Gefahr einer Verstopfung, insbesondere nach einer Setzung des Deponiekörpers. Horizontale linienförmige Drainageleitungen werden daher zumeist nur dann verwandt, wenn Kontroll- und Reinigungsmöglichkeiten, etwa durch Flutung oder Begehung durch Menschen, bestehen. Vertikale linienförmige Fassungselemente schließlich dienen vor allem der Gasdrainage, die in der Regel durch Rohre erfolgt, in denen ein Unterdruck erzeugt wird, um die Gase nach oben zu leiten. Solche Rohre sind allerdings sehr starr und damit anfällig gegen Bewegungen im Erdreich. Daher werden zunehmend auch Kies- und Schottersäulen verwendet. Das so hochgesaugte Gas besteht im wesentlichen aus Methanverbindungen, Benzolen sowie Kohlen- und Schwefelwasserstoffen. Soweit es ver-

[17] Zu den technischen Einzelheiten vgl. Anhang E zur TA Abfall.

[18] Zur Messung von Deponiesetzungen vgl. *Gertloff*, Müll und Abfall 1990, 179 ff.

wertbar ist, wird es in das städtische Gasnetz eingespeist. Der Rest wird abgefackelt.

Während Gas nach oben hin drainiert wird, leitet man das gesammelte Sickerwasser nach unten. Aus diesem Grund ist auf der Deponiesohle eine zentrale Drainageleitung zu errichten, in die alle anderen Erfassungssysteme einmünden. Die zentrale Leitung muß gradlinig verlaufen und ein Gefälle von mindestens 1,5 % aufweisen, um Verstopfungen vorzubeugen. Der tiefste Punkt der Drainageleitung auf der Deponiebasis muß mindestens einen Meter über dem Grundwasserspiegel liegen. Die Wassereintrittsfläche sollte etwa 100 qcm pro Meter Rohr betragen. Insbesondere bei größeren Deponien werden diese zentrale Drainageleitung oder auch die Nebenrohre mit Kameras befahren, um Verstopfungen festzustellen. Zumeist besteht eine Unterkellerung, die einen Einstieg durch Menschen zur Wartung und Reparatur ermöglicht. Das so aufgefangene Sickerwasser wird hochgepumpt und chemisch oder bakteriell behandelt und geklärt.[19]

d) Die oben dargestellten Basis- und Oberflächenabdichtungssysteme sichern nur nach dem Inkrafttreten des Abfallgesetzes zugelassene Deponien. Anlagen, die zuvor bereits bestanden, wurden kaum gesichert. Zudem wurde hier häufig ungeordnet abgelagert, d. h. es wurden Stoffe zusammen abgelagert, die miteinander chemisch reagieren können. Daher ist es oftmals nötig, nachträglich Sicherungsmaßnahmen zu treffen. Sofern man nicht die Schadstoffe auskoffern will, kommt hier lediglich eine nachträgliche Einkapselung in Betracht. Eine nachträgliche Oberflächenabdichtung erscheint verhältnismäßig unproblematisch. Weitaus schwieriger gestaltet sich die nachträgliche Abdichtung der Deponiebasis. In jüngster Zeit sind hierzu im wesentlichen zwei Verfahren entwickelt worden: eine Unterminierung des Untergrundes einer bereits verfüllten Deponie in bergmännischer Weise, um dann die Stollen mit einer Dichtungsschicht zu verfüllen, und die Einführung seitlicher Schlitzwände.[20] Diese Verfahren sind nicht nur bei alten Deponien anzuwenden, bei denen die Standortwahl nicht nach geologischen Kriterien erfolgte, sondern auch dann, wenn der vermeintlich dichte Untergrund den Sicherheitserwartungen nicht gerecht

---

[19] Eine Auflistung der Behandlungsverfahren für Sickerwasser findet sich in Anhang F zur TA Abfall; Einzelheiten zu mikrobiologischen Behandlungsmethoden finden sich bei *Ebner/Sprenger*, Mikrobiologische Sanierungstechniken auf dem Prüfstand, in: Jessberger (Hrsg.), Erkundung und Sanierung von Altlasten, 5. Bochumer Altlasten-Seminar, S. 107 ff.

[20] Diese Verfahren werden bei der nachträglichen Sicherung der Deponie Münchehagen diskutiert. Die Einzelheiten werden bei der Darstellung dieses Sicherungsbeispiels unten S. 35 ff. erläutert.

wird, wenn also Risse und Klüfte im felsigen Untergrund einer Deponie verfüllt oder abgedichtet werden müssen.

3. Beseitigung von Verunreinigungen durch Aushub

Als weitere Sicherungsmaßnahme kommt schließlich die Auskofferung des schadstoffhaltigen Bodens in Betracht. Praktisch hat der Aushub von Böden jedoch kaum Bedeutung bei der Sicherung von Abfallentsorgungsanlagen. Eine Auskofferung ist ohne größere Umweltbelastungen nur in kleineren Mengen von wenigen Tonnen denkbar. Der Aushub darüber hinausgehender Schadstoffmengen würde enorme Belastungen für die umliegende Landschaft durch kontaminierte Stäube mit sich bringen.[21] Derartige Arbeiten sind, vor allem in dicht besiedelten Räumen wie dem Ruhrgebiet, kaum durchführbar. Extreme Belastungen entstehen auch für die Arbeiter, die den Aushub vornehmen und mit Vollschutzkleidung arbeiten müßten.[22] Zudem erscheint der Sinn einer Auskofferung fraglich. Der verunreinigte Boden liegt bereits auf einer Deponie. Er könnte nach dem Aushub, soweit er wegen der zu befürchtenden Emissionen nicht verbrannt werden kann, allenfalls wieder auf eine andere Deponie gefahren werden, die dann ihrerseits über eine ausreichende Sicherung verfügen müßte.

II. Sicherheitsmaximierung bei der Errichtung neuer Deponien

Um das Risiko der Entstehung von Gefährdungen des Wohls der Allgemeinheit zu minimieren, sind eine Reihe von Vorbeugemaßnahmen schon bei der Errichtung einer Deponie möglich. So sollen nach der TA Siedlungsabfall bis 1995 alle neu zuzulassenden Deponien inertisiert werden, d. h. die Ablagerung soll auf nicht organische Stoffe beschränkt werden, damit keine biochemischen Reaktionen und die hiermit verbundenen Ausgasungen entstehen.[23] Die Ablagerung erfolgt bei neuen Deponien nur noch geordnet, d. h. die zusammen abgelagerten Stoffe können nicht miteinander reagieren. Durch die geplante Inertisierung von Deponien wird die Bedeutung der Müllverbrennungsanla-

---

[21] Vgl. *Görtz*, in: Fiedler, Kommunales Umweltmanagement, S. 147.

[22] Näher hierzu *Zarth/Hesse*, Arbeitsschutz bei der Sanierung der Deponie Georgswerder, Hamburg, in: Franzius/Stegmann/Wolf, Handbuch der Altlastensanierung, Nr. 6.6.2 sowie *Krämer*, Arbeits- und Gesundheitsschutz in der Altlastensanierung, in: Jessberger (Hrsg.), Erkundung und Sanierung von Altlasten, 8. Bochumer Altlasten-Seminar, S. 133 ff.

[23] Die TA Siedlungsabfall war bei Drucklegung noch unveröffentlicht.

gen für die Abfallentsorgung enorm steigen. Bislang sind jedoch noch nicht genügend neue Verbrennungsanlagen errichtet worden, um dieser Entwicklung gerecht zu werden. Es müssen noch mindestens 40 Müllverbrennungsanlagen gebaut werden, um allein in den alten Bundesländern eine annähernd flächendeckende Hausmüllentsorgung durch Verbrennung zu gewährleisten. Angesichts der verhältnismäßig langen Dauer von Zulassung und Errichtung neuer Müllverbrennungsanlagen und der hohen Kosten von etwa 200 Millionen DM für eine Anlage mittlerer Größe ist mit einer tatsächlichen Inertisierung aller neu zugelassenen Deponien wohl erst ab dem Jahr 2005 zu rechnen.

Neben der angestrebten Inertisierung ist noch ein neuartiges Deponierungssystem im Gespräch, das bislang teilweise schon bei Sondermülldeponien angewendet wird. Danach erfolgt eine Ablagerung immer nur von gleichen Stoffen in einzelnen Feldern bzw. Kästen, die ihrerseits jeweils mit eigenen Sicherungswänden voneinander abgegrenzt werden. Chemische Reaktionen zwischen verschiedenen Stoffen sind so nicht möglich. Sollte es dennoch zu Gefährdungen kommen, etwa durch den Zerfall bestimmter Substanzen, so braucht nur das betreffende Feld eingekapselt bzw. ausgekoffert zu werden, nicht aber die gesamte Deponie. Zum Teil wird die Deponiefläche auch mit einem Gerüst überspannt, auf dem ein Kran über jedes Feld gebracht werden kann. Diese Überbauung ist allerdings sehr aufwendig und bei großen Deponien nicht flächendeckend möglich.

III. Sicherungskosten

Die Kosten für die Errichtung eines Abdichtungssystems sind sehr unterschiedlich, je nachdem, welche und wieviele Schichten angelegt werden. Anders als bei den Rekultivierungskosten lassen sich hier kaum Durchschnittswerte angeben. Die Sicherungskosten nehmen enorm zu, wenn ein Basisabdichtungssystem erst nachträglich eingefügt werden muß. Kostenfaktoren sind vor allem die Menge des zu beseitigenden Abraums und die Größe des notwendigen Abdichtungssystems. Die Kosten für seitlich einzubringende dichtende Schlitzwände liegen derzeit etwa bei 200 bis 300 DM/qm.

Die Säuberung von verseuchtem Erdreich kostet derzeit zwischen 500 und 1000 DM pro Tonne, wobei im oberen Bereich dieser Spanne die Reinigung von Sondermüll anzusiedeln ist. Am teuersten ist die Entgiftung von halogenhaltigen Lösungsmitteln, die Aufwendungen in Höhe von bis zu 65.000 DM pro Tonne erfordert. Glücklicherweise fallen diese Stoffe jedoch zumeist bloß in Kilomengen an.

IV. Sicherungsbeispiele

1. Sicherung der Deponie Münchehagen

Die Sicherung der Deponie Münchehagen bei Hannover befand sich im Herbst 1992 noch im Planungsstadium.[24] Die verschiedenen Konzepte, die zu diesem Zeitpunkt diskutiert wurden, sind von besonderer Bedeutung, da sie beide neuartig und möglicherweise richtungsweisend für zukünftige Sicherungsprojekte sind.

a) In Münchehagen wurde auf einer Fläche von 7,5 Hektar vor allem Sondermüll zunächst ungeordnet abgelagert. Dazu gehörten auch das sogenannte Seveso-Gift und andere dioxinhaltige Stoffe. Unter der Deponie befindet sich eine Schicht aus Tongestein, so daß man den Standort anfangs für sicher hielt. Mit der Zeit stellte sich jedoch heraus, daß der Untergrund von Rissen und Klüften durchzogen war, ohne daß man genaue Voraussagen über deren Lage oder ihre Durchdringung mit Giften treffen konnte. Die beiden Methoden, die im wesentlichen zur Diskussion stehen, sind noch nicht in vergleichbaren Fällen erprobt worden. Bei dem ersten Konzept handelt es sich um eine Unterfahrung der Deponie in bergbaulicher Weise mit anschließender Dichtung. Das zweite Konzept sieht eine Abdichtung durch eine seitlich einzuführende Glaswand vor. Nachdem die Sicherung nach einem dieser beiden Konzepte erfolgt ist, muß eventuell noch eine Sanierung in Form des Aushubs der belasteten Böden vorgenommen werden. Diesbezüglich ist jedoch sowohl das Erfordernis des Aushubs als auch die technische Machbarkeit weitgehend unklar. Daher beschränkt sich die nachfolgende Darstellung auf die beiden alternativen Sicherungskonzepte.

b) Grundsätzlich gibt es mehrere Spielarten einer bergbaulichen Unterfahrung mit anschließender Abdichtung. Im Zusammenhang mit der Sicherung der Deponie Münchehagen ist das nach der durchführenden Firma benannte Paurat-Verfahren im Gespräch. In einer ersten Stufe sieht dieses Konzept vor, einen Stollen an der Deponiesohle vorzutreiben, um das Sickerwasser zu sammeln und anschließend nach oben zu pumpen. In einer zweiten Stufe sollen Erkundungsbohrungen durchgeführt werden, um die Beschaffenheit des Untergrundes und die Lage der Risse und Klüfte zu ermitteln. Die eigentliche Abdichtung der Deponie soll dann vor allem auf der anströmenden Seite des Sickerwasserflus-

---

[24] Das Sicherungsobjekt Münchehagen besteht aus zwei unmittelbar benachbarten Deponien, einer Altdeponie (Deponie Börstinghaus & Stenzel) und einer Sonderabfalldeponie. Zur Altdeponie findet sich eine ausführliche Standortanalyse bei *Matthes*, Sicherung der Altdeponie Münchehagen/Niedersachsen, in: Franzius/Stegmann/Wolf, Handbuch der Altlastensanierung, Nr. 8.10.

ses erfolgen. Die Abdichtung vollzieht sich in zwei Schritten: Zum einen wird das Erdreich verdichtet und mit einer Drainage durchzogen, zum anderen wird ein breiter und langer Schacht schiffsrumpfartig an einer Seite der Deponie angelegt und bis unter die Deponiesohle vorgetrieben, um dann später mit dichtendem Material verfüllt zu werden. Das Verdichten erfolgt einerseits schon durch das Einführen von Drainagerohren, andererseits aber auch durch die Anlage des Schachtes. Der Schacht wird dann in zwei Stufen verfüllt. Der Unterversatz, der etwa 75 % des Gesamtvolumens ausmacht, wird zuerst eingebracht. Er besteht zu 77 % aus Kies und Sand und zu 14 % aus Ton. Die restlichen Bestandteile sind eine Wasserglaslösung und ein verdichtendes Material namens Dynagrout. Der Oberversatz wird aus arbeitstechnischen Gründen erst nachher mit Hochdruck eingespritzt. Er besteht aus den gleichen Materialien wie der Unterversatz, kann aber einen größeren Kiesanteil enthalten, um die Drainage zu fördern.

c) Das zweite Konzept besteht in einer Glaswanddichtung, die an der wasseranströmenden Seite senkrecht in den Boden eingelassen werden soll. Das Neuartige an diesem Verfahren ist vor allem das verwendete Dichtungsmaterial. Der große Vorteil von Glas liegt in seiner dauerhaften Resistenz auch gegen hoch aggressive chemische Verbindungen und nahezu vollständigen Wasserundurchlässigkeit. Bisher wurde im Hinblick auf die Bruchgefahr auf die Verwendung dieses Materials verzichtet. In jüngster Zeit erfolgte jedoch erstmals in einem Pilot-Projekt der Einsatz einer Dichtwand aus Glas-Formteilen bei der Abschirmung eines Trinkwassergewinnungsgebietes im Ruhrgebiet.[25] Dabei wurde eine 12 Meter tiefe Schlitzwand ausgehoben, die man dann mit einer langsam härtenden Bentonit-Suspension verfüllte. In diese halbflüssige Masse ließ man die Glasprofile hineingleiten. Zum Verfugen der einzelnen Glasplatten kann man die Bentonit-Mischung durch Lanzeninjektionen von Wasser unter hohem Druck wieder verflüssigen, was auch den nachträglichen Austausch einer beschädigten Platte ermöglicht. Die Fugen werden mit einem Silikatgel verpreßt. Die Wasserdurchlässigkeit dieses Dichtungssystems beträgt 1,3 x 10^{-13} m/s, so daß ein Schadstoff theoretisch etwa 35.000 Jahre benötigt, um hindurch zu gelangen. Die Glaselemente können mit vertikalen Drähten durchzogen werden, die zum einen stabilisieren, zum anderen aber als Meßfühler benutzt werden können. Glas ist ein Nichtleiter, so daß die Drähte einen konstanten elektrischen Widerstand enthalten, der sich bei einem Bruch des Glases ändern würde. Auf diese Art könnte ein etwaiger Schaden festgestellt und lokalisiert werden.

---

[25] Eine Beschreibung dieses Projektes findet sich im Entsorga-Magazin 1992, 60 ff.

d) Der entscheidende Nachteil des Paurat-Verfahrens liegt in den voraussichtlich sehr hohen Kosten. Die Unterfahrung der Deponie führt zu erheblich größeren Erdaushüben. Dabei ist zu befürchten, daß das auszuhebende Erdreich kontaminiert ist und als Sonderabfall entsorgt werden muß. Die Gesamtfläche der Dichtung ist ebenfalls größer. Die Kosten wurden bislang noch nicht exakt errechnet, es kann jedoch ein dreistelliger Millionenbetrag erreicht werden.

Die Einführung von Glaswänden ist problematisch, wegen der durchaus ernstzunehmenden Bruchgefahr, die mit der Größe der Glaselemente steigt. Bei dem Pilot-Projekt im Ruhrgebiet wurden die Platten in eine Tiefe von 12 Metern hinabgelassen. In Münchehagen müßte eine mindestens 15 Meter tiefe Schlitzwand ausgehoben werden, die entsprechend größere Platten erfordern würde. Zu der ohnehin bestehenden Bruchgefahr kommt das Risiko von Frostschäden. Diese Bedenken werden allerdings teilweise entkräftet durch die Existenz der Bentonit-Suspension, die das Glas umgibt und eine gewisse Pufferwirkung hat. Auch sind die Deponieböden wenig mobil. Ein hoher Punktdruck auf seitliche Glaswände, der dann zum Bruch führen könnte, ist also nicht zu befürchten. Der Bodenfrost reicht in unseren Breiten in der Regel nur wenige Zentimeter tief, so daß er die weiter unten befindlichen Glaselemente nicht ernsthaft gefährden kann. Zudem können die Folgen eines Bruches auch dadurch gemildert werden, daß man zwei Glaswände nebeneinander in den Boden einläßt und den Zwischenraum mit einer Dichtmasse mit Überdruck verfüllt. Damit wird ein Durchdringen von Schadstoffen verhindert.

Für das Glaswandverfahren sprechen die deutlich geringeren Kosten, die bei 220 bis 300 DM/qm liegen. Es wird weniger Erdreich ausgehoben als beim Paurat-Verfahren und die Gesamtfläche des Sicherungssystems ist deutlich kleiner. Die Kosten für eine seitlich abdichtende Glaswand wurden ebenfalls noch nicht exakt durchkalkuliert. Sie dürften sich jedoch für das Projekt Münchehagen insgesamt in einer Größenordnung von etwa 20 Millionen DM bewegen.

2. Sicherung der Deponie Monte Scherbelino in Frankfurt

Die Deponie Monte Scherbelino (Alt) im Frankfurter Stadtwald nahm von 1925 bis 1968 die Abfälle der Stadt Frankfurt auf. Die Ablagerung erfolgte, wie damals üblich, ungeordnet. Nach ihrer Stillegung wurde die Deponie rekultiviert, indem man sie in den Stadtwald eingliederte und der Öffentlichkeit zugänglich machte.[26] In den achtziger Jahren stellte man dann unkontrolliert entweichende Gase und das Versickern von Schadstoffen in das Grundwasser fest. Die Deponiesohle ragt zur Zeit noch in den Grundwasserstrom hinein. Die notwendige Sicherung begann im Jahre 1990 im Rahmen eines Gesamtkonzeptes, wonach zum einen die bereits verfüllte Deponie Monte Scherbelino (Alt) gesichert, zum anderen aber auch eine Basisabdichtung für eine Deponieerweiterung in unmittelbarer Nachbarschaft, den Monte Scherbelino (Neu), installiert werden soll. An den äußeren Rändern von Monte Scherbelino (Neu) und Monte Scherbelino (Alt) werden jeweils senkrechte Schlitzwände eingezogen, in die Polymerbahnen integriert sind. An der Schnittstelle zwischen beiden Deponiebereichen wird eine doppelte Schlitzwand eingezogen. Dadurch wird das Wasser unterhalb des Monte Scherbelino (Alt) abgeteilt vom übrigen Grundwasserstrom. Durch Abpumpen kann dann der Wasserspiegel unter die Deponiesohle herabgedrückt werden. Für die zu errichtende Deponie Monte Scherbelino (Neu) wird eine Basisabdichtung angelegt, die aus einer Kunststoffbahn von 3 mm Dicke besteht, die wiederum auf eine 1,5 m starke tonhaltige mineralische Dichtungsschicht aufgelegt wird. Eine begehbare und mit Kameras zu befahrende zentrale Drainageleitung auf der Deponiesohle soll das Sickerwasser sammeln, das durch ein Netz von horizontalen flächigen und linienförmigen Fassungssystemen dorthin geleitet wird. Für beide Deponieteile, Monte Scherbelino (Neu) und Monte Scherbelino (Alt), ist eine Oberflächenabdichtung vorgesehen. Diese Oberflächenabdichtung besteht aus einer 30 cm dicken Grobsandschicht, auf die etwa 40 cm Feinsand aufgetragen werden. Beide Schichten dienen als Kapillarschichten der Drainage. Darüber wird eine 60 cm starke mineralische Dichtungsschicht aufgebracht. Darauf schließlich werden sich der kulturfähige Oberboden sowie der Mutterboden befinden.

Das in den Drainageleitungen anfallende Sickerwasser wird zunächst in einer biologischen Stufe durch Sand und Schlamm gefiltert und dann einer Ozonbehandlung sowie einer Bestrahlung mit ultraviolettem Licht unterzogen.[27] Nach einer Filterung mit Aktivkohle erfolgt dann eine Einleitung in die öffentliche Kanalisation.

Die entstehenden Gase werden durch ein System von vertikalen linienförmigen Gasbrunnen abgesaugt. Den verwertbaren Teil will man in das städtische

---

[26] Diese erste Rekultivierung hatte Ähnlichkeiten mit einem Bürgerpark. Die oben auf S. 27 als Beispiel beschriebene Rekultivierung des Monte Scherbelino ist die zweite, die wegen der im folgenden dargestellten nachträglichen Sicherung notwendig wurde.

[27] Zur Sickerwasserbehandlung durch chemische Naßoxidation vgl. *Köppke*, Müll und Abfall 1991, 273 ff.

Gasnetz einspeisen, den Rest abfackeln. Bei der Deponie Monte Scherbelino (Neu) wird der Gasentstehung dadurch vorgebeugt, daß die Ablagerung auf nichtorganische Stoffe beschränkt wird. Damit trägt man dem neuen Entsorgungskonzept Rechnung, nach dem bei Klärschlämmen, Grünabfällen sowie verbrennbarem Hausmüll eine Kompostierung bzw. Verbrennung erfolgen soll, während eine Deponierung nur für anorganische Abfälle, wie Schlacke aus Müllverbrennungsanlagen, Bauschutt und Industrieabfälle, vorgesehen ist.[28] Die Sanierungsarbeiten für den Monte Scherbelino (Alt) sowie die Basisabdichtung für Monte Scherbelino (Neu) werden bis 1995 abgeschlossen sein. Dann stehen auf dem Monte Scherbelino (Neu) für die nächsten 20 Jahre insgesamt 23 ha Ablagerungsfläche zur Verfügung für Abfälle, die bis zu einer Höhe von 55 m aufgetürmt werden können.

D. Sicherung und Rekultivierung bei Müllverbrennungsanlagen

Die vorgenannten Ausführungen und Beispiele bezogen sich vorwiegend auf Deponien. Mit der Sicherung und Rekultivierung von Müllverbrennungsanlagen gibt es bislang kaum Erfahrungen oder gar Konzepte. Die Planfeststellungsbeschlüsse für Müllverbrennungsanlagen enthalten regelmäßig eine Vielzahl von immissionsschutzrechtlichen Auflagen und Brandschutzvorkehrungen, aber keine abfallrechtlichen Sicherungs- und Rekultivierungsanordnungen. Daher können hier nur Vermutungen angestellt werden, was im Falle einer Stillegung wahrscheinlich geschehen würde. Derartige Vermutungen erscheinen allerdings auch notwendig. Zwar ist die Betriebsdauer einer Müllverbrennungsanlage allgemein länger als die einer Deponie. Verbrennungsanlagen werden ständig umgebaut und an den Stand der Technik angepaßt. Hierin mag auch der Grund dafür liegen, daß bisher keine Sicherungs- und Rekultivierungskonzepte erarbeitet wurden. Andererseits ist letztlich aber auch hier die Stillegung nur eine Frage der Zeit.

Grundsätzlich bestehen keine Bedenken, die baulichen Einrichtungen der Müllverbrennungsanlage abzureißen und das Gelände zu rekultivieren. Bevor dies geschieht, wird man jedoch versuchen, eine Folgenutzung für die Anlage zu finden. Ein Umbau zu einer Kompostieranlage oder einer Reststoffverwertungsanlage ist ohne größere technische Probleme möglich und dürfte wohl angestrebt werden. Eine solche Folgenutzung ist auch unter ökologischen Aspekten wünschenswert, wenn die Alternative in einem Abriß und der Rekultivie-

[28] Die neue TA Siedlungsabfall wird diese Frage regeln.

rung besteht, die gleichzeitig den Verbrauch unbenutzter Flächen an anderer Stelle durch die dortige Errichtung von Kompostier- oder Reststoffverwertungsanlagen bedeutet. Als Sicherungsmaßnahme kommt bei Müllverbrennungsanlagen vor allem die Entsorgung aller Anlagenteile, die mit Rauchgas in Berührung gekommen sind, als Sondermüll in Betracht. Das sind im wesentlichen die Filteranlage, der Schornstein, der obere Bereich der Brennkammer, die Rauchgasführungen, der Dioxinkatalysator sowie Teile des Wärmetauschers.[29] Diese Teile bestehen überwiegend aus Metall, Keramik und Stein. Die übrigen Anlagenbestandteile können, soweit sie nicht im Rahmen einer Folgenutzung weiterhin benötigt werden, im großen und ganzen demontiert und recycelt werden.[30] Sicherungsmaßnahmen in Form einer Bodenabdichtung dürften in der Regel nicht notwendig sein. Das Gelände einer Müllverbrennungsanlage ist weitgehend betoniert oder asphaltiert und allein schon dadurch versiegelt. Zudem sind die Bereiche, die mit Abfällen in Berührung kommen, das sind vorwiegend der Anlieferungsbunker und die Brennkammer, umbaut und mit festen Böden versehen. Eine Auswaschung von Schadstoffen in den Boden ist somit sehr unwahrscheinlich.

[29] Näher zu den durch Rauchgas entstandenen Verschmutzungen *Vicinus/Knoche*, Müll und Abfall 1991, 229 ff.

[30] Zum Abriß kontaminierter Bausubstanz vgl. *Burmeister*, Sicherheitskonzepte für den Abbruch kontaminierter Bausubstanz auf Altstandorten, in: Franzius/Stegmann/Wolf, Handbuch der Altlastensanierung, Nr. 6.2.2.

2. Teil

Rechtsgrundlagen

A. Rechtsgrundlagen im Abfallgesetz des Bundes

I. § 10 Abs. 2 AbfG

§ 10 Abs. 2 AbfG ermächtigt die zuständige Behörde, den Inhaber zu verpflichten, das Gelände, das für die Abfallentsorgung verwandt wurde, zu rekultivieren und sonstige Vorkehrungen zu treffen, die erforderlich sind, Beeinträchtigungen des Wohls der Allgemeinheit zu verhüten. Die Bezeichnung des Wohls der Allgemeinheit als Schutzgut der zu fordernden Maßnahmen macht deutlich, daß ein weitestgehender Schutz vor Beeinträchtigungen erreicht werden soll, der sich nicht auf bestimmte Einzelgüter beschränkt. Es sollen alle öffentlichen und privaten Interessen abgewogen werden, um dann die notwendigen Maßnahmen zu ermitteln.[1] Dieses weite Spektrum möglicher Maßnahmen wird allgemein unter dem Oberbegriff der Sicherungsmaßnahmen zusammengefaßt.[2] Die Vorkehrungen, um Beeinträchtigungen des Wohls der Allgemeinheit zu verhüten, die Sicherungsmaßnahmen also, werden als "sonstige" neben der Rekultivierung genannt. Daraus wird deutlich, daß auch die Rekultivierung eine Maßnahme zur Wahrung des Allgemeinwohls ist, die lediglich besonders hervorgehoben wurde. Diese Hervorhebung ist durch die besondere Zielrichtung der Rekultivierung begründet. Ziel der Rekultivierung soll sein, eine dauerhafte Verunstaltung des äußeren Landschaftsbildes zu vermeiden und eine sinnvolle Folgenutzung zu ermöglichen.[3] Die Sicherungsmaßnahmen dienen im wesentlichen der Abwehr schädlicher Verunreinigungen von Wasser, Boden oder Luft.[4] Zwar sind die so definierten Ziele von Sicherungs- und Rekultivierungsmaßnahmen allesamt Belange des Wohls der Allgemeinheit. Die Siche-

---

1 BT-Drs. 6/3292, S. 3 und 6/3154, S. 3.

2 Vgl. nur *Schwermer,* in: Kunig/Schwermer/Versteyl, Abfallgesetz, § 10 Rn. 18; *Hösel/v.Lersner*, Recht der Abfallbeseitigung, § 10 Rn. 16.

3 BT-Drs. 6/2401, S. 15.

4 BT-Drs. 6/2401, S. 15.

rungsmaßnahmen dienen jedoch dazu, eine weitere Verschlechterung des bestehenden Zustandes zu vermeiden, während die Rekultivierung grundsätzlich auf eine Verbesserung abzielt. Daher soll die Unterscheidung des Gesetzgebers zwischen Sicherungs- und Rekultivierungspflichten im folgenden beibehalten werden, obwohl die Rekultivierungsmaßnahmen sich letztlich nur als Teilaspekt aus dem Bündel der möglichen Vorkehrungen zur Verhütung einer Gemeinwohlbeeinträchtigung darstellen.

II. § 10a Abs. 3 AbfG

§ 10a AbfG wurde durch das Zustimmungsgesetz zum Einigungsvertrag in das Abfallgesetz eingeführt.[5] Er enthält keine ausdrückliche Regelung von Sicherungs- und Rekultivierungspflichten. § 10a Abs. 3 AbfG verweist allerdings auf § 10 Abs. 2 AbfG und erklärt dessen Pflichten für entsprechend anwendbar.

Der Anwendungsbereich des § 10a Abs. 3 AbfG ist nicht ganz eindeutig. Teilweise wird vertreten, diese Norm erstrecke sich auf Anlagen, die vor dem Inkrafttreten des Abfallgesetzes in den neuen Bundesländern und Berlin (Ost) dort bereits betrieben wurden.[6] Gestützt wird diese Auffassung vor allem durch den Wortlaut des § 10a Abs. 1 S. 1 AbfG, der auf § 9a Abs. 1 S. 1 AbfG verweist. Dort werden Anordnungen für Anlagen geregelt, die vor dem 1.07.1990 in der ehemaligen DDR bereits bestanden. Diese Ansicht ist indessen dann nicht zwingend schlüssig, wenn man gleichzeitig davon ausgeht, daß § 10 Abs. 2 AbfG auch für Anlagen in den alten Bundesländern gilt, die dort vor dem Inkrafttreten des Abfallgesetzes am 11.06.1972 bereits bestanden.[7] Die §§ 10 und 10a AbfG traten in den neuen Bundesländern gleichzeitig in Kraft. Wenn man nun vertritt, § 10 AbfG erfasse alle Anlagen in den alten Bundesländern, die dort bereits bei Inkrafttreten des Abfallgesetzes am 11.06.1972 bestanden, so liegt der Schluß nahe, daß gleiches auch für die neuen Länder gilt. Mit Inkrafttreten des Abfallgesetzes wären dann dort alle bestehenden Anlagen bereits von § 10 Abs. 2 AbfG erfaßt. Für § 10a Abs. 3 AbfG bliebe kein eigenständiger Anwendungsbereich. In den Gesetzesmaterialien heißt es, die Einführung der §§ 8a, 9a und 10a AbfG solle sicherstellen, daß Anlagen zur Abfallent-

---

[5] Anlage I zum Einigungsvertrag, Kapitel XII, Sachgebiet D, BGBl. II 1990 S. 1117 f.

[6] *Schwermer*, in: Kunig/Schwermer/Versteyl, Abfallgesetz, § 10 Rn. 5.

[7] So aber *Schwermer*, in: Kunig/Schwermer/Versteyl, Abfallgesetz, § 10 Rn. 5; näher zur Reichweite des § 10 Abs. 2 AbfG unten S. 61 ff.

sorgung erfaßt und erforderliche Sanierungsmaßnahmen eingeleitet werden.[8] Der so formulierte Gesetzeszweck schließt nicht aus, daß § 10a Abs. 3 AbfG keinen eigenständigen Anwendungsbereich haben, sondern lediglich das Erfordernis entsprechender Maßnahmen in den neuen Ländern besonders herausstellen sollte. Andererseits spricht der Wortlaut des § 10a Abs. 3 AbfG gegen eine bloße Klarstellungsfunktion. Er nimmt mit keinem Wort auf die besondere Situation in den neuen Bundesländern und Berlin (Ost) Bezug, sondern erklärt lediglich die Pflichten des § 10 Abs. 2 AbfG für entsprechend anwendbar. Somit ist davon auszugehen, daß der Gesetzgeber Sicherungs- und Rekultivierungspflichten im Beitrittsgebiet nach den §§ 10a Abs. 3, 10 Abs. 2 AbfG begründen wollte. § 10a Abs. 3 AbfG hat also einen eigenständigen Anwendungsbereich. Er erfaßt Anlagen, die vor dem 1.07.1990 in den neuen Bundesländern und Berlin (Ost) bereits bestanden, während § 10 Abs. 2 AbfG dort nur für neu zugelassene Abfallentsorgungsanlagen gilt.

Damit stellt sich allerdings die Frage nach dem genauen Zeitpunkt des Inkrafttretens des § 10a Abs. 3 AbfG. Dieser Zeitpunkt bildet dann die Grenze zwischen den Anwendungsbereichen beider Normen. § 9a Abs. 1 S. 1 AbfG, auf den § 10a Abs. 1 AbfG verweist, nennt als Stichtag den 1.07.1990. Das Umweltrahmengesetz der DDR, mit dem das Abfallgesetz auf dem Gebiet der neuen Länder in Kraft gesetzt wurde, sollte an diesem Tag wirksam werden.[9] Das Gesetz wurde zwar am 29.06.1990 bereits beschlossen, aber erst am 20.07.1990 verkündet. Insoweit stellt sich die Frage, ob es trotz dieser Verzögerung rückwirkend zum 1.07.1990 in Kraft treten konnte.[10] Das Bundesverfassungsgericht hat selbst bei sogenannter "echter" Rückwirkung[11] - insoweit unbestritten - regelmäßig ein schutzwürdiges Vertrauen des Bürgers vom Zeitpunkt des Gesetzesbeschlusses an verneint.[12] Mit dem Beschluß stehen die Regelungen eines Gesetzes fest. Der Bürger kann sich auf die neue Situation einstellen.[13] Die bloße Verzögerung der Gesetzesverkündung aus technischen Gründen kann ein schutzwürdiges Vertrauen nicht begründen. Die Zulässigkeit

---

8 BT-Drs. 11/7817, S. 168.

9 Art. 9 UmweltrahmenG, GBl. I 1990 S. 649.

10 Vgl. *Kloepfer*, DVBl. 1991, 1 (3).

11 Näher zur Unterscheidung zwischen echter und unechter Rückwirkung siehe unten S. 1[illegible]8 ff.

12 BVerfGE 13, 261 (273); 30, 272 (287); 37, 363 (398); 72, 200 (261).

13 BVerfGE 72, 200 (260).

der Rückwirkung des am 29.06.1990 bereits beschlossenen Umweltrahmengesetzes auf den 1.07.1990 ist daher zu bejahen.[14]

III. § 8 Abs. 1 S. 1 AbfG

§ 8 Abs. 1 S. 1 AbfG erlaubt, die Zulassung mit einer Bedingung oder Auflage zu versehen, soweit dies zur Wahrung des Wohls der Allgemeinheit erforderlich ist. Diese Regelung dient allgemein dazu, einen Ausgleich zwischen den Interessen des Inhabers einer Abfallentsorgungsanlage und den öffentlichen Interessen bzw. den Interessen betroffener Dritter zu ermöglichen.[15] Wurde oben zu § 10 Abs. 2 AbfG bereits festgestellt, daß zu den Maßnahmen zur Wahrung des Wohls der Allgemeinheit nicht nur Sicherungs-, sondern auch Rekultivierungsmaßnahmen gehören,[16] so kann für § 8 Abs. 1 S. 1 AbfG nichts anderes gelten. § 8 Abs. 1 S. 1 AbfG ermächtigt also ebenfalls zu Sicherungs- und Rekultivierungsanordnungen.

IV. § 8 Abs. 1 S. 3 AbfG

Etwas anderes könnte sich für § 8 Abs. 1 S. 3 AbfG ergeben. Diese Norm ermächtigt zu nachträglichen Auflagen über die Anforderungen an Abfallentsorgungsanlagen oder ihren Betrieb nach Ergehen der Zulassung, aber vor Stillegung. Der Wortlaut dieser Vorschrift könnte die Schlußfolgerung erlauben, daß nachträgliche Anordnungen nur bezüglich des Betriebes ergehen dürfen. Die überwiegende Zahl der Sicherungs- und Rekultivierungsanordnungen, die erst nach Abschluß des Betriebes aktuell werden,[17] wäre danach von § 8 Abs. 1 S. 3 AbfG nicht erfaßt. Zweck des § 8 Abs. 1 S. 3 AbfG ist es jedoch, Gefahren entgegenzuwirken, die erst nachträglich bekannt werden, sowie den Fortschritt von Wissenschaft und Technik zu berücksichtigen.[18] Daraus wird ersichtlich, daß § 8 Abs. 1 S. 3 AbfG nicht enger sein soll als § 8 Abs. 1 S. 1 AbfG, sondern lediglich eine Nachbesserung dessen erlaubt, was bereits mit der Zulassung verlangt werden kann. § 8 Abs. 1 S. 3 AbfG ermächtigt also während des

---

[14] *Kloepfer*, DVBl. 1991, 1 (3); *Schmidt-Jortzig*, DÖV 1991, 753 (755).

[15] *Schwermer*, in: Kunig/Schwermer/Versteyl, Abfallgesetz, § 8 Rn. 12.

[16] Siehe oben S. 41 f.

[17] Näher zur Aktualisierung der Pflichten siehe unten S. 48 f.

[18] BT-Drs. 6/2401, S. 14.

Betriebes zu den gleichen Anordnungen, die bei der Zulassung auf § 8 Abs. 1 S. 1 AbfG gestützt werden können.

V. § 7a Abs. 1 AbfG i. V. m. § 36 Abs. 2 VwVfG

§ 7a Abs. 1 AbfG regelt die Zulassung des vorzeitigen Betriebsbeginns einer Abfallentsorgungsanlage, bevor ein Planfeststellungs- oder Genehmigungsverfahren vollständig durchgeführt wurde. Im Gegensatz zur ursprünglichen Fassung des § 7a AbfG, der in Absatz 2 einen Auflagenvorbehalt enthielt, normiert § 7a Abs. 1 AbfG nunmehr lediglich einen Widerrufsvorbehalt. Die Ermächtigung zum Erlaß von Auflagen könnte sich aber allgemein aus § 36 Abs. 2 VwVfG ergeben,[19] sofern der Gesetzgeber § 7a AbfG nicht bewußt geändert hat, um Nebenbestimmungen auszuschließen. Die Novellierung des § 7a AbfG erfolgte im Rahmen der Bereinigung des Verwaltungsverfahrensrechts, weil diese Norm in ihrer alten Fassung bezüglich der Nebenbestimmungen mit § 36 Abs. 2 VwVfG inhaltsgleich war. Die Ermächtigung zu Nebenbestimmung ergab sich insoweit bereits aus § 36 Asb. 2 VwVfG.[20] Der Gesetzgeber wollte mit der Änderung also Nebenbestimmungen nicht ausschließen. Dieses Ergebnis folgt auch aus einem Vergleich mit § 8 Abs. 1 AbfG. Die Zulassung nach § 7a Abs. 1 AbfG hat vorübergehenden Charakter und darf zudem nur dann erfolgen, wenn eine endgültige Entscheidung zugunsten des Trägers des Vorhabens zu erwarten ist. § 7a AbfG regelt insoweit inhaltlich nichts anderes als § 8 Abs. 1 AbfG. Daher sind auch die gleichen Nebenbestimmungen möglich wie nach § 8 Abs. 1 AbfG, so daß auf § 7a Abs. 1 AbfG i. V. m. § 36 Abs. 2 VwVfG Sicherungs- und Rekultivierungsanordnungen gestützt werden können.

VI. § 9 S. 1 AbfG

Nach § 9 S. 1 AbfG kann die zuständige Behörde für ortsfeste Abfallentsorgungsanlagen, die vor dem 11.06.1972 bereits betrieben wurden, und für deren Betrieb Bedingungen, Befristungen und Auflagen anordnen. Für Anlagen, die vor Inkrafttreten des Abfallgesetzes am 11.06.1972 in Betrieb genommen wurden, gab es kein Zulassungsverfahren nach § 7 AbfG. Folglich konnten auch keine Nebenbestimmungen nach § 8 Abs. 1 AbfG ergehen. Der Gesetzgeber wollte mit der Einführung des § 9 S. 1 AbfG erreichen, daß das strengere Maß-

---

[19] So *Schwermer*, in: Kunig/Schwermer/Versteyl, Abfallgesetz, § 7a Rn. 30.

[20] BT-Drs. 10/1232, S. 72.

nahmeninstrumentarium des Abfallgesetzes sofort greift, ohne ein unpraktikables neues Zulassungsverfahren durchzuführen.[21] Andernfalls hätte das Abfallgesetz eine sehr lange Vorlaufzeit gehabt, bevor eine nennenswerte Anzahl von Abfallentsorgungsanlagen auch tatsächlich seinem Anwendungsbereich voll unterstellt gewesen wären. § 9 S. 1 AbfG ist ähnlich formuliert wie § 8 Abs. 1 S. 1 AbfG. Aus § 9 S. 2 AbfG folgt, daß durch die Nebenbestimmungen Allgemeinwohlbelange geschützt werden sollen. Zudem soll § 9 S. 1 AbfG dazu dienen, bestehende Anlagen an den Standard des Abfallgesetzes anzupassen.[22] Daher kann inhaltlich nach § 9 S. 1 AbfG nichts anderes gefordert werden, als das, was auch nach § 8 Abs. 1 S. 1 AbfG für neu zugelassene Anlagen möglich wäre.[23] Auf § 9 S. 1 AbfG können daher, ebenso wie auf § 8 Abs. 1 S. 1 AbfG, Sicherungs- und Rekultivierungsanordnungen gestützt werden.

VII. § 9a Abs. 1 S. 1 AbfG

§ 9a Abs. 1 S. 1 AbfG ermächtigt zu Auflagen, Befristungen und Bedingungen für ortsfeste Abfallentsorgungsanlagen, die vor dem 1.07.1990 auf dem Gebiet der ehemaligen DDR betrieben wurden. § 9a Abs. 1 S. 1 AbfG hat damit für bestehende Anlagen in den neuen Bundesländern und Berlin (Ost) die Bedeutung, die § 9 S. 1 AbfG für Anlagen in den alten Ländern hat, die dort vor dem 11.06.1972 bereits bestanden. Am 1.07.1990 trat das Abfallgesetz in der DDR in Kraft.[24] Gäbe es keine Regelung für bestehende Anlagen, so hätte die Einführung der abfallrechtlichen Standards eine lange Vorlaufzeit, da Anordnungen nach § 8 AbfG nur für neu zugelassene Anlagen, d. h. hier für nach dem 1.07.1990 in Betrieb genommene Anlagen, möglich sind. Um eine solche Vorlaufzeit zu vermeiden, hat der Gesetzgeber § 9a Abs. 1 S. 1 AbfG ebenso eingeführt, wie er bereits 1972 den § 9 S. 1 in das Abfallgesetz aufnahm.[25] Anders als § 10a Abs. 3 AbfG hat § 9a Abs. 1 S. 1 AbfG also unzweifelhaft einen eigenständigen Anwendungsbereich. Er ermächtigt - unter anderem - zu Sicherungs- und Rekultivierungsanordnungen für Abfallentsorgungsanlagen, die vor dem 1.07.1990 in der ehemaligen DDR bestanden.

---

[21] BT-Drs. 6/2401, S. 15.

[22] *Schwermer*, in: Kunig/Schwermer/Versteyl, Abfallgesetz, § 9 Rn. 16.

[23] *Birn/Jung*, Abfallbeseitigungsrecht, § 9 Anm. 3.

[24] Siehe oben S. 43.

[25] Vgl. BT-Drs. 11/7817, S. 168.

VIII. Konkurrenz der bundesrechtlichen Ermächtigungsgrundlagen

Wenn nun auf jeden einzelnen der §§ 8 Abs. 1 S. 1, 8 Abs. 1 S. 3, 7a Abs. 1 i. V. m. 36 Abs. 2 VwVfG, 9 S. 1, 9a Abs. 1 S. 1, 10 Abs. 2 und 10a Abs. 3 AbfG Sicherungs- und Rekultivierungsanordnungen gestützt werden können, stellt sich die Frage, ob und wieweit diese Normen sich überschneiden und in Konkurrenz zueinander stehen. Die §§ 8 Abs. 1 S. 1 und 7a Abs. 1 i. V. m. 36 Abs. 2 VwVfG ermächtigen zu Nebenbestimmungen im Rahmen der Zulassung, wobei sich § 7a Abs. 1 AbfG auf die vorläufigen und § 8 Abs. 1 S. 1 AbfG auf die endgültige Zulassung bezieht, so daß beide Normen verschiedene Anwendungsbereiche haben. § 8 Abs. 1 S. 3 AbfG erlaubt nachträgliche Auflagen zur Zulassung und konkurriert damit weder mit § 8 Abs. 1 S. 1 AbfG noch mit § 7a Abs. 1 AbfG i. V. m. § 36 Abs. 2 VwVfG.

Auf die §§ 9 S. 1 und 9a Abs. 1 S. 1 AbfG können Sicherungs- und Rekultivierungsanordnungen für Abfallentsorgungsanlagen gestützt werden, die vor dem 11.06.1972 in den alten bzw. vor dem 1.07.1990 in den neuen Bundesländern und Berlin (Ost) bereits betrieben wurden. Da die §§ 8 Abs. 1 S. 1, 8 Abs. 1 S. 3, 7a Abs. 1 i. V. m. 36 Abs. 2 VwVfG nur Anlagen betreffen, die gemäß § 7 Abs. 1 AbfG nach dem 11.06.1972 bzw. nach dem 1.07.1990 zugelassen wurden, stehen die §§ 9 S. 1 und 9a Abs. 1 S. 1 AbfG zu diesen Normen nicht in einem Konkurrenzverhältnis.

Die §§ 10 Abs. 2 und 10a Abs. 3 AbfG schließlich ermöglichen Sicherungs- und Rekultivierungsanordnungen, ohne einen bestimmten Anwendungsbereich ausdrücklich zu nennen. Aus der Überschrift des § 10 AbfG sowie aus der Anzeigepflicht für die Stillegung nach § 10 Abs. 1 AbfG wird deutlich, daß Anknüpfungspunkt für diese Normen die Stillegung ist. Man könnte nun daran denken, den Anwendungsbereich der §§ 10 Abs. 2 und 10a Abs. 3 AbfG auf Anordnungen zu beschränken, die erst nach der Stillegung erfolgen. Auf den ersten Blick erscheint diese Lösung einleuchtend, da man so mit Ermächtigungsgrundlagen für Sicherungs- und Rekultivierungsanordnungen bei Betriebsbeginn, während des Betriebes und für die nachbetriebliche Phase umfassende Anordnungsmöglichkeiten erhält, ohne daß sich die jeweiligen Normen vom Anwendungsbereich her überschneiden.

Andererseits kann man aber in der Stillegung auch bloß den Anknüpfungspunkt für Sicherungs- und Rekultivierungsmaßnahmen sehen. Einige Sicherungsmaßnahmen, wie etwa die Versiegelung des Untergrundes der zukünftigen Abfallentsorgungsanlage,[26] müssen zum Teil bereits vor Inbetriebnahme durch-

---

[26] Siehe Nr. 9.4.1.4 TA Abfall.

geführt werden. Die Rekultivierungspflichten und eine Reihe von weiteren Sicherungsmaßnahmen, insbesondere die Abdeckung von Deponien,[27] können indessen erst nach Stillegung durchgeführt werden. Das folgt aus der Natur der Pflichten selbst. Die Begrünung einer Deponie beispielsweise kann erst dann erfolgen, wenn keine neuen Abfälle mehr auf das Gelände verbracht werden. Selbst wenn an anderen Stellen der Deponie noch weiter abgelagert wird, die Abfallentsorgungsanlage als solche also noch nicht stillgelegt wird, so muß jedenfalls auf dem Teil, der vorab rekultiviert werden soll, der Deponiebetrieb beendet sein.[28] Auch können viele Sicherungsmaßnahmen erst dann konkretisiert werden, wenn feststeht, welches Gefahrenpotential aus der tatsächlichen Nutzung erwachsen ist. Zudem ist Maßstab für die Sicherung der Stand der Technik.[29] Dieser wird jedoch ständig weiter entwickelt und kann sich bei einer durchschnittlichen Betriebszeit von 20 Jahren für eine Deponie stark verändern, so daß die endgültigen Sicherungsmaßnahmen bei Betriebsbeginn unmöglich festgelegt werden können. Bezüglich der Rekultivierungspflichten und eines Teils der Sicherungspflichten ergibt sich folglich eine Aktualisierung erst mit Stillegung. So betrachtet kann die zuständige Behörde also auf die §§ 10 Abs. 2 und 10a Abs. 3 AbfG Anordnungen nicht erst nach Stillegung stützen, sondern bereits vorher, sofern die Maßnahmen erst anläßlich der Stillegung aktuell werden. Für einen solchen weiteren Anwendungsbereich der §§ 10 Abs. 2 und 10a Abs. 3 AbfG spricht auch die Tatsache, daß § 10 Abs. 2 AbfG die einzige Norm ist, die ausdrücklich Sicherungs- und Rekultivierungspflichten normiert. Die §§ 8 Abs. 1, 7a Abs. 1 i. V. m. 36 Abs. 2 VwVfG, 9 S. 1, und 9a Abs. 1 S. 1 AbfG enthalten allgemeine Ermächtigungen zu Nebenbestimmungen, die auch über Sicherungs- und Rekultivierungsanordnungen hinausgehen können, da sie beispielsweise auch Auflagen zulassen, die die Person des Inhabers betreffen.[30] § 10 Abs. 2 AbfG ist insoweit spezieller. Zudem sind die §§ 10 Abs. 2 und 10a Abs. 3 AbfG im Zusammenhang mit § 10 Abs. 1 AbfG bzw. § 10a Abs. 1 AbfG zu sehen, die eine unverzügliche Anzeige der beabsichtigten Stillegung vorschreiben. Die Anzeige hat nach dem Gesetzeswortlaut vor der eigentlichen Stillegung zu erfolgen. Dadurch soll die zuständige Behörde die Möglichkeit erhalten, frühzeitig die notwendigen Maßnahmen zu prüfen, die dann nach Maßgabe der §§ 10 Abs. 2 bzw. 10a Abs. 3 AbfG zu bestimmen sind.[31] Wenn

---

[27] Vgl. Nr. 9.4.1.4 TA Abfall.

[28] VGH München, NVwZ 1990, 992.

[29] Vgl. VGH Kassel, NVwZ 1990, 383 (384).

[30] Vgl. *Hösel/v.Lersner*, Recht der Abfallbeseitigung, § 8 Rn. 7.

[31] *Schwermer*, in: Kunig/Schwermer/Versteyl, Abfallgesetz, § 10 Rn. 2; *Hösel/v.Lersner*, Recht der Abfallbeseitigung, § 10 Rn. 3.

nun die Anordnungen nach den §§ 10 Abs. 2 bzw. 10a Abs. 3 AbfG das Ergebnis dieser Prüfung anläßlich der Stillegungsanzeige sind, so liegt es auch im Interesse des Anlageninhabers, möglichst früh Kenntnis von dem Inhalt der Verfügungen zu erlangen, die gegen ihn ergehen werden. Eine Begrenzung des Anwendungsbereichs der §§ 10 Abs. 2 und 10a Abs. 3 AbfG auf Anordnungen erst nach Stillegung erscheint somit wenig sinnvoll. Auf die §§ 10 Abs. 2 bzw. 10a Abs. 3 AbfG gestützte Verfügungen können daher bereits vor der tatsächlichen Stillegung ergehen. Die Anknüpfung an den Stillegungszeitpunkt bedeutet nur, daß es sich dabei um Maßnahmen handeln muß, die mit der Stillegung aktuell werden.

Der so definierte Anwendungsbereich der §§ 10 Abs. 2 und 10a Abs. 3 AbfG wirft allerdings Abgrenzungsprobleme zu den Anwendungsbereichen der §§ 8 Abs. 1, 7a Abs. 1 i. V. m. 36 Abs. 2 VwVfG, 9 S. 1 und 9a Abs. 1 S. 1 AbfG auf. Die bereits erwähnte inhaltliche Spezialität der §§ 10 Abs. 2 und 10a Abs. 3 AbfG, die als einzige ausdrücklich zu Sicherungs- und Rekultivierungsanordnungen ermächtigen, könnte zu der Annahme führen, die übrigen Normen seien subsidiär. Dann könnten Sicherungs- und Rekultivierungsanordnungen, die sich auf den Zeitpunkt der Stillegung beziehen, nur auf die §§ 10 Abs. 2, 10a Abs. 3 AbfG gestützt werden. In der Praxis wird bei neu zuzulassenden Abfallentsorgungsanlagen bereits mit der Zulassung ein umfassendes, wenn auch in den Einzelheiten noch ausfüllungsbedürftiges Sicherungskonzept erstellt, das eine Basisabdichtung und ein Oberflächenabdichtungssystem vorsieht.[32] Würden die §§ 10 Abs. 2, 10a Abs. 3 AbfG die übrigen Ermächtigungsgrundlagen verdrängen, so müßte die Anordnung zur Errichtung einer Basisabdichtung auf § 8 Abs. 1 S. 1 AbfG gestützt werden, da diese Maßnahme bereits vor Betriebsbeginn durchgeführt sein muß. Die Oberflächenabdichtung aber, die erst nach Stilllegung aktuell wird, könnte nur nach den §§ 10 Abs. 2, 10a Abs. 3 AbfG verlangt werden. Die zuständige Behörde müßte also bei der Erstellung eines umfassenden und einheitlichen Sicherungskonzepts die einzelnen Maßnahmen ständig trennen und auf verschiedene Ermächtigungsgrundlagen stützen. Eine solche Handhabung wäre nicht nur unpraktikabel, sie widerspricht auch dem Willen des Gesetzgebers, der mit § 8 Abs. 1 S. 1 AbfG umfassende Auflagen zur Wahrung von Belangen des Allgemeinwohls ermöglichen wollte.[33] Die §§ 10 Abs. 2, 10a Abs. 3 AbfG überschneiden sich somit zwar mit den übrigen bundesrechtlichen Ermächtigungsgrundlagen, da sie auch Anordnungen vor der

---

[32] Vgl. Nr. 9.4.1.1 TA Abfall. Dort ist ein vollständiges Abdichtungssystem sogar vorgeschrieben.

[33] BT-Drs. 6/2401, S. 14.

Stillegung zulassen, sofern die Maßnahmen an den Stillegungszeitpunkt anknüpfen. Sie verdrängen aber nicht die §§ 8 Abs. 1 S. 1, 8 Abs. 1 S. 3, 7a i. V. m. 36 Abs. 2 VwVfG, 9 S. 1 und 9a Abs. 1 S. 1 AbfG, sondern treten neben sie.[34]

B. Landesrechtliche Ermächtigungsgrundlagen

Die Abfallgesetze einiger Länder regeln ausdrücklich Sicherungs- und Rekultivierungspflichten oder konkrete Maßnahmen, die unter die Oberbegriffe Sicherung bzw. Rekultivierung gefaßt werden können.

I. Baden-Württemberg

§ 16 Abs. 2 S. 1 LAbfG BW verpflichtet den Betreiber einer Abfallentsorgungsanlage, das anfallende Sicker- und Oberflächenwasser regelmäßig zu kontrollieren. § 17 LAbfG BW ermächtigt die zuständige Behörde, vom ehemaligen Betreiber einer nach Inkrafttreten dieses Gesetzes stillgelegten Abfallentsorgungsanlage eine Untersuchung auf mögliche Beeinträchtigungen des Wohls der Allgemeinheit zu verlangen. § 10 Abs. 2 AbfG soll dabei unberührt bleiben.

Daneben enthält das Abfallgesetz Baden-Württembergs Regelungen über die Behandlung von Altlasten. Gemäß § 22 Abs. 2 S. 1 LAbfG BW gilt als altlastenverdächtige Fläche auch das Gelände einer ehemaligen Abfallentsorgungsanlage, die vor dem 1.03.1972 stillgelegt wurde. § 25 Abs. 1 LAbfG BW legt als Sanierungsziel für Altlasten die Herstellung eines Zustandes fest, der dem Wohl der Allgemeinheit entsprechen soll. Aus § 10 Abs. 2 AbfG wurde bereits gefolgert, daß auch die Rekultivierung ein Belang des Wohls der Allgemeinheit ist.[35] § 27 LAbfG BW erwähnt zudem ausdrücklich auch Rekultivierungsmaßnahmen als Gegenstand eines zu erstellenden Sanierungsplanes. Auf § 25 LAbfG BW können daher auch Rekultivierungsmaßnahmen gestützt werden.[36]

---

[34] *Schwermer*, in: Kunig/Schwermer/Versteyl, Abfallgesetz, § 10 Rn. 16.

[35] Siehe oben S. 41 f.

[36] *Peters*, VBlBW 1991, 49 (50).

II. Bayern

Art. 22 des neuen bayerischen Abfall- und Altlastengesetzes vom 17.02.1991, der Art. 14 Abs. 1 des ersten bayerischen Abfallgesetzes entspricht,[37] regelt für Anlagen, die vor dem Inkrafttreten des ersten bayerischen Abfallgesetzes am 1.06.1973 stillgelegt wurden, die Pflicht, Vorkehrungen zu treffen, um Beeinträchtigungen des Wohls der Allgemeinheit zu verhüten, sowie das Gelände zu rekultivieren. Art. 19 Abs. 1 BayAbfAlG ermächtigt zum Erlaß von Nebenbestimmungen zum Planfeststellungsbeschluß oder zur Genehmigung. Dazu können auch Sicherungs- und Rekultivierungsauflagen gehören.[38] Art. 21 BayAbfAlG verpflichtet den Inhaber einer nach § 9 S. 2 AbfG oder nach den Art. 19 Abs. 1 oder 20 Abs. 1 BayAbfAlG untersagten Abfallentsorgungsanlage, Beeinträchtigungen des Wohls der Allgemeinheit zu verhüten und insbesondere auch Eingriffe in Natur und Landschaft auszugleichen.

III. Brandenburg

§ 20 Abs. 1 LAbfVG Brbg. gibt dem Betreiber einer Abfallentsorgungsanlage auf, anfallendes Sickerwasser, Oberflächenwasser und Grundwasser sowie Emissionen zu untersuchen. § 28 Abs. 2 S. 2 LAbfVG Brbg. ermöglicht es, vom ehemaligen Inhaber einer stillgelegten Abfallentsorgungsanlage eine Untersuchung über Art und Umfang der notwendigen Sicherungsmaßnahmen zu verlangen, die von der Behörde dann durchgeführt werden können.

IV. Bremen

Gemäß § 12 BremAGAbfG muß der Eigentümer einer Anlage anläßlich der Stillegung oder Untersagung nach § 9 S. 1 AbfG die notwendigen Vorkehrungen treffen, um eine nachwirkende Beeinträchtigung des Wohls der Allgemeinheit zu verhüten und die mit der Einrichtung der Abfallentsorgungsanlage verbundenen Eingriffe in den Naturhaushalt sowie in das Stadt- und Landschaftsbild auszugleichen. § 13 Abs. 1 BremAGAbfG sieht für Anlagen, die vor Inkrafttreten dieses Gesetzes am 18.01.1975 stillgelegt wurden, die Schaffung eines Zustandes vor, der nachteilige Wirkungen auf das Wohl der Allgemeinheit ausschließt. Wurde oben zu § 10 Abs. 2 AbfG festgestellt, daß unter die Maßnahmen zur Schaffung eines gemeinwohlverträglichen Zustandes auch Re-

---

[37] BayAbfG vom 25.07.1973.

[38] Siehe oben S. 44 zu § 8 Abs. 1 S. 1 AbfG.

kultivierungsmaßnahmen fallen,[39] so kann für § 13 Abs. 1 BremAGAbfG grundsätzlich nichts anderes gelten. Auch diese Norm verpflichtet damit zu Sicherung und Rekultivierung.

V. Hamburg

Die §§ 15 Abs. 2, 16 Abs. 3 HambAbfG verpflichten den Betreiber einer Abfallentsorgungsanlage, die Emissionen im Einwirkungsbereich der Anlage, die Auswirkungen auf die Schutzgüter des § 2 Abs. 1 S. 2 AbfG sowie das Sikker- und Oberflächenwasser zu überwachen. § 16 Abs. 1 HambAbfG ermöglicht es der Stadt Hamburg, Abfallentsorgungsanlagen, die vor dem 11.06.1972 stillgelegt wurden, in einen Zustand zu versetzen, der Beeinträchtigungen des Wohls der Allgemeinheit verhütet oder beseitigt, d. h. also sie zu sichern und zu rekultivieren.

VI. Hessen

§ 6 HAbfAG verpflichtet den Betreiber einer Abfallentsorgungsanlage, die von der Anlage ausgehenden Emissionen sowie die Immissionen im Einwirkungsbereich zu untersuchen. Aus § 6 Abs. 2 Nr. 3 HAbfAG folgt, daß hierzu auch die Kontrolle von Sicker-, Oberflächen- und Grundwasser gehört. Gemäß § 20 Abs. 1 HAbfAG sind zur Altlastensanierung Maßnahmen festzusetzen, um Beeinträchtigungen des Wohls der Allgemeinheit zu verhüten oder zu vermindern und um eine Rekultivierung, die als Wiedereingliederung in Natur und Landschaft definiert wird, zu ermöglichen. Als Altlast gilt gemäß § 16 Abs. 2 Nr. 1 HAbfAG eine stillgelegte Abfallentsorgungsanlage, wenn von ihr tatsächlich eine Beeinträchtigung des Wohls der Allgemeinheit ausgeht. Verantwortlich für die Durchführung dieser Maßnahmen ist nach § 21 Abs. 1 Nr. 1 HAbfAG der Inhaber. § 17 Abs. 2 HAbfAG normiert eine Untersuchungspflicht des Inhabers bzw. ehemaligen Inhabers bezüglich Art, Umfang und Ausmaß von Verunreinigungen.

VII. Mecklenburg-Vorpommern

§ 17 Abs. 2 AbfAlG M-V sieht eine Überwachungspflicht des Betreibers einer Abfallentsorgungsanlage vor. § 20 AbfAlG M-V verpflichtet den Inhaber

---

[39] Siehe oben S. 41 f.

einer nach § 9 S. 2 AbfG oder nach § 19 S. 1 AbfAlG M-V untersagten Abfallentsorgungsanlage, Beeinträchtigungen des Wohls der Allgemeinheit zu verhüten und insbesondere auch Eingriffe in Natur und Landschaft auszugleichen. Diese Vorschrift entspricht damit Art. 21 BayAbfAlG. Gemäß § 21 Abs. 1 AbfAlG M-V hat der ehemalige Betreiber einer Abfallentsorgungsanlage, die vor dem 1.07.1990 stillgelegt wurde, Vorkehrungen zu treffen, um eine Beeinträchtigung des Wohls der Allgemeinheit zu verhüten, und das Gelände zu rekultivieren. § 21 AbfAlG M-V lehnt sich mit dieser Formulierung an Art. 22 Abs. 1 BayAbfAlG an.

VIII. Niedersachsen und Sachsen-Anhalt

§ 17 Abs. 2 NAbfG verpflichtet den Betreiber einer Abfallentsorgungsanlage, deren Auswirkungen auf die Umgebung auf seine Kosten zu untersuchen. § 27 Abs. 2 AbfG LSA normiert die gleichen Pflichten nun auch in Sachsen-Anhalt.

IX. Nordrhein-Westfalen

Gemäß § 25 Abs. 1 LAbfG NW muß der Betreiber auf seine Kosten das Sicker- und Oberflächenwasser sowie das Grundwasser untersuchen zu lassen. Nach § 33 LAbfG NW sind Sicherungs- und Rekultivierungsmaßnahmen im Sinne des § 10 Abs. 2 AbfG für Anlagen, die vor dem 18.09.1973 stillgelegt wurden, von den Gemeinden durchzuführen, sofern derartige Maßnahmen nicht nach anderen Vorschriften verlangt werden können.

X. Rheinland-Pfalz

§ 19 Abs. 1 LAbfWAG RP verpflichtet den Inhaber einer nach § 9 S. 2 AbfG untersagten oder wegen Rücknahme des Planfeststellungsbeschlusses stillgelegten Abfallentsorgungsanlage, Beeinträchtigungen des Wohls der Allgemeinheit zu verhüten und das Gelände zu rekultivieren. Für Altlasten, zu denen gemäß § 25 Abs. 1, 2 LAbfWAG RP auch stillgelegte Abfallentsorgungsanlagen gehören, schreibt § 28 Abs. 1 LAbfWAG RP eine Sanierung durch den Verantwortlichen im polizeirechtlichen Sinne vor. Die Sanierung besteht gemäß § 28 Abs. 2 LAbfWAG RP aus Maßnahmen zur Verhütung, Verminderung oder Beseitigung von Beeinträchtigungen für das Wohl der Allgemeinheit und aus Maßnahmen zur Wiedereingliederung in Natur und Landschaft. Die Sanierungspflicht gilt allerdings nur, soweit Anordnungen nach § 10 Abs. 2 AbfG nicht getroffen werden können. § 17 Abs. 2 LAbfWAG RP normiert als Betreiberpflicht die Kontrolle des Sicker- und Grundwassers im Einwirkungsbereich einer Abfallentsorgungsanlage.

XI. Sachsen

Nach den §§ 9 Abs. 1, 10 Abs. 1 Nr. 1 SächsEGAB kann die zuständige Behörde vom Verursacher einer Bodenverunreinigung Sicherungs- und Überwachungsmaßnahmen sowie sonstige Maßnahmen verlangen, um eine Beeinträchtigung des Wohls der Allgemeinheit zu verhüten. Dem Wortlaut dieser Normen zufolge sind auch Sicherungsmaßnahmen gegen den Inhaber einer stillgelegten oder auch noch bestehenden Abfallentsorgungsanlage möglich. Wurde oben zu entsprechenden Normen Baden-Württembergs und Bremens festgestellt, daß unter die sonstigen Maßnahmen zur Verhütung einer Gemeinwohlbeeinträchtigung auch die Rekultivierung fällt,[40] so ist die Übertragung dieser Schlußfolgerung auf § 9 Abs. 1 SächsEGAB nicht zwingend. Das sächsische Gesetz zur Abfallwirtschaft und zum Bodenschutz dient, wie schon der Name sagt, nicht allein dazu, Belastungen zu vermeiden, die von Abfallentsorgungsanlagen ausgehen, sondern es zielt allgemein auf den Bodenschutz ab. Es unterscheidet auch nicht zwischen Abfällen und sonstigen Verunreinigungen. Daher enthält es eine Reihe nicht anlagenbezogener Schutznormen. Diese wiederum scheinen auf den ersten Blick nur Sicherungsmaßnahmen zuzulassen.[41] Andererseits definiert § 7 Abs. 1 SächsEGAB als Schutzgut den Boden als Naturkörper und Lebensgrundlage für Menschen, Tiere und Pflanzen einschließlich seiner Funktionen. § 9 Abs. 1 Nr. 4 SächsEGAB ermächtigt auch zu Maßnahmen zur Beseitigung von Beeinträchtigungen des Wohls der Allgemeinheit durch Bodenbelastungen. Wenn nun eine solche Beeinträchtigung der Definition des § 7 Abs. 1 SächsEGAB entsprechend auch in einer Störung der Funktionen des Bodens zu sehen ist, dann erlaubt § 9 Abs. 1 Nr. 4 SächsEGAB Maßnahmen zur Wiederherstellung eines funktionsfähigen Bodens. Derartige Maßnahmen können aber unter den Oberbegriff der Rekultivierung gefaßt werden.[42] § 9 Abs. 1 SächsEGAB ermächtigt also ebenfalls sowohl zu Sicherungs- als auch zu Rekultivierungsanordnungen.

---

[40] Siehe oben S. 41 f., 50 und 51.

[41] Vgl. die Aufzählung in den §§ 9 Abs. 1, 12 Abs. 1 SächsEGAB.

[42] Vgl. bereits oben S. 24 f; ausführlich unten S. 81 ff.

XII. Schleswig-Holstein

§ 20 Abs. 3 S. 1 LAbfWG SH verpflichtet den Betreiber einer Abfallentsorgungsanlage, deren Zustand und Betrieb sowie deren Auswirkungen auf die Umgebung auf eigene Kosten zu überwachen. § 21 LAbfWG SH ermächtigt die zuständige Behörde, von ehemaligen Betreibern stillgelegter Abfallentsorgungsanlagen eine Untersuchung der Auswirkungen auf die Schutzgüter des § 2 Abs. 1 S. 2 AbfG[43] auf eigene Kosten zu verlangen.

XIII. Thüringen

Thüringen hat sein Abfallgesetz im wesentlichen an das hessische angelehnt. So sieht § 7 Abs. 1 ThAbfAG eine Eigenkontrollpflicht des Betreibers bezüglich der von der Abfallentsorgungsanlage ausgehenden Emissionen sowie der Immissionen im Einwirkungsbereich vor. Dazu gehört ausdrücklich auch die Kontrolle von Grund-, Sicker- und Oberflächenwasser. Die §§ 19 Abs. 1, 20 Abs. 1 ThAbfAG enthalten, ebenso wie die §§ 20 Abs. 1, 21 Abs. 1 Nr. 1 HAbfAG, Sicherungs- und Rekultivierungspflichten für Inhaber stillgelegter Abfallentsorgungsanlagen. § 17 Abs. 2 ThAbfAG sieht eine Untersuchung über Art, Umfang und Ausmaß von Verunreinigungen durch die zuständige Behörde vor.

C. Konkurrenz der landesrechtlichen Rechtsgrundlagen zu den bundesrechtlichen Ermächtigungen

Zu den 7 bundesrechtlichen Ermächtigungsgrundlagen für Sicherungs- und Rekultivierungsanordnungen kommen, wie oben gezeigt, noch 32 Ländernormen hinzu, so daß Überschneidungen zwischen Bundes- und Länderrecht nicht ausbleiben können.

I. Verfassungsrechtlicher Prüfungsmaßstab

Das Verhältnis von Bundes- und Länderrecht kann sich hier nach Art. 72 Abs. 1 GG oder nach Art. 31 GG bestimmen. Art. 72 Abs. 1 GG normiert die vorrangige Kompetenz des Bundesgesetzgebers für Materien der konkurrierenden Gesetzgebung. Das Abfallrecht ist gemäß Art. 74 Nr. 24 GG ein Gegen-

---

[43] Näher hierzu unten S. 104 ff.

stand der konkurrierenden Gesetzgebung. Art. 74 Nr. 24 GG ist mit dem 30. Gesetz zur Änderung des Grundgesetzes[44] bewußt eingeführt worden, um die Kompetenz des Bundes zum Erlaß des Abfallgesetzes klarzustellen.[45] Obwohl die wesentlichen abfallrechtlichen Regelungen auch auf Grund der Art. 74 Nr. 11, 17, 18, 20 und 75 Abs. 1 Nr. 3, 4 GG hätten erlassen werden können, sollte der Bund zusätzlich noch für sämtliche Regelungen des Abfallgesetzes aus Art. 74 Nr. 24 GG zuständig sein.[46] Nach Art. 31 GG bricht Bundesrecht Landesrecht. Sofern das Bundesrecht - wie hier - bei Erlaß der Landesgesetze bereits bestand, wird die Frage, welche Norm zur Bestimmung des Verhältnisses von einfachem Bundesrecht zu einfachem Landesrecht heranzuziehen ist, kontrovers beantwortet. Zum Teil wird in Art. 72 Abs. 1 GG eine bloße Kompetenznorm gesehen, die keine eigene Rechtsfolge setzt. Die Folge eines Verstoßes gegen Art. 72 Abs. 1 GG ergäbe sich dann aus Art. 31 GG.[47] Nach der Gegenauffassung ist Art. 72 Abs. 1 GG eine vorrangige Spezialregelung, die selbst die Nichtigkeit unvereinbarer Landesgesetze als Rechtsfolge nach sich zieht.[48] Art. 31 GG soll nur dann zu prüfen sein, wenn nicht schon ein Verstoß gegen Art. 72 Abs. 1 GG vorliegt, also regelmäßig nicht zur Klärung des Verhältnisses von einfachem Bundesrecht zu einfachem Landesrecht, sofern das Bundesrecht zuerst erlassen wurde.[49]

Voraussetzung für die Nichtigkeit nach Art. 31 GG ist, daß Bundes- und Landesrecht auf denselben Sachverhalt anwendbar sind.[50] Eine Norm ist aber nur dann auf einen Sachverhalt anwendbar, d. h. sie führt nur dann eine Rechtsfolge herbei, wenn sie formell und materiell verfassungsmäßig ist. Art. 31 GG setzt also die Gültigkeit sowohl des Bundes- als auch des Landesrechts voraus.[51] Aus der Kompetenzverteilung des Art. 72 Abs. 1 GG folgt, daß, so-

---

[44] BGBl. I 1972 S. 593.

[45] BT-Drs. 6/2249, S. 3.

[46] *Maunz*, in: Maunz/Dürig/Herzog/Scholz, Grundgesetz, Art. 74 Rn. 250; *Schmidt-Bleibtreu*, Kommentar zum Grundgesetz, Art. 74 Rn. 46; zweifelnd, aber in bezug auf die zu Sicherung und Rekultivierung ermächtigenden Normen nicht ausdrücklich anders *Bothe*, NVwZ 1987, 938 (939).

[47] So *Maunz*, in: Maunz/Dürig/Herzog/Scholz, Grundgesetz, Art. 31 Rn. 21.

[48] *Pieroth*, in: Jarass/Pieroth, Grundgesetz, Art. 72 Rn. 5, Art. 31 Rn. 3; *Gubelt*, in: v.Münch, Grundgesetzkommentar, Art. 31 Rn. 17; *Schmidt-Bleibtreu*, Kommentar zum Grundgesetz, Art. 31 Rn. 2; *v.Mangoldt/Klein*, Grundgesetz, Art. 31 III 2; *Herrfahrdt*, in: Bonner Kommentar zum Grundgesetz, Art. 72 II 1.

[49] *V.Mangoldt/Klein*, Grundgesetz, Art. 31 III 4; *Degenhardt*, Staatsrecht, Rn. 118.

[50] BVerfG-Vpr., NVwZ 1990, 357; *Pieroth*, in: Jarass/Pieroth, Grundgesetz, Art. 31 Rn. 4; *Maunz*, in: Maunz/Dürig/Herzog/Scholz, Grundgesetz, Art. 31 Rn. 13.

[51] *Schmidt-Bleibtreu/Klein*, Kommentar zum Grundgesetz, Art. 31 Rn. 2; *Pieroth*, in: Jarass/Pieroth, Grundgesetz, Art. 31 Rn. 3.

weit der Bund zuständigkeitsgemäß Normen erließ, die konstitutive Setzung von Landesrecht nicht mehr möglich ist.[52] Es kann also kein gültiges einfaches Bundesrecht und ebenfalls gültiges einfaches Landesrecht nebeneinander geben, deren Inhalt dann in Anwendung des Art. 31 GG verglichen werden könnte. Die Frage, inwieweit die Länder neben dem Bundesabfallgesetz Sicherungs- und Rekultivierungspflichten normieren durften, ist also unter Heranziehung von Art. 72 Abs. 1 GG zu untersuchen. Art. 31 GG kann hier nicht angewendet werden.

II. Reichweite der Sperrwirkung des Art. 72 Abs. 1 GG

Nach Art. 72 Abs. 1 GG haben die Länder die Befugnis zur Gesetzgebung, soweit und solange der Bund von seinem Gesetzgebungsrecht nicht Gebrauch gemacht hat. Die Länder dürfen dann nicht mehr gesetzgeberisch tätig werden, wenn der Bund einen Sachverhalt erschöpfend geregelt hat.[53] Sofern neben dem Bundesgesetz noch Regelungsspielraum bleibt, sind Länderregelungen möglich.[54] Hierzu gehört auch die Konkretisierung allgemein gehaltener bundesrechtlicher Vorschriften.[55] Eine Erschöpfung der Regelungsmaterie folgt nicht bereits aus der Kodifikation als solcher.[56] Ob eine Norm erschöpfend ist, ist vielmehr einer Gesamtwürdigung des betreffenden Normenkomplexes zu entnehmen.[57] Eine abschließende Regelung liegt vor, wenn eine Rechtsfolge entweder bewußt herbeigeführt werden oder ausgeschlossen sein sollte.[58]

Die Ländernormen, die sich mit Sicherung und Rekultivierung von Abfallentsorgungsanlagen befassen, verstoßen dann gegen Art. 72 Abs. 1 GG und sind damit nichtig, wenn sie in den folgenden vier Punkten mit dem Bundesabfallgesetz übereinstimmen:

- Sie müssen inhaltsgleiche Pflichten regeln,
- denselben zeitlichen Anwendungsbereich haben,

---

[52] BVerfGE 36, 342 (364); *Schmidt-Bleibtreu*, Kommentar zum Grundgesetz, Art. 31 Rn. 2.

[53] BVerfGE, 18, 407 (415); 20, 239 (248); *Leibholz/Rinck*, Grundgesetz, Rn. 72 Rn. 21.

[54] BVerfGE 49, 343 (358 f.); 18, 407 (415); 56, 111 (119); 62, 354 (369).

[55] BVerfGE 49, 343 (358 f.); *v.Mangoldt/Klein*, Das Bonner Grundgesetz, Art. 72 Anm. III 2e; *Maunz*, in: Maunz/Dürig/Herzog/Scholz, Grundgesetz, Art. 72 Rn. 13.

[56] BVerfGE 56, 111 (119); *Herrfahrdt*, in: Bonner Kommentar zum Grundgesetz, Art. 72 II 1.

[57] BVerfGE 7, 342 (347); 49, 343 (358); 67, 299 (324).

[58] BVerfGE 32, 319 (327).

- dieselbe Person als Pflichtigen nennen und
- sich auf dieselben Anlagen beziehen.

Daneben ist ein Verstoß gegen Art. 72 Abs. 1 GG auch dann gegeben, wenn die Ländernormen in diesen vier Punkten zwar nicht mit den bundesrechtlichen Vorschriften übereinstimmen, dem Abfallgesetz aber zu entnehmen ist, daß der Bundesgesetzgeber eine diesbezügliche Regelung nicht wollte.

Prüfungsmaßstab sind dabei nur die §§ 8 Abs. 1, 9 S. 1, 9a Abs. 1 S. 1, 10 Abs. 2 und 10a Abs. 3 AbfG. Im Rahmen der vorläufigen Zulassung nach § 7a Abs. 1 AbfG können Sicherungs- und Rekultivierungsanordnungen nur auf die allgemeine Vorschrift des § 36 VwVfG gestützt werden. § 36 VwVfG ermächtigt aber ganz generell zu Nebenbestimmungen zu Verwaltungsakten. Auch diejenigen landesrechtlichen Ermächtigungsgrundlagen, die allgemein gehalten sind, erlauben nur Anordnungen für Abfallentsorgungsanlagen. Sie beziehen sich somit nur auf bestimmte Arten von Verwaltungsakten und sind insoweit spezieller als § 36 Abs. 2 VwVfG. Da nun aber Konkretisierungen allgemein gehaltener bundesrechtlicher Vorschriften mit Art. 72 Abs. 1 GG vereinbar sind,[59] stellen alle in Frage stehenden Regelungen der Länder insoweit eine zulässige Konkretisierung des § 36 Abs. 2 VwVfG dar. Eine Kollision mit den § 7a Abs. 1 AbfG i. V. m. § 36 VwVfG scheidet damit von vornherein aus.

III. Regelungsspielraum der Länder bezüglich des Inhalts der Sicherungs- und Rekultivierungspflichten

Der erste der vier auf Übereinstimmung mit dem Bundesrecht hin zu untersuchenden Punkte ist der Inhalt der Sicherungs- und Rekultivierungspflichten. Einige Vorschriften der Landesabfallgesetze normieren Untersuchungspflichten[60] oder Kontrollpflichten bezüglich des Sicker- und Oberflächenwassers sowie teilweise auch des Grundwassers[61]. Derartige Maßnahmen sind typische Inhalte von Sicherungsanordnungen nach den Vorschriften des Bundesabfallge-

---

[59] BVerfGE 49, 343 (358 f.); *Maunz*, in: Maunz/Dürig/Herzog/Scholz, Grundgesetz, Art. 72 Rn. 13; *v.Mangoldt/Klein*, Das Bonner Grundgesetz, Art. 72 Anm. III 2e.

[60] §§ 17 Abs. 1 LAbfG BW, 28 Abs. 2 S. 2 LAbfVG Brbg., 6, 17 Abs. 2 HAbfAG, 17 Abs. 2 AbfAlG M-V, 17 Abs. 2 NAbfG, 27 Abs. 2 AbfG LSA, 20 Abs. 3 S. 1, 21 LAbfWG SH, 7, 17 Abs. 2 ThAbfAG.

[61] §§ 16 Abs. 2 LAbfG BW, 20 Abs. 1 LAbfVG Brbg., 15 Abs. 2, 16 Abs. 3 HambAbfG, 25 Abs. 1 LAbfG NW, 17 Abs. 2 LAbfWAG RP.

setzes.[62] Die Länder regeln hier keine mit dem Bundesrecht identischen Pflichten, sondern konkretisieren lediglich das allgemeiner gehaltene Bundesabfallgesetz.

Ein Verstoß gegen Art. 72 Abs. 1 GG könnte sich bezüglich des Inhalts der Pflichten allenfalls noch dann ergeben, wenn der Bundesgesetzgeber eine derartige Konkretisierung ausschließen wollte. Anhaltspunkte für einen solchen Ausschluß können dem Abfallgesetz des Bundes indessen nicht entnommen werden. Die §§ 8 Abs. 1, 9 S. 1, 9a Abs. 1 S. 1, 10 Abs. 2 und 10a Abs. 3 AbfG ermächtigen die zuständige Behörde zum Erlaß von Sicherungs- und Rekultivierungsmaßnahmen. Die zuständige Behörde ist gemäß § 19 AbfG entweder durch die Landesregierungen oder durch die Landesabfallgesetze festzulegen. Bei den bundesrechtlichen Ermächtigungsgrundlagen handelt es sich zudem um "Soll"- bzw. "Kann"-Vorschriften. Der Bund bezieht die Länder also ausdrücklich mit in das Verfahren ein und räumt ihnen einen weiten Konkretisierungsspielraum bezüglich des "Ob" und des "Wie" der Sicherungs- und Rekultivierungsanordnungen ein. Wenn nun das "Ob" und das "Wie" der Sicherungs- und Rekultivierungsmaßnahmen durch eine von den Ländern zu benennende Behörde erfolgen darf, kann das als Indiz dafür gelten, daß der Bundesgesetzgeber auch eine inhaltliche Konkretisierung der erforderlichen Maßnahmen durch den Landesgesetzgeber nicht ausschließen wollte. Die Normen, die Untersuchungs- oder Kontrollpflichten regeln, sind folglich mit Art. 72 Abs. 1 GG vereinbar und damit gültig.

Andere Ländernormen verpflichten ausdrücklich, zu rekultivieren und Maßnahmen zu treffen, um Beeinträchtigungen des Wohls der Allgemeinheit zu verhüten.[63] Sie lehnen sich damit an den Wortlaut des § 10 Abs. 2 AbfG an.[64] Einige Ländervorschriften verlangen neben Vorkehrungen, um eine Allgemeinwohlbeeinträchtigung zu verhüten, den Ausgleich des Eingriffs in Natur und Landschaft oder die Wiedereingliederung in Natur und Landschaft.[65] Inhaltlich sind diese Pflichten mit der Rekultivierungspflicht des § 10 Abs. 2 AbfG gleichzusetzen.[66] Art. 19 Abs. 1 BayAbfAlG ermächtigt allgemein zum Erlaß von Nebenbestimmungen. Diese Norm lehnt sich vom Wortlaut her an die §§ 8

---

[62] Vgl. bereits oben S. 28 ff; ausführlich unten S. 103 ff.

[63] Art. 22 Abs. 1 BayAbfAlG, §§ 21 Abs. 1 AbfAlG M-V, 33 Abs. 1 LAbfG NW, 19 Abs. 1 LAbfWAG RP.

[64] § 33 Abs. 1 LAbfG NW verweist sogar auf § 10 Abs. 2 AbfG.

[65] Art. 21 BayAbfAlG, §§ 12 BremAGAbfG, 20 Abs. 1 HAbfAG, 20 Abs. 1 AbfAlG M-V, 28 Abs. 2 S. 2 Nr. 2 LAbfWAG RP, 19 Abs. 1 ThAbfAG.

[66] Näher dazu unten S. 88 ff.

Abs. 1, 9 S. 1 und 9a Abs. 1 AbfG an. Sie regelt insoweit auch inhaltlich nichts anderes. Wieder andere Normen der Länder verpflichten lediglich zur Herstellung eines dem Wohl der Allgemeinheit entsprechenden Zustandes, ohne die Rekultivierung ausdrücklich zu nennen.[67] Diese Normen erlauben jedoch ebenfalls Rekultivierungsanordnungen.[68]

Zusammenfassend ist festzuhalten, daß die oben aufgezählten Ländernormen, sofern sie nicht zulässigerweise die Sicherungspflichten konkretisieren, allesamt deckungsgleich mit den bundesrechtlichen Sicherungs- und Rekultivierungspflichten sind. Sie stehen damit zwar nicht im Widerspruch zum Bundesabfallgesetz. Anders als bei Art. 31 GG, in dessen Rahmen die Vereinbarkeit von Bundesrecht wiederholendem Landesrecht umstritten ist,[69] sind derartige Normen aber bei einem Verstoß gegen Art. 72 Abs. 1 GG unstreitig nichtig.[70] Sofern die inhaltsgleichen Länderregelungen außerdem von ihrem zeitlichen Anwendungsbereich her dem Bundesrecht entsprechen, den gleichen Pflichtigen benennen und auch die gleichen Anlagen betreffen, sind sie daher nichtig.

IV. Sperrwirkung des Bundesrechts in bezug auf den zeitlichen Anwendungsbereich

Der zweite der auf Überschneidungen hin zu untersuchenden Punkte ist der zeitliche Anwendungsbereich des Bundes- bzw. Länderrechts.

1. Problemstellung und Begrifflichkeit

Eine Konkurrenzsituation zwischen Bundes- und Länderrecht besteht nur dann, wenn die oben genannten Ländernormen den gleichen Anwendungsbereich haben wie das inhaltsgleiche Bundesrecht. Die meisten Vorschriften der Landesabfallgesetze beziehen ihre Pflichten nur auf Anlagen, die zu einem bestimmten Zeitpunkt betrieben wurden oder bereits stillgelegt waren. Die einzelnen Zeitpunkte sind von Land zu Land verschieden. Daher soll im folgenden

---

67 §§ 25 Abs. 1 LAbfG BW, 13 Abs. 1 BremAGAbfG, 9 Abs. 1 Nr. 4 SächsEGAB.

68 Vgl. oben S. 41 f.

69 Zum Streitstand vgl. *Maunz*, in: Maunz/Dürig/Herzog/Scholz, Grundgesetz, Art. 31 Rn. 13; *Gubelt*, in: v.Münch, Grundgesetzkommentar, Art. 31 Rn. 23.

70 BVerfGE 36, 342 (362); *Pieroth*, in: Jarass/Pieroth, Grundgesetz, Art. 31 Rn. 5; *v.Münch*, in: v.Münch, Grundgesetzkommentar, Art. 72 Rn. 11; *v.Mangoldt/Klein*, Das Bonner Grundgesetz, Art. 72 Anm. III 2e; BVerfGE 20, 238 (250).

das Inkrafttreten des Bundesabfallgesetzes am 11.06.1972 in den alten bzw. am 1.07.1990 in den neuen Bundesländern als Grenze dienen. Anlagen, die nach diesem Zeitpunkt in Betrieb genommen wurden, werden nachfolgend als Neuanlagen bezeichnet. Altanlagen sind Anlagen, die vor dem 11.06.1972 bzw. dem 1.07.1990 bereits betrieben, aber nachher erst stillgelegt wurden oder noch betrieben werden. Als Uraltanlagen sollen schließlich Abfallentsorgungsanlagen bezeichnet werden, die am 11.06.1972 bzw. am 1.07.1990 bereits stillgelegt waren.[71]

2. Reichweite des Bundesrechts

Bei der Feststellung der zeitlichen Reichweite des Bundesrechts ist zu unterscheiden zwischen Regelungen für Neuanlagen einerseits und Vorschriften für Alt- bzw. Uraltanlagen andererseits.

a) Sicherungs- und Rekultivierungspflichten für Neuanlagen

§ 8 Abs. 1 AbfG ermächtigt zu Sicherungs- und Rekultivierungsanordnungen ausschließlich für Neuanlagen, da nur hier ein Zulassungsverfahren nach § 7 AbfG durchgeführt wird, in dessen Rahmen Nebenbestimmungen erlassen werden können. Da auf Neuanlagen grundsätzlich alle Vorschriften des Abfallgesetzes Anwendung finden, sofern nicht ausdrücklich eine entgegenstehende Begrenzung existiert, können Sicherungs- und Rekultivierungsmaßnahmen hierfür auch nach den §§ 10 Abs. 2 und 10a Abs. 3 AbfG verlangt werden, sofern es sich um Anordnungen handelt, die an den Stillegungszeitpunkt anknüpfen.[72]

b) Anwendbarkeit auf Alt- und Uraltanlagen

Im Abfallgesetz des Bundes können Sicherungs- und Rekultivierungspflichten, die sich nicht ausschließlich auf Anlagen beziehen, die nach dem 11.06.1972 bzw. dem 1.07.1990 zugelassen wurden, nur auf die §§ 9 S. 1, 9a Abs. 1 S. 1, 10 Abs. 2 und 10a Abs. 3 AbfG gestützt werden.

---

[71] Zur Begrifflichkeit vgl. *Schwermer*, in: Kunig/Schwermer/Versteyl, Abfallgesetz, § 9 Rn. 2; siehe auch *Pape*, NJW 1992, 2661 (2662).

[72] Siehe oben S. 47 f.

aa) § 9 AbfG a. F. regelte die Anordnung von Befristungen, Bedingungen und Auflagen für Anlagen, die bei Inkrafttreten des Abfallgesetzes betrieben wurden oder mit deren Errichtung begonnen worden war. Aus § 9 AbfG a.F. konnte geschlossen werden, daß der Bundesgesetzgeber Sicherungs- und Rekultivierungspflichten für Neu- und Altanlagen vorsehen wollte, nicht aber für Uraltanlagen.[73]

§ 9 AbfG n. F. spricht nun allerdings nicht mehr von Anlagen, die *bei* Inkrafttreten, sondern von Anlagen, die *vor* dem 11.06.1972 betrieben wurden. Dem Wortlaut der Neufassung zufolge könnten auch für Uraltanlagen Auflagen, Bedingungen oder Befristungen angeordnet werden, da auch sie *vor* dem 11.06.1972 betrieben wurden. Der Bundesgesetzgeber wollte jedoch mit § 9 AbfG in beiden Fassungen Abfallentsorgungsanlagen an strengere Umweltschutzanforderungen anpassen und die Abfallentsorgung insgesamt einheitlich ordnen.[74] Das setzt voraus, daß die betreffenden Anlagen noch eine aktive Rolle im Rahmen der Abfallentsorgung spielen, d. h. noch betrieben werden. Die Änderung des Wortlauts sollte den sachlichen Anwendungsbereich des § 9 AbfG nicht erweitern, zumal auch die Gesetzesüberschrift von bestehenden Anlagen spricht. Die §§ 9 S. 1 AbfG n. F. und 9a Abs. 1 S. 1 AbfG gelten daher für Neu- und Altanlagen, nicht aber für Uraltanlagen.[75]

bb) Gegen eine Anwendung des § 10 Abs. 2 AbfG auf Altanlagen könnte die Existenz des § 10a Abs. 3 AbfG sprechen. Wenn § 10 Abs. 2 AbfG bereits für Anlagen gilt, die bei Inkrafttreten bestanden, hat § 10a Abs. 3 AbfG keinen eigenständigen Anwendungsbereich mehr. Daher ist der Anwendungsbereich des § 10 Abs. 2 AbfG in den neuen Bundesländern und Berlin (Ost) auf Neuanlagen begrenzt.[76] Die mögliche Schlußfolgerung, § 10 Abs. 2 AbfG beziehe sich auch in den alten Bundesländern nur auf Neuanlagen, ist indessen bedenklich. Sicherungs- und Rekultivierungsanordnungen könnten dann für Altanlagen in den neuen Bundesländern auf § 10a Abs. 3 AbfG gestützt werden, wohingegen es in den alten Ländern keine entsprechende Regelung gäbe. Die Einführung des Abfallgesetzes in den neuen Bundesländern sollte jedoch die Anlagen dort an die westlichen Standards anpassen, nicht aber eine Verschärfung

---

[73] Vgl. *Kloepfer*, NuR 1987, 7 (19).

[74] *Hösel/v.Lersner*, Recht der Abfallbeseitigung, § 9 Rn. 3; BT-Drs. 6/2401, S. 15.

[75] *Schwermer*, in: Kunig/Schwermer/Versteyl, Abfallgesetz, § 9 Rn. 6; *Breuer*, NVwZ 1987, 751 (753); *Kloepfer*, NuR 1987, 7 (19); *Scheier*, ZfW 1984, 333 (335); *Papier*, DVBl. 1985, 873; *Brandt/Lange*, UPR 1987, 11 (13); *Mosler*, Öffentlich-rechtliche Probleme bei der Sanierung von Altlasten, S. 44.

[76] Vgl. bereits oben S. 42 f.

herbeiführen.[77] Insoweit ist also davon auszugehen, daß § 10 Abs. 2 AbfG in den alten Bundesländern auch für Altanlagen gilt. In den neuen Bundesländern und Berlin (Ost) können Sicherungs- und Rekultivierungsmaßnahmen auf § 10 Abs. 2 oder auf § 10a Abs. 3 AbfG gestützt werden. Die §§ 10 Abs. 2, 10a Abs. 3 AbfG erfassen daher im gesamten Bundesgebiet jedenfalls alle Neu- und Altanlagen.

Ein Vergleich des § 10 Abs. 2 mit § 10 Abs. 1 AbfG ergibt, daß Anknüpfungspunkt für die Aktualisierung der Pflichten des § 10 Abs. 2 AbfG der Zeitpunkt der Stillegung ist.[78] Das läßt darauf schließen, daß Sicherungs- und Rekultivierungspflichten nach § 10 Abs. 2 AbfG nur die Anlagen betreffen, die nach Inkrafttreten dieser Norm stillgelegt wurden.[79] Fraglich ist, ob daraus auch gefolgert werden kann, daß der Gesetzgeber Sicherungs- und Rekultivierungsanordnungen gegenüber den Inhabern von Uraltanlagen ausschließen wollte. § 10 Abs. 1 AbfG normiert die Pflicht, ***unverzüglich*** die beabsichtigte Stillegung anzuzeigen. Daher kann er also nicht für schon stillgelegte Uraltanlagen gelten. Allerdings fehlt es an einer inhaltlichen Verknüpfung von § 10 Abs. 1 und § 10 Abs. 2 AbfG dergestalt, daß die Anzeige nach § 10 Abs. 1 AbfG in jedem Fall zwingend den Sicherungs- und Rekultivierungsanordnungen bzw. deren Aktualisierung zeitlich vorausgehen müßte.[80] Der Wortlaut des § 10 Abs. 2 AbfG läßt es zu, dessen Pflichten dem Inhaber einer Abfallentsorgungsanlage auch ohne vorherige Anzeige nach § 10 Abs. 1 AbfG aufzuerlegen. Aus einem Vergleich mit § 10 Abs. 1 AbfG kann daher geschlossen werden, daß § 10 Abs. 2 AbfG auf Altanlagen Anwendung findet. Nicht gefolgert werden kann indessen, daß der Bundesgesetzgeber Sicherungs- und Rekultivierungsanordnungen für Uraltanlagen generell verbieten wollte.

Eine ausdrückliche Erwähnung von Anlagen, die vor dem 11.06.1972 stillgelegt wurden, findet sich in § 11 Abs. 1 S. 2 AbfG. Diese Norm ermöglicht die Ausdehnung der behördlichen Überwachung von Abfallentsorgungsanlagen auf Uraltanlagen. Die Überwachung bestehender Abfallentsorgungsanlagen ist in § 11 Abs. 1 S. 1 AbfG vorgeschrieben. § 11 Abs. 1 S. 2 AbfG ist dagegen nur eine "Kann"-Vorschrift. Die besondere Erwähnung von Uraltanlagen und ihre abweichende Behandlung läßt auf den Willen des Gesetzgebers schließen, diese auch im Rahmen anderer Vorschriften des Abfallgesetzes gesondert zu behan-

---

[77] Vgl. BT-Drs. 11/7817, S. 168.

[78] Siehe oben S. 47 f.

[79] *Ziehm*, Störerverantwortlichkeit für Boden- und Wasserverunreinigungen, S. 98.

[80] *Hösel/v.Lersner*, Recht der Abfallbeseitigung, § 10 Rn. 10.

deln. Es kann daraus gefolgert werden, daß der Gesetzgeber, soweit er Uraltanlagen nicht ausdrücklich nennt, nur Anlagen meint, die nach dem 11.06.1972 noch bestanden haben. § 11 Abs. 1 S. 2 AbfG spricht somit ebenfalls dafür, daß die Sicherungs- und Rekultivierungspflichten des § 10 Abs. 2 AbfG, der nicht zwischen den verschiedenen Anlagengruppen unterscheidet, sich nicht auf Uraltanlagen beziehen. Der weitergehende Schluß, daß diese Pflichten dann für Uraltanlagen grundsätzlich ausgeschlossen sind, kann § 11 Abs. 1 S. 2 AbfG allerdings nicht entnommen werden.

Für eine Ausdehnung der Sicherungs- und Rekultivierungspflichten auf Uraltanlagen könnte nun noch der Gesetzeszweck sprechen, Beeinträchtigungen durch die Abfallentsorgung zu verhüten oder zu beheben.[81] Wollte man indessen allein auf diesen Zweck abstellen, dann müßten alle Abfallanlagen seit Beginn der Industrialisierung erfaßt werden.[82] Daher spricht also die Tatsache, daß der Gesetzgeber nicht ausdrücklich eine zeitliche Grenze festgesetzt hat, eher für eine Nichtanwendbarkeit auf Uraltanlagen.

Zusammenfassend ist mithin festzuhalten, daß der Bundesgesetzgeber Sicherungs- und Rekultivierungspflichten nur auf Anlagen erstrecken wollte, die - unabhängig vom Zeitpunkt der Inbetriebnahme - erst nach dem 11.06.1972 in den alten bzw. nach dem 1.07.1990 in den neuen Bundesländern und Berlin (Ost) stillgelegt wurden.[83] Darüber hinaus kann dem Bundesabfallgesetz weder eine Anwendung noch ein Ausschluß dieser Pflichten in bezug auf Uraltanlagen entnommen werden.[84]

---

[81] Vgl. *Scheier*, ZfW 1984, 333 (335).

[82] *Herrmann*, Flächensanierung als Rechtsproblem, S. 35; *Hösel/v.Lersner*, Recht der Abfallbeseitigung, § 10 Rn. 10 spricht von einer Rückwirkung bis in die Römerzeit; vgl. auch *Scheier*, ZfW 1984, 333 (335).

[83] *Paetow*, NVwZ 1990, 510 (514); *Knopp*, NVwZ 1991, 42 (44); *Schink*, DVBl. 1986, 161 (162); *Breuer*, NVwZ 1987, 751 (753); *Birn/Jung*, Abfallbeseitigungsrecht, § 10 Anm 2.1; *Hösel/v.Lersner*, Recht der Abfallbeseitigung, § 10 Rn. 10; *Knopp*, Altlastenrecht in der Praxis, Rn. 16; *Papier*, NWVBl. 1989, 322 (323); *Pape*, NJW 1992, 2661 (2662); *Nauschütt*, Altlasten, S. 118.

[84] VGH Kassel, NVwZ 1990, 383 (385); *Ziehm*, Störerverantwortlichkeit für Boden- und Wasserverunreinigungen, S. 100; *Paetow*, NVwZ 1990, 510 (517); *Papier*, NWVBl. 1989, 322 (323); *Knopp*, Altlastenrecht in der Praxis, Rn. 16; dieses Ergebnis wird gestützt durch BT-Drs. 10/2885, S. 16: indem der Gesetzgeber die Altlastenfrage nicht für gelöst hielt, macht er deutlich, daß § 10 Abs. 2 für diese Fälle nicht gelten soll.

3. Reichweite des Landesrechts

Die oben genannten Normen der Länder enthalten teilweise Festlegungen in bezug auf ihren Anwendungsbereich, die auf das Bundesabfallgesetz Rücksicht nehmen. In anderen Regelungen ist indessen keine derartige Beschränkung enthalten.

a) Ländernormen mit Rücksicht auf das Bundesrecht

Einige Ländernormen, die Sicherungs- und Rekultivierungspflichten für Uraltanlagen regeln, begrenzen ihren Geltungsbereich ausdrücklich auf Anlagen, die vor dem Inkrafttreten des Bundesabfallgesetzes stillgelegt wurden.[85]

§ 22 Abs. 2 S. 1 LAbfG BW bezieht die Pflichten des § 25 Abs. 1 LAbfG BW nur auf Abfallentsorgungsanlagen, deren Betrieb vor dem 1.03.1972 eingestellt wurde. Zwar gilt § 25 Abs.1 LAbfG BW gemäß § 22 Abs. 2 S. 2 LAbfG BW auch für nachher entstandene Altablagerungen. § 22 Abs. 2 S. 2 LAbfG BW erfaßt jedoch keine Abfallentsorgungsanlagen.[86] Folglich gehören auch die Altlastenregelungen Baden-Württembergs, soweit sie Abfallentsorgungsanlagen betreffen, zu den Normen, die von ihrem zeitlichen Anwendungsbereich her nicht mit dem Bundesrecht kollidieren.

Ebenfalls zu dieser Gruppe sind die §§ 28 Abs. 2 S. 2 LAbfVG Brbg., 33 Abs. 1 LAbfG NW und 28 Abs. 1 LAbfWAG RP zu zählen. Diese Vorschriften gelten zwar über den Tag des Inkrafttretens des Bundesabfallgesetzes hinaus. Sie enthalten allerdings eine Subsidiaritätsklausel, wonach Anordnungen nur auf sie gestützt werden können, wenn nach Bundesrecht keine Maßnahmen möglich sind. Eine Subsidiaritätsklausel enthalten auch die §§ 20 Abs. 3 HAbfAG und 19 Abs. 3 ThAbfAG, die klarstellen, daß § 10 Abs. 2 AbfG von den §§ 20 Abs. 1 HAbfAG und 19 Abs. 1 ThAbfAG nicht berührt werden soll. Insoweit konkurrieren auch die §§ 20 Abs. 1 HAbfAG und 19 Abs. 1 ThAbfAG nicht mit den Regelungen des Bundesabfallgesetzes.

b) Ländernormen ohne Abstimmung auf das Bundesrecht

Art. 22 Abs. 1 BayAbfAlG und § 13 Abs. 1 BremAGAbfG legen zwar Sicherungs- und Rekultivierungspflichten für Uraltanlagen fest und stehen inso-

---

[85] §§ 16 Abs. 1 HambAbfG, 21 AbfAlG M-V.

[86] *Peters*, VBlBW 1991, 49.

weit generell auch nicht in Konkurrenz zum Bundesabfallgesetz, das Uraltanlagen nicht erfaßt. Bayern und Bremen nennen als Stichtag jedoch die Stillegung bis zum Inkrafttreten ihrer Landesgesetze am 1.06.1973 bzw. am 18.01.1975. Daher betreffen sie auch Abfallentsorgungsanlagen, die zwischen diesen Daten und dem 11.06.1972 stillgelegt wurden, Anlagen also, die als Altanlagen bereits von den §§ 9 S. 1 und 10 Abs. 2 AbfG erfaßt werden.

Entsprechendes gilt für die Altlastenregelungen Sachsens, die überhaupt keinen Stichtag nennen.[87] Die übrigen Länderregelungen schließlich, die Sicherungs- und Rekultivierungspflichten für stillgelegte[88] oder untersagte[89] Abfallentsorgungsanlagen oder die Ermächtigung zu Nebenbestimmungen zur Zulassung[90] normieren, konkurrieren mit den §§ 8 Abs. 1, 9 S. 1, 9a Abs. 1 S. 1, 10 Abs. 2 bzw. 10a Abs. 3 AbfG. Die nicht auf das Bundesrecht abgestimmten Ländernormen sind also sowohl inhaltlich als auch in bezug auf ihren zeitlichen Anwendungsbereich ganz oder teilweise identisch mit Normen des Bundesabfallgesetzes. Sie sind wegen Verstoßes gegen Art. 72 Abs. 1 GG nichtig, wenn sie den gleichen Adressaten von Sicherungs- und Rekultivierungsanordnungen benennen und sich auf die gleichen Anlagen beziehen.

V. Regelungsspielraum der Länder bezüglich des Adressaten von Sicherungs- und Rekultivierungsanordnungen

Der dritte Punkt, bei dem sich Bundes- und Landesrecht überschneiden müssen, um die Rechtsfolge des Art. 72 Abs. 1 GG herbeizuführen, ist die Identität der Adressaten. Art. 21 Abs. 1 BayAbfAlG sowie die §§ 20 Abs. 1 AbfAlG M-V und 19 Abs. 1 LAbfWAG RP bestimmen den Inhaber einer Abfallentsorgungsanlage als Pflichtigen. Sie legen damit dieselbe Person als Adressaten von Sicherungs- und Rekultivierungsanordnungen fest, die auch § 10 Abs. 2 AbfG nennt.

Art. 19 Abs. 1 BayAbfAlG sieht ausdrücklich keinen Adressaten vor. Seine Rechtsfolge, der Erlaß von Nebenbestimmungen zur Zulassung, kann jedoch nur gegenüber dem Inhaber der Zulassung erfolgen, der im Regelfall auch der

---

[87] Vgl. §§ 9 ff. SächsEGAB.

[88] § 12 S. 1 1. Alt. BremAGAbfG.

[89] Art. 21 BayAbfAlG, §§ 12 S. 1 2. Alt. BremAGAbfG, 20 AbfAlG M-V, 19 Abs. 1 LAbfWAG RP.

[90] Art. 19 BayAbfAlG.

Inhaber der Abfallentsorgungsanlage ist.[91] Art. 19 Abs. 1 BayAbfAlG deckt sich mit § 8 Abs. 1 AbfG.

Art. 22 Abs. 1 BayAbfAlG verpflichtet den ehemaligen Betreiber einer stillgelegten Abfallentsorgungsanlage. Inhaber und Betreiber sind nach ganz überwiegender Auffassung vollständig und nach einer Mindermeinung zumindest teilidentisch.[92] Art. 22 Abs. 1 BayAbfAlG benennt damit den gleichen Pflichtigen wie § 10 Abs. 2 AbfG.

Gemäß § 10 Abs. 1 Nr. 1 SächsEGAB ist der Verursacher einer Bodenverunreinigung für deren Beseitigung verantwortlich. Da der Verursacher bei Abfallentsorgungsanlagen in aller Regel der Betreiber ist, der das Gefährdungspotential durch seinen Umgang mit Abfällen schafft, und der Betreiber zumindest teilidentisch ist mit dem Inhaber, kollidiert § 10 Abs. 1 Nr. 1 SächsEGAB ebenfalls mit § 10 Abs. 2 AbfG.

Bremen verpflichtet in § 13 Abs. 1 BremAGAbfG die Stadtgemeinden und in § 12 BremAGAbfG den Eigentümer des Grundstücks, auf dem die Abfallentsorgungsanlage errichtet wurde. Geht man mit der ganz überwiegenden Meinung davon aus, daß der Inhaberbegriff nicht auch den Eigentümer umfaßt,[93] regelt § 12 BremAGAbfG, ebenso wie § 13 Abs. 1 BremAGAbfG, einen Bereich, der nicht bereits vom Bundesrecht erfaßt wird. Dem Bundesabfallgesetz ist nicht zu entnehmen, daß es die Verantwortlichkeit für Sicherung und Rekultivierung auf den Inhaber begrenzen wollte. Sicherung und Rekultivierung sollen lediglich dem Schutz der Landschaft sowie der Verhütung von Umweltbeeinträchtigungen dienen[94] und nicht auch den Kreis der Pflichtigen begrenzen. Die §§ 13 Abs. 1 und 12 BremAGAbfG sind damit die einzigen Normen, die zwar sowohl inhaltlich als auch in bezug auf den zeitlichen Anwendungsbereich mit dem Bundesrecht zumindest teilweise übereinstimmen, aber einen anderen Pflichtigen benennen und daher insoweit nicht mit Bundesrecht kollidieren.

---

[91] Näher dazu unten S. 156 ff.

[92] Näher zum Streitstand unten S. 158 ff.

[93] Vgl. unten S. 162.

[94] BT-Drs. 6/2401, S. 15.

VI. Bundesrechtliche Regelungen für untersagte Anlagen

Die Normen, die inhaltlich, in bezug auf ihren zeitlichen Anwendungsbereich und im Hinblick auf den Adressaten der Pflichten mit dem Abfallgesetz des Bundes übereinstimmen, werden dann von Art. 72 Abs. 1 GG erfaßt, wenn sie sich zudem noch auf die gleichen Anlagen beziehen wie die bundesrechtlichen Normen. Bei Art. 22 Abs. 1, 19 Abs. 1 BayAbfAlG und § 9 Abs. 1 SächsEGAB besteht auch in diesem letzten Punkt eine Überschneidung.

Etwas anderes könnte sich nur für Art. 21 Abs. 1 BayAbfAlG und die §§ 20 Abs. 1 AbfAlG M-V und 19 Abs. 1 LAbfWAG RP ergeben. Sie bestimmen Sicherungs- und Rekultivierungspflichten für Inhaber von Anlagen, die nach den §§ 9 S. 2 oder 9a Abs. 1 S. 2 AbfG untersagt wurden und kollidieren daher nicht mit Bundesrecht, wenn nach dem Bundesabfallgesetz für derartige Anlagen keine Sicherungs- und Rekultivierungsanordnungen getroffen werden können. Die §§ 9 S. 1 und 9a Abs. 1 S. 1 AbfG sehen nur Nebenbestimmungen für Anlagen vor, die nicht nach den §§ 9 S. 2 oder 9a Abs. 1 S. 2 AbfG untersagt werden. Als bundesrechtliche Ermächtigungsgrundlage für Sicherungs- und Rekultivierungsanordnungen gegenüber den Inhabern untersagter Anlagen kommen also nur die §§ 10 Abs. 2, 10a Abs. 3 AbfG in Betracht. Teilweise wird vertreten, § 10 Abs. 2 AbfG erfasse nicht nach § 9 S. 2 AbfG untersagte Anlagen.[95] Eine Begründung hierfür wird nicht geliefert. Zweck des § 10 Abs. 2 AbfG ist es, nachteilige Folgen, die von einer stillgelegten Abfallentsorgungsanlage ausgehen können, zu vermeiden und die Verunstaltung der Landschaft durch die Anlage auszugleichen.[96] Eine Ausklammerung von untersagten Anlagen ergibt sich also weder aus dem Wortlaut noch aus dem Zweck des § 10 Abs. 2 AbfG. Wenn nun Abfallentsorgungsanlagen derart umweltgefährdend sind, daß eine erhebliche Beeinträchtigung des Wohls der Allgemeinheit nicht durch Nebenbestimmungen abgewendet werden kann und die Anlage daher nach § 9 S. 2 bzw. § 9a Abs. 1 S. 2 AbfG verboten werden muß, so ist nicht einzusehen, warum die bis dahin entstandenen Beeinträchtigungen nicht nach § 10 Abs. 2 AbfG ausgeglichen werden sollen. Wollte man untersagte Anlagen aus dem Anwendungsbereich des § 10 Abs. 2 AbfG herausnehmen, so könnten für die "harmlosen" Altanlagen, deren Gefährdungspotential durch Nebenbestimmungen nach § 9 S. 1 bzw. § 9a Abs. 1 S. 1 AbfG begrenzt werden kann, Sicherungs- und Rekultivierungsanordnungen ergehen, für die gefährlicheren Anlagen im Sinne der §§ 9 S. 2, 9a Abs. 1 S. 2 AbfG aber nicht. Eine solche

---

95 *Bender/Sparwasser*, Umweltrecht, Rn. 1000.

96 BT-Drs. 6/2401, S. 15.

Handhabung ist mit dem Zweck der Sicherungs- und Rekultivierungspflichten nicht vereinbar. Daher umfaßt § 10 Abs. 2 AbfG auch nach den §§ 9 S. 2 oder 9a Abs. 1 S. 2 AbfG untersagte Abfallentsorgungsanlagen.[97] Art. 21 Abs. 1 BayAbfAlG und die §§ 20 Abs. 1 AbfAlG M-V, 19 Abs. 1 LAbfWAG RP stehen somit in Konkurrenz zum Bundesrecht.

VII. Fazit

Die Art. 19 Abs. 1 und 21 Abs. 1 BayAbfAlG und die §§ 20 AbfAlG M-V, 19 Abs. 1 LAbfWAG RP regeln Sachverhalte, die bereits vollständig von den §§ 8 Abs. 1, 9 S. 1, 9a Abs. 1 S. 1, 10 Abs. 2 oder 10a Abs. 3 AbfG erfaßt werden. Die Länder besaßen insoweit keine Gesetzgebungskompetenz. Als Folge ergibt sich aus Art. 72 Abs. 2 GG die Nichtigkeit dieser konkurrierenden Normen.

Art. 22 Abs. 1 BayAbfAlG und § 9 Abs. 1 SächsEGAB beziehen sich zwar auch auf Abfallentsorgungsanlagen, die nach dem 11.06.1972 bzw. dem 1.07.1990 noch betrieben wurden, die also auch vom Bundesabfallgesetz erfaßt werden. Ihr Anwendungsbereich ist allerdings weiter. Er umfaßt auch Uraltanlagen, über die das Bundesrecht keine Regelungen trifft. Art. 72 Abs. 1 GG führt nur zur Nichtigkeit des Landesrechts, *soweit* und *solange* der Bund eigene Regelungen getroffen hat. Daher ergibt sich hier als Rechtsfolge nicht die vollständige Nichtigkeit, sondern eine verfassungskonforme Reduktion des Geltungsbereichs des § 9 Abs. 1 SächsEGAB sowie des Art. 22 Abs. 1 BayAbfAlG auf den vom Bund nicht geregelten Bereich, d. h. also auf Abfallentsorgungsanlagen, die vor dem 11.06.1972 bzw. vor dem 1.07.1990 stillgelegt wurden.[98]

---

[97] *Schwermer,* in: Kunig/Schwermer/Versteyl, Abfallgesetz, § 10 Rn. 6; *Franßen,* in: Salzwedel, Umweltrecht, S. 444.

[98] So im Ergebnis wohl auch *Scheier,* ZfW 1984, 333 (335) zu Art. 14 Abs. 1 des alten bayerischen Abfallgesetzes, der Art. 22 Abs. 1 BayAbfAlG entspricht; siehe auch *Hösel/v.Lersner,* Recht der Abfallbeseitigung, § 10 Rn. 22 zu § 15 LAbfG NW.

3. Teil

Betroffene Anlagen

A. Abfallentsorgungsanlagen

Die Sicherungs- und Rekultivierungspflichten gelten für Abfallentsorgungsanlagen.[1] Der Begriff der Abfallentsorgungsanlage ist in § 4 Abs. 1 S. 1 AbfG definiert. Abfälle dürfen nach dieser Vorschrift nur in den dafür zugelassenen Anlagen und Einrichtungen behandelt, gelagert und abgelagert werden.

I. Anlage

Die Legaldefinition des § 4 Abs. 1 S. 1 AbfG enthält den Begriff der Anlage oder Einrichtung. Eine Definition des Anlagenbegriffs findet sich im Abfallgesetz nicht. Der Anlagenbegriff wird jedoch in verschiedenen anderen öffentlich-rechtlichen Normen verwandt.[2] Insbesondere das Baurecht, das Immissionsschutzrecht, das Atomrecht sowie das Umwelthaftungsgesetz bieten Anhaltspunkte zur Konkretisierung des abfallrechtlichen Anlagenbegriffs. So spricht § 29 BauGB von einer baulichen Anlage. Damit ist eine dauerhafte Verbindung mit dem Erdboden gemeint.[3] Das Baurecht schließt damit mobile Einrichtungen aus. Im Baurecht wird der Anlagenbegriff also insoweit eng gefaßt. Der Anlagenbegriff des § 3 Abs. 5 BImSchG umfaßt alle ortsfesten oder beweglichen Einrichtungen, Maschinen oder Grundstücke. Er ist somit denkbar weit.[4]

Begriffsbestimmungen enthalten auch die §§ 7 Abs. 1 AtG, 3 Abs. 2 UmweltHG. Beide Normen sprechen von ortsfesten Anlagen. In § 7 Abs. 5 AtG wird jedoch auch der Begriff der ortsveränderlichen Anlage verwendet, die im

---

1 *Hösel/v.Lersner,* Recht der Abfallbeseitigung, § 4 Rn. 3.

2 Vgl. §§ 7 Abs. 1, 5 AtG, 3 Abs. 5 BImSchG, 29 BauGB, 24a GewO.

3 *Löhr,* in: Battis/Krautzberger/Löhr, Baugesetzbuch, § 29 Rn. 10.

4 *Feldhaus,* in: Feldhaus, Bundesimmissionsschutzrecht, § 3 Rn. 11; *Kutscheidt,* in: Landmann/Rohmer, Umweltrecht, § 3 BImSchG Rn. 23.

wesentlichen der ortsfesten Anlage gleichgestellt wird. In der Anlage zum Umwelthaftungsgesetz sind die Anlagen aufgeführt, auf die das Umwelthaftungsgesetz Anwendung findet. Dazu gehören auch Abfallentsorgungsanlagen. Ausdrücklich genannt werden ortsfeste Abfallentsorgungsanlagen.[5] Das läßt darauf schließen, daß mobile Abfallentsorgungsanlagen zwar nicht unter das Umwelthaftungsgesetz fallen, aber grundsätzlich existieren. Die systematisch Auslegung läßt also den Willen des Gesetzgebers erkennen, den Anlagenbegriff des § 4 Abs. 1 S. 1 AbfG in Anlehnung an § 3 Abs. 5 BImSchG weit zu verstehen. Er ist weder auf ortsfeste Einrichtungen beschränkt noch setzt er bauliche oder technische Geräte oder sonstige Vorkehrungen voraus.[6]

Im Rahmen des § 10 Abs. 2 AbfG könnte sich allerdings eine Abweichung von dem Anlagenbegriff des § 4 Abs. 1 S. 1 AbfG ergeben. § 10 Abs. 2 AbfG spricht in bezug auf die Rekultivierung von dem Gelände, das zur Abfallentsorgung verwandt wurde. Insoweit ist es denkbar, mobile Einrichtungen aus dem Anlagenbegriff auszuklammern, mit der Folge, daß Sicherungs- und Rekultivierungsanordnungen auch nach anderen Normen nur für ortsfeste Anlagen getroffen werden können. Diese Argumentation ist allerdings nicht zwingend, da auch eine Sicherung und Rekultivierung des Geländes, auf dem sich eine mobile Abfallentsorgungsanlage während ihres Betriebes befand, vorstellbar ist. Für eine Ausklammerung mobiler Anlagen läßt sich allerdings auch der Wortlaut des § 10 Abs. 1 AbfG anführen, dessen Anzeigepflicht sich lediglich auf ortsfeste Anlagen bezieht. Zudem erstreckt sich das Zulassungserfordernis des § 7 Abs. 1 AbfG ebenfalls nur auf ortsfeste Anlagen. Wenn nun lediglich ortsfeste Anlagen im Verfahren nach den § 7 Abs. 1 AbfG zugelassen und gemäß § 8 Abs. 1 AbfG mit Auflagen belastet werden, können auch nur für sie Sicherung und Rekultivierung verlangt werden. Im Rahmen des § 10 Abs. 2 AbfG gilt daher ein enger Anlagenbegriff, der mobile Einrichtungen ausschließt.[7] Da § 10 Abs. 2 AbfG die einzige abfallrechtliche Norm ist, die Sicherungs- und Rekultivierungspflichten ausdrücklich erwähnt, gilt die Beschränkung auf ortsfeste Abfallentsorgungsanlagen auch für Sicherungs- und Rekultivierungsanordnungen nach anderen abfallrechtlichen Normen.

---

[5] Anlage I Nr. 75, 76, BGBl. I (1990) S. 2642.

[6] BayObLG, NuR 1984, 284; BVerwGE 72, 300 (329); OVG Lüneburg, DÖV 1986, 385; BVerwG, DÖV 1983, 340 (341); VGH Kassel, GewArch 1987, 170 (171); VGH Mannheim, DÖV 1977, 332.

[7] VGH Mannheim, DÖV 1988, 609; *Birn/Jung*, Abfallbeseitigungsrecht, § 10 Anm. 1; *Schwermer*, in: Kunig/Schwermer/Versteyl, Abfallgesetz, § 10 Rn. 5, § 4 Rn. 17, § 7 Rn. 8.

Eine weitere Eingrenzung des Anlagenbegriffs ergibt sich allgemein durch den Nutzungszweck.[8] Die Anlage muß zum Umgang mit Abfällen bestimmt sein. Das folgt zum einen aus der Verwendung des Begriffs "dient" in § 5 Abs. 1 AbfG,[9] zum anderen aus § 4 Abs. 1 S. 2 AbfG, wonach auch in anderen Anlagen, die nicht überwiegend dem Zweck der Abfallentsorgung dienen, Abfälle verwertet oder behandelt werden dürfen. Daraus wird deutlich, daß Anlagen, in denen nicht überwiegend mit Abfällen umgegangen wird, keine Abfallentsorgungsanlagen sind. Keine Abfallentsorgungsanlagen sind daher beispielsweise Zementfabriken, die Altreifen verwerten.[10] Die Zweckbestimmung nimmt der Eigentümer bzw. der Nutzungsberechtigte vor.[11] Der Umgang mit Abfällen muß darüber hinaus stetig betrieben werden.[12] Eine einmalige Ablagerung oder Lagerung reicht nicht aus, um ein Gelände als Abfallentsorgungsanlage einzustufen.[13] Teilweise wird vertreten, daß darüber hinaus eine planmäßige Nutzung vorliegen muß. Die einzelnen Formen des Umgangs mit Abfällen, die noch zu erläutern sind,[14] müssen nach dieser Auffassung in der Gesamtschau eine Einheit bilden, d. h. sie müssen durch eine wirtschaftliche Zweckbestimmung miteinander verbunden sein. Eine bloße Anhäufung von Abfällen bilde in der Gesamtbetrachtung keine Einheit und sei damit nicht ausreichend.[15]

Gegen diese Eingrenzung spricht jedoch der Gesetzeszweck. Eine Entsorgung in Abfallentsorgungsanlagen und die damit verbundenen strengen Inhaberpflichten sollen eine ungeordnete und unkontrollierte Abfallverbringung in die freie Natur unterbinden.[16] Ausgehend von diesem Schutzzweck des Gesetzes kann es nur auf das tatsächlich vorhandene Gefährdungspotential ankommen und nicht auf die wirtschaftlichen Ziele des Inhabers.[17] Andernfalls würde

---

8 BVerwGE 66, 301 (303); BayObLG, GewArch 1984, 307; VGH München, NVwZ 1986, 492; VGH Kassel, GewArch 1987, 170 (171); OLG Köln, NStZ 1987, 461 (462); *Schmidt/Müller* JuS 1986, 284 (287).

9 VGH Mannheim, DÖV 1977, 332; *Kunig*, in: Kunig/Schwermer/Versteyl, Abfallgesetz, § 4 Rn. 11.

10 Beispiel nach *Buch*, Verhältnis von Abfallrecht und Immissionsschutzrecht, 84.

11 Vgl. VGH Mannheim, DÖV 1977, 332.

12 VGH Kassel, GewArch 1987, 170 (171); BayObLG, NuR 1984, 284; *Hösel/v.Lersner*, Recht der Abfallbeseitigung, § 4 Rn. 4; *Renck*, BayVBl. 1992, 168 (169); *Kunig, in:* Kunig/Schwermer/Versteyl, Abfallgesetz, § 4 Rn. 13.

13 BVerwG, NVwZ 1990, 863.

14 Vgl. unten S. 73 ff.

15 VGH München, NVwZ 1986, 492.

16 BVerwG, NVwZ 1990, 863; kritisch zu dieser Entscheidung *Renck*, BayVBl. 1992, 168 ff.

17 BVerwG, NVwZ 1990, 863 (864).

man denjenigen privilegieren, der durch eine ziellose Anhäufung von Müll auf seinem Grundstück ein ähnliches Gefährdungspotential schafft, wie eine ordnungsgemäß betriebene Deponie. Der ohne wirtschaftliches Ziel handelnde Ablagerer würde dann nämlich von den strengeren abfallrechtlichen Vorschriften nicht erfaßt und könnte allenfalls nach allgemeinem Polizei- und Ordnungsrecht belangt werden. Der Anlagenbegriff kann folglich nicht dadurch begrenzt werden, daß man eine planmäßige Nutzung verlangt, die in einer einheitlichen, die einzelnen Umgangsformen mit Abfällen verbindenden wirtschaftlichen Zweckbestimmung gesehen wird.

§ 4 Abs. 1 S. 1 AbfG spricht neben dem Anlagenbegriff auch von Einrichtungen, so daß Einrichtungen neben Anlagen eine eigenständige Bedeutung haben könnten. § 4 Abs. 1 S. 1 AbfG soll einen möglichst weitreichenden Anwendungsbereich haben, um einen umfassenden Schutz vor Gefahren zu gewährleisten. Daher dient die Verwendung des Begriffs der Einrichtung dazu, allen zukünftigen technischen Entwicklungen vorzubeugen und auch sie dem Anwendungsbereich des § 4 Abs. 1 S. 1 AbfG zu unterstellen.[18] Insoweit ist der Begriff der Einrichtung keine eigenständige Alternative zum Anlagenbegriff.[19]

II. Umgang mit Abfällen

Auch wenn der weite Anlagenbegriff des § 4 Abs. 1 S. 1 AbfG in bezug auf Sicherungs- und Rekultivierungspflichten auf ortsfeste Anlagen begrenzt wurde, ist er immer noch so weit, daß es für die Qualifikation einer Anlage als Abfallentsorgungsanlage maßgeblich auf den Umgang mit Abfällen in Form von Ablagern, Lagern oder Behandeln von Abfällen ankommt.[20]

1. Abfälle

Gegenstand der noch zu beschreibenden Tätigkeiten müssen Abfälle sein. Eine Definition des Abfallbegriffs findet sich in § 1 Abs. 1 AbfG. Danach sind Abfälle bewegliche Sachen, deren sich der Besitzer entledigen will oder deren

[18] *Bartels*, Abfallrecht, S. 48.

[19] BT-Drs. 6/2041, S. 13; *Bartels*, Abfallrecht, S. 48; *Kleinschnittger*, Das abfallrechtliche Planfeststellungsverfahren, S. 49; *Kunig*, in: Kunig/Schwermer/Versteyl, Abfallgesetz, § 4 Rn. 12.

[20] Vgl. BVerwGE 66, 301 (303); BayObLG, GewArch 1984, 307; VGH Kassel, GewArch 1987, 170 (171); OLG Köln, NStZ 1987, 461 (462); *Schmidt/Müller*, JuS 1986, 284 (287); *Bartels*, Abfallrecht, S. 48.

geordnete Entsorgung das Wohl der Allgemeinheit erfordert. Bewegliche Sachen sind gemäß §§ 90 ff. BGB körperliche Gegenstände, die nicht Grundstükke oder deren wesentliche Bestandteile sind. Die Qualifikation einer beweglichen Sache als Abfall richtet sich zum einen nach dem Entledigungswillen des Abfallbesitzers (subjektiver Abfallbegriff). Abfallbesitzer ist, wer die rechtliche und tatsächliche Möglichkeit hat, auf die zu beseitigenden Stoffe einzuwirken.[21] Entledigung ist die Aufgabe der Sachherrschaft und gegebenenfalls auch des Eigentums.[22] Somit fallen alle Dinge unter den subjektiven Abfallbegriff, die bewußt und gewollt zur Entsorgung in eine Anlage im oben definierten Sinne gebracht wurden. Daneben gelten als Abfall auch Sachen, deren geordnete Entsorgung zur Wahrung des Wohls der Allgemeinheit geboten ist (objektiver Abfallbegriff).

Die vielfältigen dogmatischen Streitigkeiten, die an den Abfallbegriff anknüpfen, sind nur dann praktisch relevant, wenn es um die Abfalleigenschaft einer bestimmten Sache geht. Vorliegend geht es allein um den Begriff der Abfallentsorgungsanlage. Es reicht daher aus, wenn in einer Anlage jedenfalls teilweise mit Abfällen umgegangen wird. Auf die Abfalleigenschaft jeder einzelnen Sache kommt es also nicht an.

2. Behandeln

Die erste in § 4 Abs. 1 S. 1 AbfG genannte mögliche Form des Umgangs mit Abfällen, die eine Anlage als Abfallentsorgungsanlage ausweist, ist das Behandeln. Behandeln ist jede qualitative oder quantitative Veränderung von Abfällen, die der Entsorgung oder deren Vorbereitung dient.[23] Abfallentsorgungsanlagen im Sinne des § 4 Abs. 1 S. 1 AbfG sind also z. B. Abfallsortieranlagen, Schrottscheren und Blechpressen[24] sowie Anlagen zur Vorbehandlung von Klärschlamm oder Anlagen zur Kompostierung, Entgiftung oder Verdichtung. Zumeist dient eine Behandlung nur dazu, ein späteres Ablagern oder Verwerten vorzubereiten.

---

21 BVerwGE 67, 8 (12); BGH, NVwZ 1985, 447 (448).

22 *Hösel/v.Lersner*, Recht der Abfallbeseitigung, § 1 Rn. 6.

23 *Schwermer*, in: Kunig/Schwermer/Versteyl, Abfallgesetz, § 1 Rn. 47.

24 VGH Kassel, DÖV 1990, 531; VGH Mannheim, UPR 1984, 308.

3. Lagern

Lagern ist das zeitweise Deponieren von Stoffen, um sie später zu verwerten oder abzulagern.[25] Kein Lagern stellt das bloße Sammeln oder Bereithalten für eine nachfolgende Abfuhr dar.[26] Müllcontainer sind somit keine Abfallentsorgungsanlagen,[27] wohl aber Müllumschlagestationen, sofern eine Zwischenlagerung in Bunkern erfolgt und Vorrichtungen zur Verdichtung bestehen.[28] Die ganz herrschende Meinung verlangt für das Lagern ein zweckgerichtetes Verhalten.[29] Danach liegt keine Lagerung durch den Grundstückseigentümer bei Aufbringung von "wildem Müll" durch Dritte vor, wenn er dies nicht billigt und den Abfall liegen läßt.[30]

4. Ablagern

Als letzte Möglichkeit des Umgangs mit Abfällen nennt § 4 Abs. 1 S. 1 AbfG das Ablagern. Als Ablagern bezeichnet man das Endlagern von Stoffen mit dem Ziel, sich ihrer auf Dauer zu entledigen.[31] Eine Abfallentsorgungsanlage gemäß § 4 Abs. 1 S. 1 AbfG ist somit in einer herkömmlichen Deponie zu sehen, auf die Abfälle endgültig verbracht werden. Auch beim Ablagern ist, wie beim Lagern, ein zweckgerichtetes Verhalten notwendig.

5. Verwerten

Als letzte Form des Umgangs mit Abfällen ist nun noch das Verwerten von Abfällen zu nennen. Eine Verwertung liegt vor, wenn der Umgang mit Abfällen

---

[25] BayObLG, NuR 1991, 294; VGH Kassel, DÖV 1990, 531; OVG Lüneburg, NVwZ 1990, 1001; BayObLG, NVwZ 1984, 541.

[26] *Bartels*, Abfallrecht, S. 45; BayObLG, NVwZ 1984, 198; *Schwermer*, in: Kunig/Schwermer/Versteyl, Abfallgesetz, § 1 Rn. 48.

[27] *Hoschützky/Kreft*, Recht der Abfallwirtschaft, § 4 Anm. 1.4; *Schwermer*, in: Kunig/Schwermer/Versteyl, Abfallgesetz, § 1 Rn. 48.

[28] *Hösel/v.Lersner*, Recht der Abfallbeseitigung, § 4 Rn. 7; OLG Köln, NStZ 1987, 461; OVG Lüneburg, DÖV 1986, 385.

[29] OVG Lüneburg, NVwZ 1990, 1001; BayObLG, NVwZ 1984, 541; OVG Münster, NuR 1981, 32; *Hösel/v.Lersner*, Recht der Abfallbeseitigung, § 1 Rn. 18; BVerwG, DÖV 1974, 207 (zu § 34 Abs. 2 WHG); a. A: OLG Frankfurt, NJW 1974, 1666.

[30] VGH Mannheim, UPR 1985, 245 (247); OVG Münster, DÖV 1974, 207; *Hösel/v.Lersner*, Recht der Abfallbeseitigung, § 1 Rn. 18; *Eckert*, NVwZ 1985, 388 (389); BayObLG, NJW 1974, 157 (158); *Brosche*, DVBl. 1977, 235 (239).

[31] *Hösel/v.Lersner*, Recht der Abfallbeseitigung, § 1 Rn. 18; *Schwermer*, in: Kunig/Schwermer/Versteyl, Abfallgesetz, § 1 Rn. 41; *Franßen*, in: Salzwedel, Umweltrecht, S. 415.

nicht primär der Verringerung des Abfallvolumens dient.[32] Das Verwerten von Abfällen ist in § 4 Abs. 1 S. 1 AbfG im Gegensatz zum Ablagern, Lagern und Behandeln nicht ausdrücklich genannt. Insoweit könnte man daran denken, daß Anlagen, in denen Abfälle primär verwertet werden, nicht als Abfallentsorgungsanlagen gelten sollen. Dagegen spricht jedoch, daß § 1 Abs. 2 AbfG die Verwertung als Teil der Entsorgung bezeichnet. Insoweit nehmen auch reine Verwertungsanlagen Aufgaben der Abfallentsorgung wahr. Zudem erfolgt die Verwertung häufig durch vorherige Behandlung. Eine ausdrückliche Erwähnung der Verwertung in § 4 Abs. 1 S. 1 AbfG war insoweit unnötig. Abfallverwertungsanlagen gelten daher ebenfalls als Abfallentsorgungsanlagen im Sinne des § 4 Abs. 1 S. 1 AbfG.[33]

III. Zulassung

Eine Anlage zur Behandlung, Lagerung, Ablagerung oder Verwertung von Abfällen ist gemäß § 4 Abs. 1 S. 1 AbfG nur dann eine Abfallentsorgungsanlage, wenn sie dafür zugelassen ist. Fraglich ist, welche Anforderungen mit dem Merkmal der Zulassung verbunden sind. Vom Wortsinn her sind folgende Auslegungen denkbar: "Zugelassen" kann einerseits weit als "nicht verboten" zu verstehen sein, es kann andererseits aber auch die Zulassung im Rahmen eines besonderen Genehmigungsverfahrens bedeuten.[34] Der Begriff der Zulassung wird im Abfallgesetz noch an anderer Stelle gebraucht. § 7 AbfG normiert ein spezielles Zulassungsverfahren. Die Gesetzessystematik könnte insofern auf die engere Wortlautauslegung hindeuten. § 7 Abs. 1 AbfG spricht jedoch von der Zulassung von Abfallentsorgungsanlagen, d. h., das Zulassungsverfahren setzt eine bereits bestehende Abfallentsorgungsanlage voraus und kann daher nicht deren konstitutives Merkmal sein.[35] Zudem geht auch § 18 Abs. 1 Nr. 3 AbfG von der Existenz nicht nach § 7 AbfG zugelassener Abfallentsorgungsanlagen aus, wenn dort die Errichtung einer nicht zugelassenen Abfallentsorgungsanlage als Ordnungswidrigkeit bezeichnet wird. Zugelassen im Sinne des § 4 Abs. 1 S. 1 AbfG sind also nicht nur Anlagen, die nach § 7 AbfG durch Planfeststel-

---

[32] *Tettinger*, GewArch 1988, 41 (44); *Kleinschnittger*, Das abfallrechtliche Planfeststellungsverfahren, S. 47; *Hösel/v.Lersner*, Recht der Abfallbeseitigung, § 4 Rn. 9.

[33] BT-Drs. 10/5656, S. 52; *Bartels*, Abfallrecht, S. 51 f; *Hösel/v.Lersner*, Recht der Abfallbeseitigung, § 4 Rn. 9; *Bruns/Jaspers*, VR 1987, 365 (369).

[34] Vgl. *Kunig*, in: Kunig/Schwermer/Versteyl, Abfallgesetz, § 4 Rn. 16, 17; *Hösel/v.Lersner*, Recht der Abfallbeseitigung, § 4 Rn. 12; *Birn/Jung*, Abfallbeseitigungsrecht, § 4 Anm. 1.4.

[35] *Bartels*, Abfallrecht, S. 47; *Kleinschnittger*, Das abfallrechtliche Planfeststellungsverfahren, S. 35; *Franßen*, in: Salzwedel, Umweltrecht, S. 426.

lungsverfahren oder Genehmigung zugelassen wurden. Das Merkmal "zugelassen" ist vielmehr weit zu verstehen. Es umfaßt auch Anlagen, die nicht zulassungsbedürftig sind[36] oder nach anderen Gesetzen zugelassen oder genehmigt wurden. Hierzu gehören vor allem Anlagen, die bereits vor Inkrafttreten des Abfallgesetzes betrieben wurden und folglich nicht nach § 7 AbfG zugelassen werden konnten. Andernfalls würde der unzulässig Ablagernde oder Lagernde privilegiert, da er vom abfallrechtlichen Maßnahmeninstrumentarium nicht erfaßt würde und nur nach allgemeinem Polizei- und Ordnungsrecht herangezogen werden könnte.

B. Stillegung

Vom Wortsinn her ist unter Stillegung zunächst die endgültige Aufgabe des weiteren Betriebes durch den Betreiber zu verstehen. Das ist jedenfalls dann der Fall, wenn der Betreiber den Betriebsstopp will und diesen Willen durch objektive Kriterien, wie etwa entsprechende Abreden mit den Abfallbesitzern, glaubhaft erscheinen läßt.[37] Fraglich ist, ob eine Stillegung auch dann vorliegt, wenn entweder der Wille des Inhabers oder objektiv auf eine Stillegung gerichtete Handlungen fehlen. Die §§ 9 S. 2 und 9a Abs. 1 S. 2 AbfG sehen eine Betriebsuntersagung vor, wenn Beeinträchtigungen des Wohls der Allgemeinheit nicht durch Nebenbestimmungen abgewendet werden können. Daraus kann gefolgert werden, daß es bei der Stillegung einer Abfallentsorgungsanlage auf den Willen des Inhabers nicht ankommt. Auch eine zwangsweise Betriebseinstellung in Form einer behördlichen Untersagung stellt eine Stillegung dar.[38] Aus den §§ 9 S. 2 und 9a Abs. 1 S. 2 AbfG kann insoweit geschlossen werden, daß es bei der Definition des Stillegungsbegriffs maßgeblich auf objektive Kriterien ankommt. Allein der Wille zur Stillegung kann ohne Handlungen, die diesen Willen nach außen hin erkennbar machen, nicht ausreicht. Andernfalls könnte der Betreiber, der die Stillegung lediglich nach § 10 Abs. 1 AbfG anzeigt und nichts unternimmt, um die weitere Verbringung von Abfällen zur Abfallentsorgungsanlage zu verhindern, nicht zur Beseitigung des Gefährdungspotentials herangezogen werden, das erst nach seiner Anzeige entstanden ist.

---

[36] *Hösel/v.Lersner*, Recht der Abfallbeseitigung, § 4 Rn. 12; *Birn/Jung*, Abfallbeseitigungsrecht, § 4 Anm. 1.4.

[37] Vgl. *Hösel/v.Lersner*, Recht der Abfallbeseitigung, § 9 Rn. 7.

[38] *Schwermer*, in: Kunig/Schwermer/Versteyl, Abfallgesetz, § 10 Rn. 6.

Fraglich ist, ob und ab wann eine zeitweilige Betriebseinstellung als Stillegung anzusehen ist. Rein sprachlich kann als Stillegung jeder Betriebsstopp bezeichnet werden, unabhängig davon, ob der Betrieb anschließend wieder aufgenommen wird. Andererseits kann nicht jede Betriebsunterbrechung von nur wenigen Tagen oder Wochen Sicherungs- und Rekultivierungsanordnungen zur Folge haben. Der Effekt solcher Maßnahmen würde dann bereits kurze Zeit später durch den erneuten Betrieb der Anlage wieder hinfällig. Wenn nun der Begriff der Stillegung im Sinne des § 10 AbfG nicht so eng verstanden werden kann, daß er auch kurze Betriebsunterbrechungen umfaßt, so darf er gleichzeitig auch nicht so weit ausgedehnt werden, daß nur eine endgültige Betriebsaufgabe als Stillegung gilt. Ansonsten hätte der Inhaber einer Abfallentsorgungsanlage die Möglichkeit, mit der bloßen Behauptung, er wolle lediglich den Betrieb zeitweilig unterbrechen, Sicherungs- und Rekultivierungsanordnungen ins Endlose hinauszuschieben.

Eine ähnlich gelagerte Problematik besteht im Immissionsschutzrecht. Dort stellt sich die Frage, ob und ab wann bei einer zeitweiligen Betriebseinstellung die Nachsorgepflichten des § 5 Abs. 3 BImSchG eingreifen. Teilweise wird § 5 Abs. 3 BImSchG bei jedem Betriebsstopp für anwendbar gehalten,[39] andere wiederum ziehen § 18 Abs. 1 Nr. 2 BImSchG heran. Danach erlischt eine immissionsschutzrechtliche Anlagengenehmigung, wenn die Anlage drei Jahre nicht mehr betrieben wurde. Entsprechend soll eine Stillegung bei einer Betriebseinstellung vorliegen, die länger als drei Jahre dauern soll oder tatsächlich drei Jahre überschreitet.[40] Beide Ansätze sind jedoch nicht ohne weiteres auf das Abfallrecht übertragbar. Im Immissionsschutzrecht stellen die Nachsorgepflichten inhaltlich im wesentlichen eine Fortschreibung dessen dar, was bereits nach § 5 Abs. 1 Nr. 1 BImSchG verlangt werden kann.[41] Bedenkt man, daß das überwiegende Gefährdungspotential einer immissionsschutzrechtlichen Anlage während des Betriebes entsteht, so hat § 5 Abs. 3 BImSchG vor allem eine Ergänzungsfunktion, indem er die bereits bestehenden Betreiberpflichten nach § 5 Abs. 1 BImSchG vervollständigt und deren Fortgeltung über die Betriebseinstellung hinaus ausdrücklich regelt.[42] Bei Abfallentsorgungsanlagen hingegen nimmt das Gefährdungspotential nicht notwendigerweise mit dem Betriebs-

[39] *Fluck*, BB 1991, 1797 (1800).

[40] *Jarass*, Bundes-Immissionsschutzgesetz, § 5 Rn. 86; ähnlich *Vallendar*, UPR 1991, 91 (93 f.).

[41] Vgl. BT-Drs. 11/4909, S. 15.

[42] BT-Drs. 11/4909, S. 15; *Vallendar*, UPR 1991, 91 (93); vgl. auch *Fluck*, BB 1991, 1797 (1800).

stopp ab. Gerade bei einer Deponie entstehen oftmals erst nach längerer Zeit Umweltbeeinträchtigungen, sei es im Wege chemischer Reaktionen oder durch undichte oder unzureichende Abdichtungen.[43] Ein großer Teil der Sicherungspflichten, insbesondere die Oberflächenabdichtung, wird erst mit der Stillegung akut.[44] Daher haben die abfallrechtlichen Sicherungs- und Rekultivierungspflichten einen ganz anderen Stellenwert als die immissionsschutzrechtlichen Nachsorgepflichten des § 5 Abs. 3 BImSchG, die im Idealfall, wenn alle Betreiberpflichten nach § 5 Abs. 1 BImSchG eingehalten wurden, kaum aktuell werden. Insoweit ist die Auferlegung von Nachsorgepflichten bei jeder Betriebsunterbrechung zwar im Immissionsschutzrecht denkbar, nicht aber im Abfallrecht, wo eine Oberflächenabdichtung und eine Rekultivierung die weitere Nutzung eines Geländes als Abfallentsorgungsanlage unmöglich machen. Die Heranziehung der zeitlichen Grenze des § 18 Abs. 1 Nr. 2 BImSchG ist im Abfallrecht ebenfalls nicht möglich. Zum einen enthält das Bundesabfallgesetz keine vergleichbare Regelung, zum anderen umfassen Abfallentsorgungsanlagen im Regelfall wesentlich größere Flächen als immissionsschutzrechtliche Anlagen und enthalten damit auch ein deutlich höheres Gefährdungspotential. Im Immissionsschutzrecht erscheint es daher unbedenklich, erst nach einer drei Jahre dauernden Betriebseinstellung eine Stillegung anzunehmen, zumal während des Betriebsstopps Anordnungen nach § 5 Abs. 1 BImSchG möglich sind.[45] Eine Abfallentsorgungsanlage hingegen, die häufig mehrere Hektar Grundfläche einnimmt, muß so bald wie möglich gesichert und rekultiviert werden. Ein Anhaltspunkt für eine zeitliche Grenze könnte sich aus Art. 19 Abs. 2 BayAbfAlG sowie § 18 LAbfWAG RP ergeben. Danach kann der Betrieb einer Abfallentsorgungsanlage für die Höchstdauer eines Jahres untersagt werden, wenn zu erwarten ist, daß die Zulassung widerrufen oder nachträglich mit Nebenbestimmungen versehen wird. Die Begrenzung der zeitweisen Untersagung auf maximal ein Jahr trägt zum einen dem Interesse des Inhabers an einer baldigen endgültigen Entscheidung Rechnung. Daneben könnte man sie aber auch eine zeitliche Obergrenze der noch hinnehmbaren Betriebsunterbrechung für die Allgemeinheit sehen, bei deren Überschreitung eine Stillegung angenommen werden muß. Teilweise wird vorgeschlagen, eine Stillegung dann anzunehmen, wenn die Sicherung und Rekultivierung aus einer ex-ante Sicht geboten erscheint.[46] In Art. 19 Abs. 2 BayAbfAlG und § 18 LAbfWAG RP kann man nun weiter-

---

[43] Vgl. die Sicherungsbeispiele Monte-Scherbelino und Münchehagen oben S. 35 ff.

[44] Siehe oben S. 47 ff.

[45] *Jarass*, Bundes-Immissionsschutzgesetz, § 5 Rn. 86.

[46] *Schwermer*, in: Kunig/Schwermer/Versteyl, Abfallgesetz, § 10 Rn. 9.

führend eine Konkretisierung dahingehend sehen, daß Sicherungs- und Rekultivierungsmaßnahmen, insbesondere bei großflächigen Abfallentsorgungsanlagen, geboten sind, wenn die Betriebseinstellung länger als ein Jahr dauern soll oder tatsächlich ein Jahr überschritten wird. Da eine Vielzahl von Sicherungs- und Rekultivierungsmaßnahmen an den Stillegungszeitpunkt anknüpfen und die abfallrechtlichen Sicherungs- und Rekultivierungspflichten damit eine weitaus größere Bedeutung besitzen als die Nachsorgepflichten des § 5 Abs. 3 BImSchG im Immissionsschutzrecht, kann man im Abfallrecht jedoch nicht allein auf den zeitlichen Aspekt abstellen. Die vage Möglichkeit einer Betriebsfortführung darf nicht dazu führen, daß die zuständige Behörde für die Dauer eines Jahres gehindert ist, mit Sicherungs- und Rekultivierungsanordnungen gegen einen hoch aufgetürmten, ungesicherten Berg von Abfällen einzuschreiten. Daher ist eine Betriebsunterbrechung für maximal ein Jahr nur dann keine Stillegung, wenn eine konkrete Planung eine Wiederaufnahme des Betriebes wahrscheinlich erscheinen läßt.[47]

Von der zeitweisen Betriebseinstellung zu unterscheiden ist die teilweise Stillegung einer Abfallentsorgungsanlage. So ist es beispielsweise denkbar, daß bei einer Deponie in einem bestimmten Bereich die Ablagerungskapazität erschöpft ist, während der Betrieb im übrigen Deponiebereich weiterläuft. Bei einer Müllverbrennungsanlage ist eine teilweise Stillegung dergestalt möglich, daß eine von mehreren Brennkammern abgestellt wird. Es handelt sich hier also nicht um die zeitweise Betriebseinstellung der gesamten Anlage, sondern um den endgültigen Betriebsstopp in einem Anlagenteil. In bezug auf die Sicherung und Rekultivierung ist bei der teilweisen Stillegung jedoch ebenso zu verfahren wie bei der zeitweisen Betriebsunterbrechung. Entsprechende Anordnungen sind dann zu treffen, wenn sie, wie anläßlich der endgültigen Betriebseinstellung der gesamten Anlage, geboten erscheinen und für sich genommen sinnvoll sind.[48] Eine teilweise Betriebseinstellung ist also bei einer Deponie dann eine Stillegung, wenn die Sicherung und Rekultivierung auf dem betreffenden Gelände die Sicherung und Rekultivierung der Anlage insgesamt nicht behindert oder erschwert und für sich genommen sinnvoll ist. Bei einer Müllverbrennungsanlage hingegen kann die Abschaltung einer einzelnen Brennkammer allein noch keine Rekultivierungsmaßnahmen zur Folge haben und auch eine Sicherung dürfte nur bei akuten Gefährdungen sinnvoll sein.

---

[47] *Schwermer*, in: Kunig/Schwermer/Versteyl, Abfallgesetz, § 10 Rn. 9; *Hösel/v.Lersner*, Recht der Abfallbeseitigung, § 10 Rn. 4; vgl. auch die ähnliche Argumentation in BVerwG, UPR 1989, 25 (26) und BVerwGE 75, 34 (38 f.).

[48] Vgl. *Schwermer*, in: Kunig/Schwermer/Versteyl, Abfallgesetz, § 10 Rn. 9.

4. Teil

Inhalt der Sicherungs- und Rekultivierungspflichten

A. Inhalt der Rekultivierungspflichten

I. Wortlaut des § 10 Abs. 2 AbfG

Der Begriff "Kultivierung" deutet auf die Schaffung einer Kulturlandschaft hin. Darin könnte eine Eingrenzung der in Frage kommenden Maßnahmen nach unten hin zu sehen sein. Der Schluß liegt nahe, daß der zu schaffende Zustand qualitativ ein gewisses Niveau erreichen muß. Eine bloße Auffüllung des Geländes der ehemaligen Abfallentsorgungsanlage scheint insoweit nicht zu genügen. Der Ausdruck "Kultivierung" könnte zudem auf einen gewissen funktionalen Zusammenhang der zu fordernden Maßnahmen hindeuten, der eine Begrünung mit beliebigen Pflanzen ausschließt.[1] Eine genaue Definition der im Rahmen der Rekultivierung zu fordernden Maßnahmen kann dem Kultivierungsbegriff indessen nicht entnommen werden. Er ist lediglich ein Indiz.

Die Vorsilbe "Re" weist auf die Anknüpfung an einen Zustand hin, der bereits zuvor bestand. Man könnte also daran denken, Rekultivierung als Schaffung einer Kulturlandschaft, die vor Inbetriebnahme der Abfallentsorgungsanlage bestand, zu definieren. Andererseits ist nicht feststellbar, ob die Anknüpfung an einen Zustand in der Vergangenheit eine Wiederherstellung der konkreten damaligen Landschaft bedeutet. Denkbar ist auch, in dem Vergangenheitsbezug lediglich den Auftrag zu sehen, überhaupt eine Kulturlandschaft zu schaffen, weil ursprünglich eine solche existierte, wobei die konkrete Ausgestaltung nicht an die Vergangenheit anknüpfen muß. Die Anknüpfung an die Vergangenheit würde dann lediglich zur Schaffung einer ortsüblichen Landschaft verpflichten. Doch selbst wenn man eine Pflicht zur exakten Wiederherstellung des ursprünglichen Zustandes annehmen will, kommt man damit der Frage nach den konkret zu verlangenden Maßnahmen nur scheinbar näher. Zum einen wird eine exakte Wiederherstellung des ursprünglichen Zustands in der Regel gar nicht

---

[1] Vgl. VG Minden, NuR 1984, 80.

möglich sein,[2] zumal die genaue Beschaffenheit des Geländes im ursprünglichen Zustand oft nicht feststellbar sein dürfte. Daneben setzt man bei einer Anknüpfung an einen konkreten Zustand in der Vergangenheit stillschweigend voraus, daß vor Inbetriebnahme der Abfallentsorgungsanlage eine Kulturlandschaft tatsächlich bestand. Nach Möglichkeit dürfte jedoch als Gelände für eine Abfallentsorgungsanlage ein Areal ausgesucht werden, das bereits zuvor durch Bergbau oder andere Nutzungen verunstaltet wurde.[3] In solchen Fällen ist eine Wiederherstellung des status quo ante sinnlos. Der in dem Begriff der Rekultivierung angedeutete Vergangenheitsbezug dürfte daher eher weit als bloßer Hinweis auf eine ortsübliche Gestaltung zu verstehen sein.

Die aus dem Wortlaut gefolgerte Definition ist daher nicht geeignet, die Frage nach den konkret zu fordernden Maßnahmen zu beantworten. Der Wortlaut liefert lediglich Indizien, die auf eine gewisse Qualität der Maßnahmen und - soweit möglich und sinnvoll - auf eine Anknüpfung an einen Zustand in der Vergangenheit hindeuten.

II. Begriffsbestimmungen der Landesabfallgesetze

Eine Konkretisierung des Rekultivierungsbegriffs könnte sich aus den Abfallgesetzen von Baden-Württemberg, Hessen, Rheinland-Pfalz und Thüringen ergeben. Die §§ 27 Nr. 2 LAbfG BW, 20 Abs. 1 Nr. 2 HAbfAG, 28 Abs. 2 S. 2 Nr. 2 LAbfWAG RP und 19 Abs. 1 Nr. 2 ThAbfAG bezeichnen als Rekultivierungsmaßnahmen Maßnahmen zur Wiedereingliederung in Natur und Landschaft. Damit wird der weit verstandene Vergangenheitsbezug bestätigt, der bereits aus der Wortlautauslegung folgte. Anknüpfungspunkt für eine Wiedereingliederung kann nur die umgebende Landschaft sein, sofern diese nicht ihrerseits rekultivierungsbedürftig ist. Es muß also nicht exakt die Landschaft wiederhergestellt werden, die vor Errichtung der Abfallentsorgungsanlage bestand. Wiedereingliederung bedeutet vielmehr eine Anpassung an die Umgebung. Diese ist auch dann erreicht, wenn eine sogenannte potentiell natürliche Vegetation angesiedelt wird. Darunter ist eine ortsübliche Begrünung zu verstehen mit Pflanzen, die in der Umgebung wachsen und auch auf dem Gelände der Abfallentsorgungsanlage hätten wachsen können, unabhängig davon, ob sie vor der Errichtung der Anlage auch wirklich dort existierten. Eine Konsequenz dieser Anknüpfung an den potentiell natürlichen Zustand ist, daß dem Pflichtigen

---

[2] Vgl. *Ronellenfitsch*, NuR 1986, 284 (287); *Gassner*, NuR 1984, 81 (84).

[3] Vgl. *Hösel/v.Lersner*, Recht der Abfallbeseitigung, § 10 Rn. 13, wo dieser Fall allerdings als Ausnahme angesehen wird.

durchaus auferlegt werden kann, eine Landschaft zu schaffen, die ökologisch wertvoller ist als diejenige, die durch die Errichtung der Abfallentsorgungsanlage zerstört wurde.

III. Gesetzesmaterialien

Nach den Gesetzesmaterialien ist Ziel der Sicherungs- und Rekultivierungspflichten, eine Verunstaltung des äußeren Bildes der Landschaft zu vermeiden und eine sinnvolle weitere Verwendung des Geländes zu ermöglichen. Daneben soll eine künftige Gefährdung von Boden, Luft, Grund- und Oberflächenwasser verhindert werden.[4] In bezug auf die Rekultivierung steht im Vordergrund des so formulierten Gesetzeszwecks die Herstellung eines äußerlich ansprechenden Landschaftsbildes. Der weitere Zweck, künftige Gefährdungen zu verhindern, scheint lediglich auf die Sicherungspflichten hinzuweisen. Hierbei ist allerdings zu berücksichtigen, daß eine Abwehr künftiger Gefährdungen auch durch Bepflanzung möglich sein kann. Stark wasserspeichernde Pflanzen etwa sind in der Lage, die Auswaschung von Schadstoffen in das Grundwasser zu verhindern.[5] Die Rekultivierung kann also nicht nur der rein optischen Verbesserung des Landschaftsbildes, sondern auch der Verhinderung künftiger Gefährdungen dienen. So gesehen könnte man die Gesetzesmaterialien dahingehend verstehen, daß sie eine Zweigliedrigkeit des Rekultivierungsbegriffs andeuten, der neben der ausdrücklich erwähnten phänomenologischen noch eine funktionale Komponente umfaßt. Für eine derartige funktionale Komponente des Rekultivierungsbegriffs könnte auch die Zweckbestimmung zu einer sinnvollen weiteren Verwendung sprechen.[6] Damit kann einerseits eine wirtschaftliche Folgenutzung durch den Eigentümer angesprochen sein.[7] Zum anderen kann aber mit einer sinnvollen Verwendung auch an einen "Sinn" für die Allgemeinheit gedacht werden. Die Formulierung der Gesetzesmaterialien läßt diese Deutung zu. Eine sinnvolle weitere Verwendung im Allgemeininteresse, etwa zu Erholungszwecken, kann in einer biologisch wertvollen Bepflanzung im weitesten Sinne

---

[4] BT-Drs. 6/2401, S. 15.

[5] Vgl. Merkblatt "Die geordnete Ablagerung von Abfällen" der Länderarbeitsgemeinschaft Abfall (LAGA), abgedruckt in: *Kumpf/Maas/Straub*, Müll- und Abfallbeseitigung, Bd. 3, 4690 S. 37. Die LAGA erarbeitet zur Zeit eine Novellierung dieses Merkblattes, der Entwurf hierzu enthält jedoch bislang in bezug auf die Rekultivierung keine Veränderungen im Vergleich zu dem hier zitierten Merkblatt von 1980.

[6] BT-Drs. 6/2401, S. 15.

[7] Näher dazu unten S. 130 ff.

gesehen werden.[8] Die oben angesprochene Zweigliedrigkeit des Rekultivierungsbegriffs findet sich überdies teilweise auch in der Rechtsprechung zu den Abfallgesetzen wieder.[9] Eine nähere Konkretisierung der zu fordernden Maßnahmen ist den Gesetzesmaterialien jedoch nicht zu entnehmen.

IV. Vergleich mit wald- und wasserrechtlichen Vorschriften

Eine Antwort auf die Frage, welche Maßnahmen konkret im Rahmen der Rekultivierungpflicht verlangt werden können, könnte sich aus einem Vergleich mit entsprechenden Pflichten der Wald- und Wassergesetze ergeben.

1. Waldrechtliche Wiederaufforstungspflicht

Eine der Rekultivierung ähnliche Pflicht findet sich in § 11 BWaldG und den entsprechenden landesrechtlichen Regeln[10], die die Pflicht zur Wiederaufforstung von Wäldern normieren. Der Begriff der Wiederaufforstung läßt auf eine Anknüpfung an einen Zustand in der Vergangenheit schließen. § 9 Abs. 1 S. 2 HessForstG konkretisiert die Wiederaufforstungspflicht dahingehend, daß sie dem Standort und den Betriebsmöglichkeiten entsprechen müssen. § 9 Abs. 3 Nr. 1 LWaldG BW spricht sogar ausdrücklich von Neuaufforstung statt von Wiederaufforstung. Aus diesen landesrechtlichen Konkretisierungen wird deutlich, daß bei der Wiederaufforstung nicht an den konkreten ursprünglichen angeknüpft werden muß, sondern daß eine standortgerechte Aufforstung ausreicht. Damit wird der weit verstandene Vergangenheitsbezug, der lediglich als Hinweis auf eine ortsübliche Gestaltung hindeutet,[11] bestätigt.

2. Wasserrechtliche Renaturierungspflichten

§ 28 Abs. 1 S. 2 WHG verlangt, daß bei der Unterhaltung von Gewässern den Belangen des Naturhaushalts Rechnung zu tragen ist sowie Bild und Erholungswert der Gewässerlandschaft zu berücksichtigen sind. Damit soll unterstri-

---

[8] Merkblatt "Die geordnete Ablagerung von Abfällen" der Länderarbeitsgemeinschaft Abfall (LAGA), abgedruckt in: *Kumpf/Maas/Straub*, Müll- und Abfallbeseitigung, Bd. 3, 4690 S. 32.

[9] Vgl. VGH Mannheim, VBlBW 1984, 418 (419).

[10] Vgl. Art. 15 BayWaldG, §§ 9 Abs. 3 LWaldG BW, 11 ff. HessForstG, 6 Abs. 2 NdsWaldG, 44 LandesforstG NW.

[11] Siehe oben S. 81 f.

chen werden, daß der Ökologie und der Landschaftspflege bei der Unterhaltung von Gewässern ein besonderes Gewicht beizumessen ist.[12] Als Konsequenz dieser Berücksichtigungspflicht ergibt sich neben der Erhaltung der biologischen Funktionen des Gewässers selbst beispielsweise auch die Pflicht, eine ökologisch sinnvolle Uferbepflanzung auszuwählen.[13] Es soll nicht nur auf die Schaffung eines ansprechenden Uferbildes, sondern auch auf die Schaffung eines ökologisch funktionierenden Lebensraumes hingearbeitet werden.[14] Die in § 28 Abs. 1 S. 2 WHG vorgenommene Unterteilung in einen biologischen und einen landschaftsgestalterischen Aspekt deutet auf die bereits oben erwähnte Zweiteilung in eine funktionale und eine phänomenologische Komponente[15] hin. § 28 Abs. 1 S. 3 WHG ermächtigt die Länder, die Unterhaltungspflichten des § 28 Abs. 2 WHG zu konkretisieren. Einige Länder haben hiervon Gebrauch gemacht.[16] So definiert § 90 Nr. 1 LWG NW beispielsweise auch Maßnahmen zur Erhaltung und Wiederherstellung eines angemessenen heimischen Pflanzen- und Tierbestandes als Unterhaltung. Man könnte nun daran denken, auch bei der Rekultivierung des Geländes ehemaliger Abfallentsorgungsanlagen die Ansiedlung von einheimischen Pflanzen zu verlangen. Zwar kann das Abfallgesetz des Bundes nicht durch das Wassergesetz Nordrhein-Westfalens ausgefüllt werden. Der Hinweis auf eine intakte einheimische Pflanzen- und Tierwelt mag jedoch als Bestätigung dienen für das bereits durch die Auslegung der §§ 27 Nr. 2 LAbfG BW, 20 Abs. 1 Nr. 2 HAbfAG, 28 Abs. 2 S. 2 Nr. 2 LAbfWAG RP und 19 Abs. 1 Nr. 2 ThAbfAG gewonnene Ergebnis, daß ortsübliche Pflanzen bei der Rekultivierung zu verwenden sind.[17] Diese Schlußfolgerung gewinnt sowohl bei der phänomenologischen als auch bei der funktionalen Komponente des Rekultivierungsbegriffs Bedeutung. Eine Ansiedlung heimischer Pflanzen prägt einerseits das äußerliche Erscheinungsbild der zu rekultivierenden Landschaft und paßt es in die Umgebung ein. Daneben ermöglichen einheimische Pflanzen aber auch die Ansiedlung einer einheimischen Tierwelt und die Entstehung eines ökologisch intakten Beziehungsgefüges.

---

[12] *Gieseke/Wiedemann/Czychowski*, Wasserhaushaltsgesetz, § 28 Rn. 23.

[13] Vgl. *Sieder/Zeitler*, Wasserhaushaltsgesetz, § 28 Rn. 23b; *Knopp/Manner*, Das Wasserrecht in Bayern, § 28 WHG Rn. 15; *Gieseke/Wiedemann/ Czychowski*, Wasserhaushaltsgesetz, § 28 Rn. 25; *Schink*, UPR 1987, 157 (159); ZfW 1985, 1 (16).

[14] *Knauber*, NVwZ 1992, 220 f.

[15] Siehe oben S. 83 f.

[16] Vgl. §§ 90 LWG NW, 55 Abs. 1 LWG RP.

[17] Siehe oben S. 82.

V. Bergrechtliche Wiedernutzbarmachung

§ 55 Abs. 1 S. 1 Nr. 7 BBergG verlangt, daß die Zulassung eines bergrechtlichen Betriebsplanes nur erteilt werden kann, wenn die erforderliche Vorsorge für die Wiedernutzbarmachung der Oberfläche getroffen ist. Der Begriff der Wiedernutzbarmachung ist in § 4 Abs. 4 als ordnungsgemäße Gestaltung der vom Bergbau in Anspruch genommenen Oberfläche unter Beachtung des öffentlichen Interesses definiert. Ursprünglich hatte der Bundesrat vorgeschlagen, statt nur allgemein das öffentliche Interesse zu nennen, insbesondere auch die Ziele und Erfordernisse des Naturschutzes und der Landschaftspflege in die Definition des § 4 Abs. 4 BBergG aufzunehmen.[18] Der Bundestag stimmte im Grundsatz mit dem Bundesrat überein, hielt allerdings eine entsprechende Formulierung für überflüssig, da er die Belange des Naturschutzes und der Landschaftspflege bereits als Teil der öffentlichen Interessen ansah.[19] Insoweit wird die bereits aus dem Begriff der Kultivierung geschlossene Folgerung, daß gewisse qualitative Anforderungen bestehen, bestätigt. Daneben werden als öffentliche Interessen vor allem eine land- und forstwirtschaftliche Nutzung sowie eine Bebauung als Siedlungs-, Industrie- oder Verkehrsflächen genannt,[20] wobei eine Wiederherstellung des vor Abbaubeginn bestehenden Zustandes nicht unbedingt erforderlich sein soll.[21] Das Landesoberbergamt Dortmund hat für das Land Nordrhein-Westfalen eine Bergverordnung für Braunkohlenbergwerke erlassen,[22] die unter anderem die Vorgaben zur Wiedernutzbarmachung im Bundesberggesetz konkretisiert und in § 168 Abs. 1 im Rahmen der Rekultivierung das Anfahren von kulturfähigem Material zur land- oder forstwirtschaftlichen Nutzung vorschreibt. In dieser Bergverordnung wird, wie auch sonst im Bergrecht, begrifflich nicht getrennt zwischen Wiedernutzbarmachung und Rekultivierung.[23] Dementsprechend hat das Landesoberbergamt zur weiteren Ausfüllung jeweils Richtlinien für die land- und forstwirtschaftliche Rekultivierung von Braunkohlentagebauen erlassen, die Anforde-

---

[18] BT-Drs. 8/1315, S. 174.

[19] BT-Drs. 8/3965, S. 133.

[20] *Piens/Schulte/Graf Vitzthum*, Bundesbergesetz, § 55 Rn. 76.

[21] *Boldt/Weller*, Bundesberggesetz, § 4 Rn. 20.

[22] BVOBr. vom 20.02.1970 (veröffentlicht in den jeweiligen Sonderbeilagen zum Amtsblatt Nr. 17 der Regierungsbezirke Aachen, Arnsberg, Detmold, Düsseldorf, Köln sowie Nr. 16 des Regierungsbezirks Münster), zuletzt geändert durch die Markscheider-Bergverordnung vom 19.12.1986 (BGBl. I S. 2631), die einige Bestimmungen der BVOBr. außer Kraft setzte.

[23] Vgl. auch *Piens/Schulte/Graf Vitzthum*, Bundesbergesetz, § 55 Rn. 76 sowie BT-Drs. 8/1315, S. 174 zu § 4.

rungen an die Beschaffenheit und das Aufbringen kulturfähigen Bodenmaterials regeln.[24]

Aus diesen konkretisierenden Richtlinien kann gefolgert werden, daß bei der Rekultivierung bzw. Wiedernutzbarmachung von bergbaulich genutzten Flächen die Vorbereitung der land- und forstwirtschaftlichen Nutzung einen besonderen Stellenwert genießt. Dies kann indessen für die Rekultivierung des Geländes von Abfallentsorgungsanlagen nur eingeschränkt gelten. Durch den Abbau von Braunkohle wird der Boden nicht verunreinigt. Für das Gelände ehemaliger Abfallentsorgungsanlagen hingegen ist auf Grund der unter Umständen noch auf lange Zeit hin ausgasenden Schadstoffe[25] eine landwirtschaftliche Nutzung angesichts des steigenden Problembewußtseins in bezug auf die Belastung von Lebensmitteln mit Schadstoffen nahezu ausgeschlossen.[26] Die Anpflanzung von Bäumen und ihre forstwirtschaftliche Nutzung ist hingegen durchaus denkbar, sofern die Bäume flach wurzeln oder eine ausreichend dicke Oberbodenschicht angefahren wird, da ansonsten die Gefahr besteht, daß die Wurzeln das Oberflächenabdichtungssystem durchdringen. Zu berücksichtigen ist allerdings, daß die detaillierten Vorschriften über die Rekultivierung von Braunkohlentagebauen in Nordrhein-Westfalen sich vor allem auf den großräumigen Abbau in der Eifel beziehen. Diese ländliche Region ist von alters her durch land- und forstwirtschaftliche Nutzung geprägt, so daß sich deren Fortsetzung auch nach Ende des Bergbaus anbietet. Daher kann auch die Anpflanzung von Bäumen auf dem Gelände ehemaliger Abfallentsorgungsanlagen nur in den Gebieten erfolgen, in denen Wälder üblicherweise wachsen. Insbesondere für die küstennahen Regionen der Bundesrepublik können sich hier Besonderheiten ergeben.

Die Tatsache, daß die Wiedernutzbarmachung im Bergrecht nicht unbedingt eine Wiederherstellung des vor Abbaubeginn bestehenden Zustandes bedeutet, bestätigt den weit verstandenen Vergangenheitsbezug, wonach auch bei der ab-

---

[24] Richtlinien des Landesoberbergamtes Nordrhein-Westfalen für das Aufbringen von kulturfähigem Bodenmaterial bei forstwirtschaftlicher Rekultivierung für die im Tagebau betriebenen Braunkohlenbergwerke vom 12.11.1973 in der Fassung vom 2.03.1984 sowie die Richtlinien für die landwirtschaftliche Wiedernutzbarmachung von Braunkohlentagebauen vom 7.01.1992. Die Richtlinien sind in der Sammlung des Landesoberbergamtes unter Nr. 2.29 abgedruckt.

[25] Vgl. *Birk/Schaupp-Haag*, VBlBW 1986, 121 (122).

[26] Merkblatt "Die geordnete Ablagerung von Abfällen" der Länderarbeitsgemeinschaft Abfall (LAGA), abgedruckt in: *Kumpf/Maas/Straub*, Müll- und Abfallbeseitigung, Bd. 3, 4690 S. 33.

fallrechtlichen Rekultivierung der ursprüngliche Zustand nur einen Hinweis auf die Ortsüblichkeit bietet.[27]

VI. Ausfüllung durch § 8 BNatSchG

1. Tatbestandliche Konkurrenz der abfallrechtlichen Ermächtigungsgrundlagen zu § 8 Abs. 2 BNatSchG

§ 8 Abs. 2 BNatSchG regelt eine Ausgleichspflicht für Eingriffe in Natur und Landschaft. Im Gegensatz zu den anderen Vorschriften, die bisher zur Konkretisierung des abfallrechtlichen Rekultivierungsbegriffs herangezogen wurden, handelt es sich bei § 8 BNatSchG bzw. seinen fast gleichlautenden landesrechtlichen Konkretisierungen um Ermächtigungsgrundlagen, die vom Anwendungsbereich her in Konkurrenz zu den abfallrechtlichen Ermächtigungsgrundlagen für Sicherungs- und Rekultivierungsmaßnahmen stehen könnten.

Die §§ 8 Abs. 1, 7a Abs. 1 i. V. m. 36 Abs. 2 VwVfG, 9 S. 1, 9a Abs. 1 S. 1, 10 Abs. 2 und 10a Abs. 3 AbfG sind nur auf Abfallentsorgungsanlagen anwendbar. Der Tatbestand des § 8 BNatSchG ist nicht auf bestimmte Anlagen beschränkt. Er ist dann erfüllt, wenn Veränderungen der Gestalt oder Nutzung von Grundflächen die Leistungsfähigkeit des Naturhaushalts oder das Landschaftsbild erheblich beeinträchtigen können. Eine tatbestandliche Konkurrenz beider Normen ist also dann gegeben, wenn es zumindest eine Art von Abfallentsorgungsanlagen gibt, die gleichzeitig durch Veränderung von Grundflächen den Naturhaushalt oder das Landschaftsbild erheblich beeinträchtigen kann.

§ 8 Abs. 8 S. 2 BNatSchG ermächtigt die Länder zur Aufstellung sogenannter "Positivlisten" mit einer Aufzählung von Fällen, in denen ein erheblicher Eingriff in Naturhaushalt und Landschaft stets anzunehmen ist. Die Verwaltung wird dadurch von einer Eingriffsprüfung im konkreten Fall entbunden.[28] Einige Länder haben von dieser Ermächtigung Gebrauch gemacht und das Lagern von Abfällen, insbesondere auch die Errichtung und den Betrieb einer Mülldeponie, ausdrücklich als Eingriff aufgeführt.[29] Daneben wird oft auch die Errichtung von baulichen Anlagen im Außenbereich, d. h. also von dauerhaft künstlich mit

---

[27] Siehe bereits oben S. 81 f. und 84.

[28] *Kolodziejcok/Recken*, Naturschutz, § 8 Rn. 39; *Gassner*, NuR 1984, 81 (82).

[29] §§ 5 Abs. 1 Nr. 4 HessNatSchG, 4 Abs. 2 Nr. 3 LandschaftsG NW, 4 Abs. 1 S. 2 Nr. 5 LandespflegeG RP, 7 Abs. 1 Nr. 3 LandschaftspflegeG SH.

dem Erdboden verbundenen Gebäuden,[30] genannt.[31] Dazu können beispielsweise Müllverbrennungsanlagen gehören. Die jeweiligen Positivlisten unterscheiden sich also inhaltlich. Einige Länder wie Bayern oder Niedersachsen haben gänzlich auf die Aufstellung solcher Listen verzichtet. Um bundesweit einheitlich feststellen zu können, ob es tatbestandliche Überschneidungen zwischen den abfallrechtlichen Ermächtigungsgrundlagen für Sicherungs- und Rekultivierungsanordnungen und § 8 BNatSchG gibt, müssen daher die einzelnen Merkmale des Eingriffstatbestandes des § 8 Abs. 1 BNatSchG untersucht werden.

Die Gestalt von Grundflächen ist die äußere Erscheinungsform der Erdoberfläche.[32] Abfallentsorgungsanlagen, in denen Abfälle gelagert oder abgelagert werden, verändern die Gestalt der Erdoberfläche durch die Aufhäufung der Abfälle.[33] Anlagen, in denen Abfälle behandelt werden, setzen in aller Regel gewisse bauliche Vorkehrungen voraus, um eine Behandlung, etwa in Form der Verbrennung bei Müllverbrennungsanlagen, zu ermöglichen. Insoweit verändern sie ebenfalls die Gestalt eines Grundstücks.[34] Zudem wird regelmäßig die Nutzung verändert, sofern nicht bereits zuvor auf dem Gelände eine Abfallentsorgungsanlage betrieben wurde.

Die Veränderung der Gestalt oder Nutzung der Grundfläche muß die Leistungsfähigkeit des Naturhaushalts oder das Landschaftsbild erheblich oder nachhaltig beeinträchtigen können. Eine Definition des Begriffs des Naturhaushalts findet sich in § 2 Abs. 1 Nr. 6 PflSchG. Danach zählen zum Naturhaushalt Boden, Luft, Wasser, Tier- und Pflanzenarten sowie das Wirkungsgefüge zwischen ihnen. Damit sind die Naturgüter, Strukturen und Funktionen einschließlich der Austauschprozesse der Ökosysteme, also all das, was Gegenstand der Ökologie ist, erfaßt.[35] Der Begriff der Leistungsfähigkeit des Naturhaushalts umfaßt das Funktionieren der vielfältigen Wechselbeziehungen zwi-

---

[30] BVerwGE 44, 59 (62); *Löhr*, in: Battis/Krautzberger/Löhr, Baugesetzbuch, § 29 Rn. 10; vgl. auch die Bauordnungen der Länder, etwa § 2 Abs. 1 BauO NW.

[31] §§ 10 Abs. 1 Nr. 2 NatSchG BW, 11 Abs. 1 Nr. 3 BremNatSchG, 9 Abs. 1 Nr. 3 HambNatSchG, 5 Abs. 1 Nr. 1 HessNatSchG, 4 Abs. 1 Nr. 4 LandespflegeG RP, 10 Abs. 2 Nr. 3 SNG.

[32] *Kolodziejcok/Recken*, Naturschutz, § 8 Rn. 3.

[33] BT-Drs. 7/886, S. 33, 7/5251, S. 8; *Bernatzky/Böhm*, Bundesnaturschutzrecht, § 8 Rn. 3; *Breuer*, NuR 1980, 89 (91).

[34] *Kolodziejcok/Recken*, Naturschutz, § 8 Rn. 3.

[35] VG Karlsruhe, NuR 1980, 34 (35); *Gassner*, NuR 1989, 61; *Gassner*, NuR 1984, 81 (85); *Pielow*, NuR 1979, 95; *Pielow*, NuR 1987, 165 (166).

schen belebten und nicht belebten Anteilen in physikalischer, chemischer und biologischer Hinsicht.[36]

Bereits rein sprachlich ist unter dem Merkmal "Landschaftsbild" die visuell wahrnehmbare Erscheinung einer Landschaft zu verstehen.[37] Wurde mit dem Begriff der Leistungsfähigkeit des Naturhaushalts die Funktion einer Landschaft beschrieben, so könnte man nun unter dem Begriff des Landschaftsbildes die Struktur verstehen.[38] Die optisch wahrnehmbare Landschaftsstruktur umfaßt zum einen das Landschaftsprofil, d. h. die Geländeform etwa als Tal oder Hügelland.[39] Zum anderen wird das Bild einer Landschaft aber auch von ihrer charakteristischen Nutzung, zum Beispiel als Erholungsgebiet, Landwirtschaftsfläche oder durch bestimmte Siedlungsformen, geprägt.[40] Während also unter das Merkmal der Leistungsfähigkeit des Naturhaushalts alle funktionalen ökologischen Zusammenhänge fallen, umfaßt der Begriff des Landschaftsbildes strukturelle, d. h. optisch wahrnehmbare nichtökologische Aspekte.

Eine Beeinträchtigung des Naturhaushalts ist erheblich, sofern sie deutlich spürbar auf dessen Funktionsfähigkeit einwirkt.[41] Das ist der Fall, wenn die Funktionsfähigkeit des Naturhaushalts so weit herabgesetzt wird, daß dies ohne komplizierte Untersuchungsverfahren feststellbar ist.[42] Das Landschaftsbild wird erheblich beeinträchtigt, wenn die nachteiligen Veränderungen der äußeren Geländestruktur auch für den ungeschulten Beobachter ersichtlich sind,[43] wenn also ein Vorhaben als Fremdkörper in eine Landschaft tritt.[44]

Nachhaltig ist eine Beeinträchtigung, falls sie von gewisser zeitlicher Dauer ist.[45] Die Merkmale "nachhaltig" und "erheblich" stehen allerdings nicht bezie-

---

36 BT-Drs. 11/1568, S. 123; *Kolodziejcok/Recken*, Naturschutz, § 1 Rn. 11.

37 *Kolodziejcok/Recken*, Naturschutz, § 8 Rn. 7; *Breuer*, NuR 1980, 89 (92); BVerwG, DÖV 1991, 294 (296); VG Karlsruhe, NuR 1980, 34 (35).

38 BT-Drs. 11/1568, S. 123.

39 Vgl. VGH Mannheim, VBlBW 1984, 418 (419); OVG Koblenz, NuR 1981, 29 (30); *Sander*, NuR 1986, 317 (319); *Künkele/Heiderich*, Naturschutzgesetz für Baden-Württemberg, § 10 Rn. 4.

40 *Gassner*, NuR 1989, 61 (62); OVG Lüneburg, NuR 1989, 45 (46).

41 VG Karlsruhe, NuR 1990, 332 (333); VG Karlsruhe, NuR 1980, 34 (36); *Ronellenfitsch*, VerwArch 1977 (1986), 177 (180).

42 *Kolodziejcok/Recken*, Naturschutz, § 8 Rn. 9.

43 *Kolodziejcok/Recken*, Naturschutz, § 8 Rn. 9.

44 VGH Mannheim, NuR 1992, 188 (189).

45 *Engelhardt/Brenner*, Naturschutzrecht in Bayern, Art. 6 Rn. 6; *Kolodziejcok/Recken*, Naturschutz, § 8 Rn. 10; *Fickert*, BayVBl. 1978, 681 (685).

hungslos nebeneinander.[46] Eine Beeinträchtigung muß trotz zeitlich langer Dauer eine gewisse Erheblichkeit aufweisen, um auch nachhaltig zu sein.[47] Umgekehrt kann eine kurze, dafür aber besonders erhebliche Beeinträchtigung dennoch nachhaltig sein.[48] Bezogen auf Abfallentsorgungsanlagen kann sich die Erheblichkeit bzw. Nachhaltigkeit einer Beeinträchtigung vor allem aus der Größe der benutzten Fläche ergeben. Je großflächiger die Anlage, desto eher ist die Beeinträchtigung der Leistungsfähigkeit des Naturhaushalts oder des Landschaftsbildes erheblich oder nachhaltig. Als Anhaltspunkt zur Bestimmung der "kritischen" Größe können hier die Positivlisten einiger Bundesländer dienen. Manche Länder, die Positivlisten aufgestellt haben, haben darin bloße Aufschüttungen oder Abgrabungen ohne Errichtung baulicher Anlagen als erhebliche oder nachhaltige Beeinträchtigung definiert, sofern eine Fläche von mehr als 400 bzw. 500 qm betroffen ist.[49] Insofern kann man also davon ausgehen, daß jedenfalls Abfallentsorgungsanlagen, die eine Fläche von mehr als 500 qm beanspruchen, erheblich und nachhaltig Naturhaushalt und Landschaftsbild beeinträchtigen. Damit dürften nahezu alle Anlagen zur Lagerung oder Ablagerung von Abfällen, die ja gerade in einer bloßen Fläche von ausreichender Größe bestehen, erfaßt sein. Auch Anlagen zur Abfallbehandlung nehmen in aller Regel, sofern nicht nur ganz unwesentliche Mengen behandelt werden, mindestens 500 qm Raum in Anspruch. Als Zwischenergebnis ist somit festzuhalten, daß nahezu alle ortsfesten Abfallentsorgungsanlagen den Tatbestand der naturschutzrechtlichen Eingriffsregelung erfüllen. Die abfallrechtlichen Ermächtigungsgrundlagen stehen also in tatbestandlicher Konkurrenz zu § 8 BNatSchG bzw. seinen landesrechtlichen Konkretisierungen.

2. Verhältnis der abfallrechtlichen Ermächtigungsgrundlagen zu § 8 Abs. 2 BNatSchG

Eine Ausfüllung des abfallrechtlichen Rekultivierungsbegriffs durch § 8 Abs. 2 BNatSchG kommt nur dann in Betracht, wenn zwischen den abfallrechtlichen Normen und § 8 BNatSchG kein Spezialitätsverhältnis besteht. Für eine Spezialität des Abfallrechts spricht dessen Begrenzung des Regelungsbereichs auf Abfallentsorgungsanlagen. Das Abfallrecht ist, wie etwa das Immissions-

---

[46] *Kolodziejcok/Recken*, Naturschutz, § 8 Rn. 11.

[47] *Kolodziejcok/Recken*, Naturschutz, § 8 Rn. 9.

[48] *Gassner*, NuR 1984, 81 (83).

[49] §§ 9 Abs. 1 Nr. 2a HambNatSchG (400 qm), 5 Abs. 1 Nr. 1 HessNatSchG (500 qm), 4 Abs. 2 Nr. 2 LandschaftsG NW (500 qm).

schutzrecht oder das Wasserhaushaltsrecht auch, auf einen Teilbereich des Naturschutzes zugeschnitten. Insoweit stellt § 8 BNatSchG eine allgemeinere Regel dar. Fraglich ist allerdings, ob diese Spezialität der abfallrechtlichen Ermächtigungsgrundlagen zu einer Verdrängung des § 8 BNatSchG führt, die eine Ausfüllung unmöglich macht. Der Anwendungsbereich der naturschutzrechtlichen Eingriffsregelung wird durch Normen begrenzt, die bestimmten Umweltgütern einen spezialgesetzlichen Schutz zukommen lassen. So sind zum Schutz von Luft und Wasser etwa einige immissionsschutzrechtliche Vorschriften bzw. gewässerschützende Normen des Wasserhaushaltsgesetzes und der Landeswassergesetze vorrangig.[50] Beeinträchtigungen beispielsweise, die durch die Abluft von Müllverbrennungsanlagen für Natur und Landschaft entstehen, sind nach Immissionsschutzrecht zu beurteilen.[51] Es kann in solchen Fällen nicht ergänzend auf die naturschutzrechtliche Eingriffsregel zurückgegriffen werden.[52] Andererseits sagt § 8 Abs. 4 BNatSchG, daß bei Eingriffen in Natur und Landschaft, die auf Fachplanungen nach anderen öffentlich-rechtlichen Normen beruhen, ein landespflegerischer Begleitplan zu erstellen ist, der die zum Ausgleich erforderlichen Maßnahmen des Naturschutzes und der Landschaftspflege regelt. Dieser Begleitplan wird dann Bestandteil des Fachplanes. Daraus wird ersichtlich, daß das Bundesnaturschutzgesetz keineswegs durch öffentlich-rechtliche Spezialgesetze vollständig verdrängt werden soll. Die Spezialität von Immissionsschutzrecht und Wasserhaushaltsrecht bezieht sich folglich nicht auf sämtliche Bestimmungen, sondern nur auf einzelne Normen, die von ihrem Anwendungsbereich her einen ganz konkreten Schutz gewähren.[53] Die §§ 8 Abs. 1, 7a Abs. 1 i. V. m. 36 Abs. 2 VwVfG, 9 S. 1, 9a Abs. 1 S. 1, 10 Abs. 2 und 10a Abs. 3 AbfG nennen kein ausschließliches oder spezielles Schutzgut erkennen.[54] Insoweit stellen die abfallrechtlichen Normen keine den § 8 BNatSchG verdrängenden Spezialnormen dar. Die naturschutzrechtliche Eingriffsregel kann also grundsätzlich zur Ausfüllung des abfallrechtlichen Rekultivierungsbegriffs herangezogen werden.[55]

---

50 *Ehrlein*, VBlBW 1990, 121 (128); *Breuer*, NuR 1980, 89 (92); *Gassner*, UPR 1988, 321 (324); *Schmidt-Aßmann*, HdUR, Band I, Sp. 403.

51 *Bickel*, DÖV 1989, 937 (940).

52 *Gaentzsch*, NuR 1986, 89 (95); *Breuer*, NuR 1980, 89 (92).

53 Vgl. *Knauber*, NVwZ 1992 220 (222), der bei der Revitalisierung von Fließgewässern nach dem Wasserhaushaltsgesetz zur Ausfüllung § 8 BNatSchG heranziehen will.

54 Zur Bedeutung des Bodenschutzes vgl. unten S. 119 f.

55 *Schwermer*, in: Kunig/Schwermer/Versteyl, Abfallgesetz, § 10 Rn. 16; *Hösel/v.Lersner*, Recht der Abfallbeseitigung, § 10 Rn. 15; *Birn/Jung*, Abfallbeseitigungsrecht, § 10 Anm. 2.2; *Dombert/Reichert*, NVwZ 1991, 744 (745); *Sander*, NuR 1986,

3. Umfang der Ausfüllung

§ 8 Abs. 2 BNatSchG statuiert eine Ausgleichspflicht für Eingriffe nach § 8 Abs. 1 BNatSchG. Es müssen Veränderungen der Gestalt oder Nutzung von Grundflächen, die die Leistungsfähigkeit des Naturhaushalts oder das Landschaftsbild erheblich oder nachhaltig beeinträchtigen können (§ 8 Abs. 1 BNatSchG), zur Verwirklichung der Ziele des Naturschutzes durch Maßnahmen des Naturschutzes ausgeglichen werden (§ 8 Abs. 2 S. 1 BNatSchG), indem das Landschaftsbild dergestalt landschaftsgerecht wiederhergestellt oder neu gestaltet wird, daß keine Beeinträchtigung des Naturhaushalts zurückbleibt (§ 8 Abs. 2 S. 4 BNatSchG). Die naturschutzrechtliche Eingriffsregelung enthält also eine Vielzahl von Merkmalen, so daß sich die Frage stellt, ob als Rekultivierung nach den §§ 8 Abs. 1, 7a i. V. m 36 Abs. 2 VwVfG, 9 S. 1, 9a Abs. 1 S. 1, 10 Abs. 2 und 10a Abs. 3 AbfG nur Maßnahmen verlangt werden können bzw. alle Maßnahmen gefordert werden müssen, die die Rechtsfolge des § 8 Abs. 2 BNatSchG herbeiführen. Eine Antwort ergibt sich aus § 6 Abs. 3 S. 1 HessNatSchG. Danach soll für Eingriffe, die dem § 8 Abs. 1 BNatSchG entsprechend definiert wurden,[56] sofern sie nicht ausgleichbar sind, eine Abgabe in Höhe der ersparten Rekultivierungskosten erhoben werden. Der Landesgesetzgeber verwendet hier also den Begriff der Rekultivierung als Synonym für alle Ausgleichsmaßnahmen, die das Naturschutzrecht festsetzt. Diese Gleichsetzung kann auch aus den §§ 27 Nr. 2 LAbfG BW, 20 Abs. 1 Nr. 2 HAbfAG, 28 Abs. 2 S. 2 Nr. 2 LAbfWAG RP und 19 Abs. 1 Nr. 2 ThAbfAG gefolgert werden, die die Rekultivierung als Wiedereingliederung in Natur und Landschaft definieren. Damit lehnen sich diese Vorschriften zwar nicht exakt an den Wortlaut des § 8 BNatSchG an, meinen in der Sache aber wohl das gleiche.[57] Auch der Bundesgesetzgeber ging von einer Identität von Rekultivierung und Ausgleich aus, wenn er Rekultivierung als landschaftsgerechte Beseitigung der Folgen eines Eingriffs in Natur und Landschaft bezeichnete.[58] Die Gleichsetzung findet in Rechtsprechung[59] und Literatur[60] Bestätigung. In einer Rekultivierung ist daher ganz allgemein ein Ausgleich des durch den Betrieb einer

---

317 (319); *Breuer*, NuR 1980, 89 (91); *Gassner*, NuR 1984, 81; *Künkele/Heiderich*, Naturschutzgesetz für Baden-Württemberg, vor § 10 Rn. 9.

[56] Vgl. § 5 Abs. 1 HessNatSchG.

[57] Vgl. auch § 12 BremAGAbfG, der statt von Rekultivierung ausdrücklich vom Ausgleich des Eingriffs in die Landschaft spricht.

[58] BT-Drs. 7/3879, S. 23.

[59] Zuletzt VG Karlsruhe, NuR 1990, 332 (333).

[60] *Schwermer*, in: Kunig/Schwermer/Versteyl, Abfallgesetz, § 10 Rn. 16; *Hösel/v.Lersner*, Recht der Abfallbeseitigung, § 10 Rn. 15; *Schink*, DVBl. 1985, 1149 (1156); *Dombert*, Altlastensanierung in der Rechtspraxis, S. 23.

Abfallentsorgungsanlage entstandenen Eingriffs im Sinne des § 8 BNatSchG zu sehen.

4. Anforderungen an die Rekultivierungsmaßnahmen im einzelnen

Als Rekultivierungsmaßnahmen konkret zu fordern sind Handlungen, die den Eingriff in Natur und Landschaft im Sinne des § 8 Abs. 1 BNatSchG ausgleichen, die also gemäß § 8 Abs. 2 BNatSchG eine landschaftsgerechte Wiederherstellung oder Neugestaltung bewirken, soweit dies zur Verwirklichung der Ziele des Naturschutzes und der Landschaftspflege erforderlich ist.

a) Landschaftsgerechte Wiederherstellung oder Neugestaltung

Vom Wortlaut des § 8 Abs. 2 S. 4 BNatSchG her bezieht sich die Wiederherstellung bzw. Neugestaltung nur auf das Landschaftsbild. In bezug auf die Leistungsfähigkeit des Naturhaushalts ist ein Zustand zu schaffen, der keine erhebliche oder nachhaltige Beeinträchtigung zurückläßt. Der Ausgleich eines Eingriffs verlangt also die Schaffung eines intakten Ökosystems durch Begrünung mit Pflanzen, die miteinander in einer Wechselbeziehung stehen und die Ansiedlung einer Tierwelt ermöglichen.[61] Dies kann jedoch nur durch Schaffung eines neuen oder Wiederherstellung eines Ökosystems, das bereits zuvor bestanden hat, geschehen. Somit bezieht sich die Pflicht zur Wiederherstellung oder Neugestaltung auf Landschaftsbild *und* Naturhaushalt.[62]

§ 8 Abs. 2 S. 4 BNatSchG nennt Wiederherstellung und Neugestaltung als Alternativen nebeneinander. Der Unterschied zwischen beiden Alternativen ist indessen nicht so groß, wie er auf den ersten Blick erscheinen mag. Zum einen dürfte der Begriff der Wiederherstellung, wie die Begriffe Rekultivierung, Wiederaufforstung und Wiedernutzbarmachung, weit zu verstehen sein als bloßer Hinweis auf die Ortsüblichkeit.[63] Zum anderen sind sowohl Wiederherstellung als auch Neugestaltung an dem Merkmal "landschaftsgerecht" zu messen. Dies bezieht sich nicht nur auf die Restitution des Landschaftsbildes. Auch die Herstellung eines leistungsfähigen Naturhaushalts muß landschaftsgerecht erfol-

---

[61] Vgl. VG Karlsruhe, NuR 1990, 332 (333).

[62] *Ronellenfitsch*, NuR 1986, 284 (286); *Pielow*, NuR 1979, 15 (17); *Ehrlein*, VBlBW 1990, 121 (123); *Breuer*, NuR 1980, 89 (94); *Engelhardt/Brenner*, Naturschutzrecht in Bayern, Art. 6a BayNatSchG Rn. 3.

[63] Siehe bereits oben S. 82, 84, 86.

gen.[64] Was landschaftsgerecht ist, ergibt sich einerseits aus den abiotischen, biotischen und baulich-architektonischen Strukturmerkmalen der umgebenden Landschaft.[65] Bezüglich aller dieser Merkmale ist eine weitestmögliche Angleichung an den vorher vorhandenen Zustand herbeizuführen.[66] Als Bezugspunkt für eine Wiederherstellung kommt damit also zum einen die umgebende Landschaft in Betracht.[67] Daneben ist aber auch der letzte feststellbare Zustand der zu rekultivierenden Landschaft denkbar, in dem ein leistungsfähiger Naturhaushalt im oben definierten Sinne[68] bestand. Da eine Neugestaltung des Landschaftsbildes und eines leistungsfähigen Naturhaushalts ebenfalls landschaftsgerecht sein muß, kann ein leistungsfähiger Naturhaushalt nur in der Form geschaffen werden, die bei unberührtem Zustand ortsüblich wäre.[69] Im Ergebnis bedeutet Neugestaltung damit ebenfalls eine Wiederherstellung des letzten ökologisch intakten Zustandes bzw. eine Einpassung in die umgebende Landschaft, sofern diese ihrerseits ökologisch intakt ist. Dem Merkmal "landschaftsgerecht" kann mithin in beiden Fällen, bei Wiederherstellung und bei Neugestaltung, eine Konkretisierung der zu fordernden Maßnahmen auf die Herstellung einer ortsüblichen Landschaft in phänomenologischer und funktionaler Hinsicht entnommen werden.[70] Damit wird die aus den Konkretisierungen der §§ 27 Nr. 2 LAbfG BW, 20 Abs. 1 Nr. 2 HAbfAG, 28 Abs. 2 S. 2 Nr. 2 LAbfWAG RP und 19 Abs. 1 Nr. 2 ThAbfAG sowie aus dem Vergleich mit den wasserrechtlichen Renaturierungspflichten gezogene Schlußfolgerung, daß einheimische Pflanzenarten zu berücksichtigen sind, bestätigt.

Klärungsbedürftig ist in diesem Zusammenhang noch das Verhältnis von Naturhaushalt und Landschaftsbild zueinander. Grundsätzlich müssen beide wiederhergestellt bzw. neu gestaltet werden. Es sind allerdings Fälle denkbar, in denen sich ein leistungsfähiger Naturhaushalt gebildet hat, obwohl das Landschaftsprofil noch nicht in den ortsüblichen Zustand versetzt wurde. So kann sich beispielsweise in einer als Mülldeponie genutzten Geländevertiefung ein ökologisch intakter See gebildet haben oder auf einer bereits verfüllten, landschaftlich ebenen Deponie ein intakter ortsüblicher Naturhaushalt, der zur Wiederherstellung des Landschaftsbildes als Hügelland zerstört werden müßte. Man

---

64 BVerwG, DÖV 1991, 294 (296).

65 *Gassner*, NuR 1989, 61 (65).

66 BVerwG, DÖV 1991, 294.

67 *Kolodziejcok/Recken*, Naturschutz, § 8 Rn. 21.

68 Siehe oben S. 89 f.

69 Vgl. *Hösel/v.Lersner*, Recht der Abfallbeseitigung, § 10 Rn. 14.

70 Vgl. BVerwG, DÖV 1991, 294 (296).

könnte nun auf Grund der fortbestehenden optischen Wahrnehmbarkeit einen Ausgleich des Eingriffs gemäß § 8 Abs. 2 S. 4 BNatSchG verneinen.[71] Damit würde jedoch zu einseitig auf den Begriff des Landschaftsbildes abgestellt.[72] Man müßte dann in der Sache einen intakten Naturhaushalt zerstören und damit wiederum in Natur und Landschaft im Sinne des § 8 Abs. 1 BNatSchG eingreifen, um einen vorherigen Eingriff vollständig auszugleichen. Geht man aber davon aus, daß Sinn der Ausgleichsregelung im wesentlichen die Herstellung einer intakten Natur ist,[73] so muß in derartigen Konfliktfällen die Leistungsfähigkeit des Naturhaushalts im Vordergrund stehen.[74]

b) Erforderlichkeit zur Verwirklichung der Ziele des Naturschutzes und der Landschaftspflege

Gemäß § 8 Abs. 2 S. 1 BNatSchG kann und darf eine landschaftsgerechte Wiederherstellung oder Neugestaltung von Naturhaushalt und Landschaftsbild nur soweit verlangt werden, wie es zur Verwirklichung der Ziele des Naturschutzes und der Landschaftspflege erforderlich ist. Die Ziele des Naturschutzes und der Landschaftspflege stellen in zweifacher Hinsicht eine Grenze dar: Einerseits darf nicht mehr verlangt werden, als zu ihrer Verwirklichung nötig ist; andererseits müssen die Ausgleichsmaßnahmen aber auch so weit gehen, bis diese Ziele erreicht sind.[75] Die Ziele des Naturschutzes und der Landschaftspflege sind in § 1 Abs. 1 BNatSchG geregelt. § 2 Abs. 1 BNatSchG stellt jedoch klar, daß zur Zielbestimmung auch die in dieser Norm nachfolgend genannten Grundsätze heranzuziehen sind.[76] § 1 Abs. 1 BNatSchG nennt als Ziele Schutz, Pflege und Entwicklung der Leistungsfähigkeit des Naturhaushalts, der Nutzungsfähigkeit der Naturgüter, der Pflanzen- und Tierwelt sowie der Schönheit, Vielfalt und Eigenart von Natur und Landschaft. Die Schutzgüter des § 1 Abs. 1 BNatSchG können in ökologisch funktionale[77] und nichtökologisch-

---

[71] So OVG Koblenz, NuR 1981, 29 (30).

[72] BVerwG, DÖV 1991, 294 (296).

[73] *Ronellenfitsch*, NuR 1986, 284 (287); *Pielow*, NuR 1979, 15 (17); vgl. auch die Landschaftsdefinition in BT-Drs. 11/1568, S. 123, in der der ökologische Aspekt dominiert.

[74] *Gassner*, NuR 1989, 61 (65); *Engelhardt/Brenner*, Naturschutzrecht in Bayern, Art. 6a BayNatSchG Rn. 3.

[75] *Ehrlein*, VBlBW 1990, 121 (123).

[76] BT-Drs. 7/886, S. 28; BT-Drs. 11/1568, S. 126; VG Karlsruhe, NuR 1980, 34 (35); *Fickert*, BayVBl. 1978, 685 (687); *Schmidt-Aßmann*, NuR 1979, 1 (1 f.).

[77] § 1 Abs. 1 Nr. 1-3 BNatSchG.

phänomenologische[78] unterteilt werden. Schützen, pflegen und entwickeln bedeutet aktives Tun, d. h. einen dynamischen Naturschutz, der über das bloße Bewahren hinausgeht.[79] Insoweit wird durch den Verweis auf die Ziele des Naturschutzes und der Landschaftspflege gemäß § 1 Abs. 1 BNatSchG die Pflicht, einen leistungsfähigen Naturhaushalt und das Landschaftsbild wiederherzustellen oder neu zu gestalten, bestätigt. § 2 Abs. 1 BNatSchG ergänzt den Zielkatalog des § 1 Abs. 1 BNatSchG durch die Grundsätze, die Leistungsfähigkeit des Naturhaushalts zu verbessern (Nr. 1), die Natur in für die Funktionsfähigkeit genügender Größe zu erhalten (Nr. 2) sowie Biotope zu schützen, zu entwickeln oder wiederherzustellen (Nr. 10). Auch § 2 Abs. 1 BNatSchG scheint insoweit lediglich zu bestätigen, daß als Ausgleichsmaßnahme die Schaffung eines ökologisch intakten Zustandes zu verlangen ist. Der Verweis auf die Ziele des Naturschutzes und der Landschaftspflege scheint somit nicht geeignet, die zu verlangenden Maßnahmen näher zu konkretisieren. Die in den §§ 1 Abs. 1 und 2 Abs. 1 BNatSchG aufgeführten Ziele und Grundsätze sind durchweg allgemein formuliert und können allein die Pflicht zur Schaffung eines ökologisch intakten Zustandes und des ursprünglichen Landschaftsbildes nur im Ergebnis bestätigen, nicht aber die Mittel aufzeigen, mit denen diese Pflicht erfüllt werden soll.

Der Gesetzgeber hat jedoch die naturschutzrechtlichen Zielvorstellungen bewußt allgemein gehalten, um unvollständige Vorwegnahmen und mißverständliche Hervorhebungen zu vermeiden.[80] Daher ist eine weitere Konkretisierung nötig, um die Zielvorgaben praktisch handhabbar zu machen.[81] In bezug auf den Tier- und Pflanzenschutz erfolgt eine Konkretisierung der Ziele des § 1 Abs. 1 BNatSchG durch die in den §§ 20 ff. BNatSchG genannten Naturschutzbelange.[82] Die Bestimmungen der §§ 20 ff. BNatSchG wiederum hat der Gesetzgeber durch die Bundesartenschutzverordnung ausgefüllt. In der Anlage I der Bundesartenschutzverordnung findet sich eine Liste von besonders geschützten Tier- und Pflanzenarten. Eine ähnliche Liste wird auch in den Anlagen I-III des Europäischen Naturschutzübereinkommens vom 19.09.79 (Berner Konvention)[83] aufgestellt. Denkbar ist nun, den Verweis auf die Ziele des Na-

[78] § 1 Abs. 1 Nr. 4 BNatSchG (Schönheit der Landschaft).

[79] *Kolodziejcok/Recken*, Naturschutz, § 1 Rn. 10.

[80] BT-Drs. 7/3879, S. 18.

[81] *Kolodziejcok/Recken*, Naturschutz, § 2 Rn. 1.

[82] *Lorz*, Naturschutzrecht, § 1 Anm. 2c; *Kolodziejcok/Recken* § 8 Rn. 12, § 20 Rn. 4.

[83] BGBl. II 1984 S. 618 in der Fassung vom 26.11.1986 (BGBl. I S. 2089).

turschutzes und der Landschaftspflege in § 8 Abs. 2 S. 1 BNatSchG nicht nur auf die allgemeinen Zielbestimmungen der §§ 1 Abs. 1, 2 Abs. 1 BNatSchG zu beziehen, sondern auch auf deren Konkretisierungen in den §§ 20 ff. BNatSchG sowie der Bundesartenschutzverordnung und der Berner Konvention. Andernfalls würde dieser Verweis kaum eigenständige Bedeutung erlangen, da die allgemein gehaltenen Inhalte der §§ 1 Abs. 1, 2 Abs. 1, 20 ff. BNatSchG regelmäßig schon in den Begriffen Naturhaushalt und Landschaftspflege enthalten sind. Zudem erfordert auch das Ziel, einen *leistungsfähigen* Naturhaushalt zu schaffen, die Ansiedlung einer Vielfalt von Arten. Zwar bildet sich auch bei artenarmen Biotopen ein ökologisches Gleichgewicht. Dieses ist jedoch erheblich störanfälliger als ein Ökosystem, in dem Artenvielfalt herrscht. Der Naturhaushalt ist also umso leistungsfähiger, je mehr Arten ein Biotop enthält. Artenvielfalt kann aber insbesondere dadurch geschaffen werden, daß man seltene Arten, die in der Bundesartenschutzverordnung und der Berner Konvention genannt werden, fördert, damit sie leichter neben anderen, häufiger vorkommenden bestehen können. Für die Rekultivierung des Geländes ehemaliger Abfallentsorgungsanlagen bedeutet dies, daß bei der Auswahl der Pflanzen, die im Rahmen der Herstellung eines ökologisch intakten Naturhaushalts anzusiedeln sind, auf die in Anlage I zur Bundesartenschutzverordnung und den Anlagen I-III der Berner Konvention aufgeführten Arten Rücksicht zu nehmen ist. Der Hinweis auf die Zielvorgaben von Naturschutz und Landschaftspflege in § 8 Abs. 2 S. 1 BNatSchG deutet also darauf hin, daß Pflanzen gewählt werden sollen, die entweder in den Anlagen genannt sind oder solche, die die Ansiedlung von in den Anlagen aufgeführten Tierarten ermöglichen.

VII. Einschränkungen und Erweiterungen

Der Wortlaut des § 10 Abs. 2 AbfG, die Gesetzesmaterialien sowie der Vergleich mit den waldrechtlichen Wiederaufforstungspflichten und der bergrechtlichen Wiedernutzbarmachung wiesen auf einen weit zu verstehenden Vergangenheitsbezug, gewisse qualitative Anforderungen an die aufzuerlegenden Maßnahmen sowie auf die Zweiteilung des Rekultivierungsbegriffs in eine funktionale und eine phänomenologische Komponente hin. Die Konkretisierungen der Landesabfallgesetze von Baden-Württemberg, Hessen, Rheinland-Pfalz und Thüringens sowie der Vergleich mit den wasserrechtlichen Renaturierungspflichten ließ darauf schließen, daß einheimische Pflanzen anzusiedeln sind. Diese Deutungsmöglichkeiten wurden durch die Heranziehung des § 8 BNatSchG bestätigt und dahingehend konkretisiert, daß ein leistungsfähiger

Naturhaushalt in Form eines ökologisch intakten Systems von Wechselbeziehungen zwischen belebten und unbelebten Elementen herzustellen ist. Daneben soll das ortsübliche Landschaftsbild wiederhergestellt werden, soweit dadurch nicht erneut ein Ökosystem zerstört wird. In den wiederherzustellenden leistungsfähigen Naturhaushalt sind ortsübliche Arten einzubeziehen, wobei die in den Anlagen zur Bundesartenschutzverordnung und der Berner Konvention genannten Arten besondere Berücksichtigung finden sollen.

Hierbei sind jedoch zwei Einschränkungen zu machen. Zum einen ist bestimmten Sachzwängen Rechnung zu tragen. Einige Pflanzen eignen sich zum Beispiel wegen ihrer hohen Wasserspeicherkapazität besser für den Deponiebewuchs als andere, die mehr Wasser durchlassen und damit die Gefahr einer Auswaschung von Schadstoffen in das Grundwasser erhöhen.[84] Zudem verträgt nicht jede Pflanze die ausströmenden Deponiegase.[85] Die Länderarbeitsgemeinschaft für Abfall (LAGA) hat ihrem Merkblatt "Die geordnete Ablagerung von Abfällen" eine Liste mit besonders deponietauglichen Pflanzen beigefügt. Die Listen der geschützten Arten sind hiermit zu vergleichen und entsprechend einzuschränken.

Eine weitere Einschränkung der Verwertbarkeit der in Bundesartenschutzverordnung und Berner Konvention geschützten Arten folgt schließlich aus der Pflicht zur Schaffung eines intakten Ökosystems selbst. Eine bloße Aneinanderreihung seltener und bedrohter Pflanzen ergibt noch keinen funktionstüchtigen Naturhaushalt. Es sind auch die Wechselbeziehungen zu berücksichtigen, die die besonders geschützten Arten unter anderem mit besonders häufig vorkommenden, nicht geschützten verbinden.

Wurde soeben der Rekultivierungsbegriff eingeschränkt, so erfordert der Rekultivierungszweck auch zwei Erweiterungen. So ist einerseits der zeitlicher Aspekt bedeutsam. Sofern sehr junge Pflanzen angesiedelt werden, dauert es entsprechend länger, bis diese ausgewachsen sind und einen voll funktionstüchtigen Naturhaushalt bilden. Andererseits eignen sich bereits ausgewachsene Pflanzen in der Regel nicht zu einer Neuansiedlung an einem anderen Standort. Insoweit ist zu fordern, daß die zu wählenden Pflanzen so ausgewachsen wie

[84] Merkblatt "Die geordnete Ablagerung von Abfällen" der Länderarbeitsgemeinschaft Abfall (LAGA), abgedruckt in: *Kumpf/Maas/Straub*, Müll- und Abfallbeseitigung, Bd. 3, 4690 S. 37.

[85] Merkblatt "Die geordnete Ablagerung von Abfällen" der Länderarbeitsgemeinschaft Abfall (LAGA), abgedruckt in: *Kumpf/Maas/Straub*, Müll- und Abfallbeseitigung, Bd. 3, 4690 S. 35.

möglich sind, um einerseits ein Überleben nach ihrer Umsiedlung zu gewährleisten, andererseits aber auch schnell den gewünschten Endzustand zu erreichen.

Daneben gehören zur Rekultivierung auch vorbereitende Maßnahmen, wie eine den Boden vorbereitende Erstbegrünung oder auch das Anfahren von kulturfähigem Oberboden, um eine Bepflanzung zu ermöglichen. Die TA Abfall legt fest, daß diese Oberbodenschicht eine Stärke von mindestens einem Meter besitzen muß.[86]

VIII. Abriß baulicher Anlagen

Zu fragen bleibt, ob im Rahmen der Rekultivierungsanordnungen auch der Abriß baulicher Anlagen verlangt werden kann. Als Beispiel ist hier eine Müllverbrennungsanlage zu nennen, deren Gelände im wesentlichen aus bebauter Fläche besteht. Man könnte daran denken, die Rekultivierungspflichten eng zu verstehen als reine Begrünungspflichten, die voraussetzen, daß eine Begrünung ohne erheblichen Vorbereitungsaufwand möglich ist. Dann könnte bei Abfallentsorgungsanlagen, die auch bebaute Flächen umfassen, nur das nichtbebaute Gelände rekultiviert werden. Dagegen läßt sich jedoch der Wortlaut des § 10 Abs. 2 AbfG anführen, der vom Gelände spricht, das zur Abfallentsorgung verwandt wurde. Damit ist das gesamte Gelände der Anlage gemeint, einschließlich der Fläche, die bebaut ist, da auch auf ihr Abfälle entsorgt wurden. Diese Wortlautauslegung wird gestützt vom Zweck der Rekultivierungspflichten. Die Wiederherstellung eines leistungsfähigen Naturhaushalts und des Landschaftsbildes ist nicht durch Begrünung mit beliebigen Pflanzen zu erreichen, sondern stellt gewisse qualitative Anforderungen. Hierzu sind aber regelmäßig nicht unerhebliche vorbereitende Maßnahmen notwendig, wie etwa das Anfahren von Mutterboden oder eine erste Bepflanzung, um den Boden vorzubereiten und eine Erosion zu verhindern. Daher ist es grundsätzlich durchaus denkbar, als Vorbereitungsmaßnahme den Abriß baulicher Anlagen zu verlangen. Andernfalls ist der Zweck, einen leistungsfähigen Naturhaushalt wiederherzustellen, dann nicht erreichbar, wenn, wie bei einer Müllverbrennungsanlage, das zur Abfallentsorgung verwandte Gelände im wesentlichen bebaut ist. Der Abriß von Anlagen ist auch in anderen Rechtsgebieten eine durchaus übliche Pflicht, die dem Inhaber auferlegt wird, um den Gesetzeszweck zu erreichen. So wird im Atomrecht der Abriß einer Kernanlage in § 7 Abs. 3 AtG zwar nur als ge-

---

[86] Vgl. das Schaubild 1 in Nr. 9.4.1.4 TA Abfall, das diese Schicht ausdrücklich als Rekultivierungsschicht bezeichnet.

nehmigungspflichtig bezeichnet; der Abriß sollte nach dem Willen des Gesetzgebers allerdings ein Mittel sein, um das Gefährdungspotential zu verringern.[87] Auch die Naturschutzgesetze der Länder sehen teilweise den Abriß von Gebäuden und Anlagen vor, die entweder verfallen sind oder dauerhaft nicht mehr genutzt werden.[88] Die §§ 20 Abs. 2 S. 1 BImSchG und 26 Abs. 3 S. 1 GenTG ermächtigen zu einer Beseitigungsanordnung, knüpfen diese aber an die fehlende Genehmigung der Anlagenerrichtung.[89] Grundsätzlich kann daher im Rahmen der Rekultivierungsanordnungen auch die Bepflanzung der bebauten Flächen und damit verbunden der vorherige Abriß aller Bauten verlangt werden. Das Interesse des von einer Abrißverfügung betroffenen Inhabers findet nur im Rahmen der Verhältnismäßigkeit Berücksichtigung.[90] Bezüglich der Rekultivierung sind Anlagen mit bebauten Flächen somit genauso zu behandeln wie Anlagen, die lediglich aus einer Grundfläche bestehen.

IX. Sonderfall: Untertagedeponie

Der oben definierte Rekultivierungsbegriff gilt grundsätzlich für alle Arten von Abfallentsorgungsanlagen, für Deponien ebenso wie für Verbrennungs- oder Kompostieranlagen. Etwas anderes ergibt sich indessen für Berbaubetriebe, deren Stollen oder Kavernen unter Tage für die Abfallentsorgung genutzt wurden. Zwar ist gemäß § 1 Abs. 3 Nr. 3 AbfG das Abfallrecht nicht auf Abfälle anwendbar, die beim Bergbaubetrieb anfallen, so daß etwa der auf dem Betriebsgelände gelagerte Abraum oder Kohlehalden auf dem Zechengelände nicht dem abfallrechtlichen Maßnahmeninstrumentarium unterfallen. § 3 Abs. 7 AbfG erlaubt jedoch den zuständigen Behörden, den Abbauberechtigten oder Unternehmer eines Bergbaubetriebes zu verpflichten, die Abfallentsorgung in den abgebauten Bereichen zu dulden. Die Duldungspflicht hat der Gesetzgeber in das Abfallgesetz aufgenommen, um einem unnötigen Flächenverbrauch durch neue Deponien entgegenzuwirken.[91] In der Praxis ist möglich und auch erwünscht, die Entsorgung in abgebauten Bergwerken auf vertragliche Vereinbarungen zu stützen, die in der Regel flexibler sind als behördlicher Zwang.[92] Bei der Rekultivierung von als Abfallentsorgungsanlagen genutzten Bergbaube-

---

87 BT-Drs. 7/3871, S. 20 f; *Scharnhoop*, DVBl. 1977, 322 (325).

88 Vgl. § 26 Nr. 3 LandschaftsG NW.

89 BVerwG, DÖV 1992, 489.

90 Näher zum Verhältnismäßigkeitsprinzip als Grenze der Rekultivierungspflicht unten S. 128 ff.

91 Vgl. BT-Drs. 6/2401, S. 12 f.

92 *Kunig*, in: Kunig/Schwermer/Versteyl, Abfallgesetz, § 3 Rn. 65.

trieben ist, sofern nur unter Tage entsorgt wurde, zum einen an eine Rekultivierung des oberirdischen Teils zu denken, zum anderen aber auch an Ausgleichsmaßnahmen unter Tage. Sofern im Rahmen des Bergbaus oder der späteren Deponierung etwa der Grundwasserpegel oder Grundwasserströme des Deckgebirges verändert wurden, könnte eine Wiederherstellung des ursprünglichen Zustandes verlangt werden. § 10 Abs. 2 AbfG bezeichnet das Gelände, das zur Abfallentsorgung benutzt wurde, als Objekt für Rekultivierungsmaßnahmen. Als Gelände kann jedoch nur ein Teil der Erdoberfläche bezeichnet werden. Sofern also Abfälle unter Tage verbracht wurden, kann somit lediglich der oberirdische Bereich rekultiviert werden. Dieser wurde jedoch nicht zur Abfallentsorgung verwandt. Es können sich dort allenfalls Gebäude befinden, die entweder zu einem früheren Bergwerksbetrieb gehörten und vom Inhaber der Untertagedeponie übernommen wurden, oder bloße Verwaltungsgebäude der Deponie. In beiden Fällen handelt es sich nicht um Gebäude, die der Abfallentsorgung dienen. Eine Rekultivierungsanordnung für Untertagedeponien scheidet folglich aus. Etwas anderes gilt nur dann, wenn sich an der Oberfläche ortsfeste Einrichtungen befinden, die der vorbereitenden Behandlung von Abfällen dienen, um sie anschließend unter Tage verbringen zu können. Die Flächen dieser Einrichtungen sind grundsätzlich rekultivierungsfähig.

X. Definition des Rekultivierungsbegriffs

Als Ergebnis der bisherigen Auslegung läßt sich der Begriff der Rekultivierung definieren als Herstellung eines intakten und ortsüblichen Naturhaushalts, der möglichst viele, insbesondere auch geschützte Tier- und Pflanzenarten umfaßt, und des ortsüblichen Landschaftsprofils, soweit dies mit der Schaffung eines Naturhaushalts in Einklang zu bringen ist.

XI. Exkurs: Rekultivierung in der ehemaligen DDR

Die Rekultivierung im oben definierten Sinne findet in den neuen Bundesländern und Berlin (Ost) erst seit der Einführung des bundesdeutschen Abfallrechts am 1.07.1990[93] statt. Die zuvor stillgelegten Abfallentsorgungsanlagen wurden nach dem Recht der DDR rekultiviert. Daher soll kurz dargestellt werden, wie die Rekultivierung nach DDR-Recht aussah. Eine Definition des Rekultivierungsbegriffs findet sich in den gemäß § 9 der 6. Durchführungsverord-

---

[93] Vgl. hierzu oben S. 43.

nung zum Landeskulturgesetz der DDR für Deponien entsprechend geltenden §§ 14, 15 des Berggesetzes der DDR.[94] § 14 DDR-BergG definiert Rekultivierung als Wiederurbachmachung und Herstellung der vollwertigen Bodenfruchtbarkeit. Wiederurbarmachung ist gemäß § 15 Abs. 1 DDR-BergG die Herrichtung des Bodens für eine Folgenutzung. Sie ist also Voraussetzung für die nachfolgende Herstellung der vollwertigen Bodenfruchtbarkeit. Bemerkenswert an dieser Definition ist die Zweiteilung in eine landschaftsbezogene Komponente (Wiederurbarmachung) und eine biologische (Herstellung der Bodenfruchtbarkeit). Eine Parallele zum ebenfalls zweigliedrigen Rekultivierungsbegriff des bundesdeutschen Abfallrechts kann darin allerdings nicht gesehen werden. Die Definition des Rekultivierungsbegriffs in den §§ 14 und 15 DDR-BergG ist stark geprägt von den Bedürfnissen des ehemaligen sozialistischen Wirtschaftssystems und trägt dem darin hohen Stellenwert der Landwirtschaft Rechnung.[95] Die Belange des Naturschutzes und der Landschaftspflege, die die Rekultivierung nach bundesdeutschem Recht wesentlich prägen, spielten in der ehemaligen DDR keine Rolle.

B. Sicherungspflichten

Der Inhaber einer Abfallentsorgungsanlage soll nach § 10 Abs. 2 AbfG verpflichtet werden, Vorkehrungen zu treffen, die erforderlich sind, Beeinträchtigungen des Wohls der Allgemeinheit zu verhüten.

I. Wohl der Allgemeinheit

Sicherungsanordnungen zielen auf das Wohl der Allgemeinheit als Sicherungszweck ab. Der Begriff "Wohl der Allgemeinheit" findet sich in einer Reihe von öffentlich-rechtlichen Vorschriften.[96] Auch im Abfallgesetz wird er in vielen Normen verwandt.[97] Den meisten dieser Normen kann indessen keine Definition entnommen werden. Eine Konkretisierung findet sich lediglich in

---

[94] GBl. der DDR I (1969) Nr. 5 (S. 29 ff.) vom 19.05.69.

[95] Vgl. *Heuer*, Grundzüge des Bodenrechts der DDR 1949-1990, S. 33 f.

[96] Vgl. Art. 14 Abs. 3 S. 1 GG, §§ 4 Abs. 2 Nr. 3, 6, 8 Abs. 3, 12 Abs. 1, 15 Abs. 4, 18, 19 Abs. 1 WHG, 1 Abs. 5, 31 Abs. 2 Nr. 1 BauGB, 3 TierKBG.

[97] §§ 1 Abs. 1 S. 1, 2 Abs. 1 S. 2, 4 Abs. 2, 8 Abs. 1-4, 9, 10 Abs. 2, 10a Abs. 2, 11 Abs. 1 S. 2, 11 Abs. 3 S. 5, 12 Abs. 1, 13 Abs. 1 Nr. 1 und 4, 13 Abs. 5 Nr. 2, 15 Abs. 2 und 5 AbfG.

§ 2 Abs. 1 S. 2 AbfG, der in den Nummern 1-6 einige Belange des Wohls der Allgemeinheit aufzählt.

1. Gesundheit und Wohlbefinden des Menschen

Gesundheit bedeutet die Abwesenheit von Krankeiten im biologisch-physiologischen Sinne.[98] Der Begriff des Wohlbefindens ist dagegen weiter. Er umfaßt die Qualität aller vom einzelnen als wesentlich empfundenen Lebensbedingungen.[99] Einen in § 2 Abs. 1 S. 2 AbfG konkretisierten Aspekt des Wohls der Allgemeinheit verfolgen daher alle Sicherungsmaßnahmen, die in irgendeiner Form physische oder psychische Beeinträchtigungen von Menschen abwenden wollen.

2. Nutztiere, Vögel, Wild und Fische

Ein weiterer Belang des Allgemeinwohls ist der Schutz von Nutztieren, Vögeln, Wild und Fischen. Vom Wortlaut des § 2 Abs. 1 S. 2 Nr. 2 AbfG werden nur bestimmte, für den Menschen zumeist nützliche Tiere erfaßt. Letztlich üben jedoch alle Tiere eine Funktion im Rahmen des biologischen Gleichgewichts aus und sind damit im weitesten Sinne nützlich.[100] Insoweit ist § 2 Abs. 1 S. 2 Nr. 2 AbfG weit zu verstehen. Diesem Aspekt des Allgemeinwohls dient etwa die Anordnung, Schutzzäune um das Gelände der ehemaligen Abfallentsorgungsanlage zu errichten, damit Tiere jedweder Art am Betreten gehindert werden und nicht zu Schaden kommen.

3. Gewässer, Boden und Nutzpflanzen

Unter den Gewässerbegriff des § 2 Abs. 1 S. 2 Nr. 3 AbfG fällt fließendes oder stehendes oberirdisches Wasser, Grundwasser sowie das Meer.[101] Relevant sind hierbei sämtliche physikalischen, thermischen, biologischen oder che-

---

[98] *Kunig*, in: Kunig/Schwermer/Versteyl, Abfallgesetz, § 2 Rn. 25; BVerfGE 56, 54 (74 f.) zum Gesundheitsbegriff des Art. 2 Abs. 2 GG; anders *Hösel/v.Lersner*, Recht der Abfallbeseitigung, § 2 Rn. 10, der den weiteren Gesundheitsbegriff der Weltgesundheitsorganisation zugrunde legt und damit auch die wesentlichen Aspekte des Wohlbefindens erfaßt.

[99] VGH Kassel, NVwZ 1985, 765.

[100] *Kunig*, in: Kunig/Schwermer/Versteyl, Abfallgesetz, § 2 Rn. 28.

[101] Vgl. die Gewässerdefinition des § 1 WHG.

mischen Eigenschaften eines Gewässers,[102] unabhängig von wasserwirtschaftlichen Aspekten[103].

Unter Boden ist sowohl die belebte oberste Erdschicht als auch der Untergrund zu verstehen.[104] Geschützt ist die Bodenfruchtbarkeit sowie alle sonstigen ökologisch relevanten Eigenschaften.[105] Der Schutz des Bodens ist unstreitig ein Belang des Wohls der Allgemeinheit, sofern es um das Gelände geht, das die Abfallentsorgungsanlage umgibt.[106] Fraglich ist, ob auch der Schutz des Bodens, auf dem sich die Abfallentsorgungsanlage befindet, ein Belang des Allgemeinwohls ist. Teilweise wird vertreten, nur benachbarte Böden seien zu schützen, da andernfalls Deponien gar nicht mehr angelegt werden könnten.[107] Dem Wortlaut des § 2 Abs. 1 S. 2 Nr. 3 AbfG ist eine derartige Begrenzung nicht zu entnehmen. Auch der Schutzzweck dieser Norm erfordert nicht eine generelle Ausgrenzung des Deponiebodens. Zwar wird das Gelände einer Abfallentsorgungsanlage stärker belastet als die umgebenden Böden. Dennoch wird man verlangen können, daß die Belastung des Bodens der Abfallentsorgungsanlage, wenn sie schon nicht verhindert werden kann, doch wenigstens minimiert wird.[108] Der Begriff des Bodens ist daher weit zu verstehen und umfaßt auch Deponieböden.

Der Schutz von Nutzpflanzen ist unter dem Aspekt der Bodenfruchtbarkeit teilweise bereits im Bodenschutz enthalten. Darüber hinaus sind Nutzpflanzen allerdings auch vor jeglichen anderen schädlichen Einwirkungen zu schützen. Zum Wohl der Allgemeinheit unter dem Gesichtspunkt des Schutzes von Gewässern, Boden und Nutzpflanzen können beispielsweise Auskofferungen von belastetem Erdreich, die Anlegung von Tonschürzen und Gräben zur Ableitung von Sickerwasser[109] sowie Maßnahmen zur Ableitung von Deponiegasen, die umliegende Nutzpflanzen belasten,[110] verlangt werden.

---

[102] *Kunig*, in: Kunig/Schwermer/Versteyl, Abfallgesetz, § 2 Rn. 32.

[103] *Birn/Jung*, Abfallbeseitigungsrecht, § 2 Anm. 1.3 zu Nr. 3.

[104] *Ziegler*, BWVP 1987, 145.

[105] *Birn/Jung*, Abfallbeseitigungsrecht, § 2 Anm. 1.3 zu Nr. 3.

[106] *Kunig*, in: Kunig/Schwermer/Versteyl, Abfallgesetz, § 2 Rn. 31; *Hösel/v.Lersner*, Recht der Abfallbeseitigung, § 2 Rn. 17.

[107] *Hösel/v.Lersner*, Recht der Abfallbeseitigung, § 2 Rn. 17.

[108] *Kunig*, in: Kunig/Schwermer/Versteyl, Abfallgesetz, § 2 Rn. 31.

[109] Vgl. BVerwG, NVwZ 1986, 640.

[110] Vgl. *Birn/Jung*, Abfallbeseitigungsrecht, § 2 Anm. 1.3 zu Nr. 3.

4. Luftverunreinigungen und Lärm

Als nächsten Belang des Wohls der Allgemeinheit nennt § 2 Abs. 1 S. 2 AbfG den Schutz vor Luftverunreinigungen und Lärm. Zur Begriffsbestimmung kann auf das Bundes-Immissionsschutzgesetz sowie auf die ausgestaltenden Verwaltungsvorschriften TA Luft und TA Lärm zurückgegriffen werden.[111] § 3 Abs. 4 BImSchG definiert Luftverunreinigung als Veränderung der natürlichen Zusammensetzung der Luft, insbesondere durch Rauch, Ruß, Staub, Gase etc. Dem Wohl der Allgemeinheit in der Ausprägung, die es durch § 2 Abs. 1 S. 2 Nr. 4 AbfG erfährt, dienen etwa Maßnahmen, die das Austreten von Deponiegasen verhindern oder abschwächen sollen.

5. Belange des Naturschutzes, der Landschaftspflege und des Städtebaus

Naturschutz und Landschaftspflege bilden ein einheitliches, nur schwer trennbares Schutzgut.[112] Zur Ausfüllung ist § 1 Abs. 1 BNatSchG heranzuziehen.[113] Belange des Allgemeinwohls unter dem Aspekt des Naturschutzes und der Landschaftspflege sind damit die Leistungsfähigkeit des Naturhaushalts, die Nutzungsfähigkeit der Naturgüter, die Pflanzen- und Tierwelt sowie die Schönheit und Eigenart von Natur und Landschaft.

Städtebauliche Belange ergeben sich vor allem aus den §§ 29 ff. BauGB. Daneben ist auch die Ästhetik des landschaftlichen Bildes zu nennen,[114] wobei die Grenzen zu den Belangen des Naturschutzes und der Landschaftspflege in diesem Punkt fließend sind. Dem in § 2 Abs. 1 S. 2 Nr. 5 AbfG ausgeprägten Teilbereich des Allgemeinwohls dienen zum Beispiel Maßnahmen zum Schutz von Feuchtbiotopen[115] oder allgemein zum Tier- und Pflanzenschutz, soweit sie nicht dem Schutz einer speziellen Tierart dienen und damit unter § 2 Abs. 1 S. 2 Nr. 3 AbfG fallen.

---

[111] *Kunig*, in: Kunig/Schwermer/Versteyl, Abfallgesetz, § 2 Rn. 34.

[112] *Kunig*, in: Kunig/Schwermer/Versteyl, Abfallgesetz, § 2 Rn. 36.

[113] *Birn/Jung*, Abfallbeseitigungsrecht, § 2 Anm. 1.3 zu Nr. 5.

[114] BVerwGE 70, 242 (246); *Kunig*, in: Kunig/Schwermer/Versteyl, Abfallgesetz, § 2 Rn. 40.

[115] *Kunig*, in: Kunig/Schwermer/Versteyl, Abfallgesetz, § 2 Rn. 27.

6. Öffentliche Sicherheit und Ordnung

Der Begriff der öffentlichen Sicherheit ist im Abfallrecht wie im allgemeinen Polizei- und Ordnungsrecht zu verstehen.[116] Er umschreibt einen Auffangtatbestand und erfaßt auch nichtumweltrechtliche individuelle und kollektive Rechtsgüter sowie staatliche Einrichtungen.[117] Abfallrechtliche Sicherungsanordnungen zum Schutz der öffentlichen Sicherheit sind jedoch nur dann zulässig, wenn es um die Abwehr von spezifischen Gefahren der Abfallentsorgung für die der öffentlichen Sicherheit unterfallenden Rechtsgüter geht.[118] Die in § 2 Abs. 1 S. 2 AbfG aufgeführten Belange charakterisieren nur "insbesondere" das Wohl der Allgemeinheit. Der Katalog dieser Norm ist somit nicht abschließend.[119] Andererseits sind die Beispiele des § 2 Abs. 1 S. 2 AbfG, auch auf Grund der allgemeinen Klausel des § 2 Abs. 1 S. 2 Nr. 6 AbfG, so weit, daß kaum ein Fall eines sonstigen Belangs des Wohls der Allgemeinheit denkbar ist.[120]

II. Verhütung von Beeinträchtigungen

Das Wohl der Allgemeinheit ist jedenfalls dann beeinträchtigt, wenn bereits eines der oben genannten Schutzgüter geschädigt wurde. Problematisch sind vor allem die Situationen, in denen die bloße Möglichkeit einer Schädigung besteht oder selbst dies noch erforscht werden muß. Es stellt sich somit die Frage, wie hoch die Eintrittswahrscheinlichkeit einer tatsächlichen Beeinträchtigung sein muß, um eine Verhütungsmaßnahme zu rechtfertigen, d. h. ab welcher Schwelle die zuständige Behörde eingreifen darf.

1. Denkbare Eingriffsschwellen

Als Grenze, ab der die Wahrscheinlichkeit eines Schadenseintritts hoch genug ist, um eine Verhütungsmaßnahme zu erlauben, kommt einmal die Gefahrenschwelle des Polizei- und Ordnungsrechts in Betracht. Zum anderen kann sie aber auch so tief anzusetzen sein, daß bereits Vorsorgemaßnahmen verlangt werden können.

---

116 *Birn/Jung*, Abfallbeseitigungsrecht, § 2 Anm. 1.3 zu Nr. 6.

117 *Kunig*, in: Kunig/Schwermer/Versteyl, Abfallgesetz, § 2 Rn. 41.

118 *Koch*, Bodensanierung nach dem Verursacherprinzip, S. 81.

119 BT-Drs. 6/3154, S. 3; *Jarass*, DVBl. 1991, 7 (9).

120 Vgl. *Kleinschnittger*, Die abfallrechtliche Planfeststellung, S. 90.

a) Gefahrenschwelle des Polizei- und Ordnungsrechts

Eine Gefahr im Sinne des Polizei- und Ordnungsrechts ist gegeben, wenn ein Schaden für die unter die öffentliche Sicherheit fallenden Schutzgüter bei ungehindertem Geschehensablauf hinreichend wahrscheinlich ist.[121] Der zum Schaden hinführende Kausalverlauf muß erkennbar und nicht untypisch sein. Der zu fordernde Wahrscheinlichkeitsgrad ist abhängig vom Wert der zu schützenden und der durch Sicherungsmaßnahmen beeinträchtigten Rechtsgüter.[122] Je größer der drohende Schaden, desto eher ist die Eintrittswahrscheinlichkeit "hinreichend", um eine Abwehrmaßnahme zu rechtfertigen. Bloße Gefahrerforschungsmaßnahmen sind im Polizei- und Ordnungsrecht nach herrschender Meinung zwar grundsätzlich zulässig;[123] der Gefahrenverdacht muß aber durch Tatsachen erhärtet sein und sich somit lediglich als Gefahr geringeren Wahrscheinlichkeitsgrades darstellen.[124] Zudem besteht für den Adressaten zunächst nur eine Duldungspflicht.[125] Eine Kostentragung kann allenfalis nachträglich angeordnet werden, wenn der Gefahrenverdacht sich bestätigt[126] oder der Betreffende einen hinreichenden Anlaß zur Gefahrerforschung gegeben hat[127].

b) Vorsorgemaßnahmen

Das Vorsorgeprinzip besagt, daß Umweltgefahren nicht nur vermieden werden, sondern gar nicht erst entstehen sollen.[128] Die Normen, die der Vorsorge dienen, ermöglichen daher auch Abwehrmaßnahmen unterhalb der Gefahren-

---

[121] BVerwGE 28, 310 (315 f.); 45, 51 (57); 62, 36 (38 f.); *Tettinger*, Besonderes Verwaltungsrecht, Rn. 212; siehe auch die Legaldefinitionen in den §§ 3 Nr. 3a SOG LSA, 2 Nr. 1 NdsSOG.

[122] BVerfGE 49, 89 (138); OVG Münster, NVwZ 1991, 1200 (1202); BVerwG, DÖV 1970, 713 (715); DVBl. 1973, 857 (859); OVG Lüneburg, DVBl. 1977, 347 (351); *Tettinger*, Besonderes Verwaltungsrecht, Rn. 212.

[123] *Drews/Wacke/Vogel/Martens*, Gefahrenabwehr, S. 227; *Knemeyer*, Polizei- und Ordnungsrecht, Rn. 70.

[124] *Knemeyer*, Polizei- und Ordnungsrecht, Rn. 70; *Seibert*, DVBl. 1992, 664 (667); *Reidt*, UPR 1992, 172 (176); VGH Mannheim, NVwZ 1991, 493.

[125] *Kloepfer*, NuR 1987, 7 (19); *Breuer*, NVwZ 1987, 751 (754); *Schink*, DVBl. 1986, 161 (165); *Papier*, NVwZ 1986, 256 (257).

[126] VGH Mannheim, DÖV 1990, 394 (395); VGH Kassel, UPR 1991, 197 (zu § 17 Abs. 2 HAbfAG); *Kloepfer*, NuR 1987, 7 (19); *Breuer*, NVwZ 1987, 751 (755); *Müggenborg*, NVwZ 1992, 845 (847); VG Karlsruhe, ZfW 1985, 55 (59); gegen eine Kostentragungspflicht: *Drews/Wacke/Vogel/Martens*, Gefahrenabwehr, S. 678; *Papier*, NVwZ 1986, 256 (257).

[127] VGH Mannheim, DÖV 1991, 165 (166); VG Berlin, NJW 1991, 2854.

[128] *Kloepfer*, Umweltrecht, S. 74 f; *Ossenbühl*, NVwZ 1986, 161 (162); vgl. auch die Leitlinie Umweltvorsorge der Bundesregierung, BT-Drs. 10/6028, S. 7.

schwelle.[129] Abweichend vom Polizei- und Ordnungsrecht sind das insbesondere Fälle, in denen Gefahren zeitlich und räumlich noch weit entfernt sind[130] oder die Eintrittswahrscheinlichkeit nicht "hinreichend" ist einschließlich des bloßen Gefahrenverdachts.[131] Es reicht aus, wenn bestimmte Ursachenzusammenhänge nach dem derzeitigen Wissensstand weder bejaht noch verneint werden können und insoweit lediglich ein "Besorgnispotential" besteht.[132] Das ist vor allem auch in den Fällen relevant, in denen unklar ist, ob die fraglichen Stoffe überhaupt ein Gefahrenpotential in sich bergen. Eine Gefahrerforschung kann nach Polizei- und Ordnungsrecht nur dann verlangt werden, wenn als Ergebnis der Erforschungsmaßnahme die Gefährlichkeit oder Ungefährlichkeit tatsächlich festgestellt werden kann. Zur Vorsorge kann es indessen auch gehören, Stoffe zu beseitigen, deren Gefahrenpotential nach dem heutigen Stand der Technik noch nicht vollständig erfaßt, sondern lediglich vermutet werden kann, oder deren Konzentration noch nicht die heute als Gefahrenschwelle angesehenen Grenzwerte überschritten hat. Damit werden von dem Vorsorgegrundsatz alle Maßnahmen erfaßt, um künftige Schäden, abgesehen von einem theoretischen Restrisiko[133], nach dem Stand der Technik praktisch auszuschließen.[134] Dazu gehört auch die sogenannte planerische Vorsorge, die es ermöglicht, Stoffe beseitigen zu lassen, die für sich genommen zwar ungefährlich sind, im Zusammenhang mit anderen Stoffen aber langfristig zu einem Schaden führen können.[135]

2. Eingriffsschwelle im Abfallrecht

a) Wortlaut des § 10 Abs. 2 AbfG

Der Wortlaut des § 10 Abs. 2 AbfG sagt lediglich, daß Vorkehrungen getroffen werden sollen, die erforderlich sind, um Beeinträchtigungen zu verhü-

---

[129] VGH Kassel, NVwZ 1989, 1183 (1185); *Kloepfer/Kröger*, NuR 1990, 8 (11); *Breuer*, NVwZ 1990, 211 (213); *Sendler*, JuS 1983, 255 (256); *Kloepfer*, Umweltrecht, S. 76; BT-Drs. 10/6028, S. 7; *Ipsen*, AöR 107 (1982), 259 (262).

[130] *Kloepfer*, Umweltrecht, S. 76.

[131] BVerwGE 72, 300 (315); OVG Lüneburg, GewArch 1980, 203 (205); *Lukes*, DVBl. 1990, 273 (275); *Schmatz/Nöthlichs*, Immissionsschutz, § 5 Anm. 5.

[132] BVerwGE 72, 300 (315); BVerwG, NVwZ 1989, 1169; OVG Lüneburg, GewArch 1980, 203 (205).

[133] BVerfGE 53, 30 (59); *Kloepfer/Kröger*, NuR 1990, 8 (12).

[134] BVerwG, NVwZ 1989, 1169; VGH Kassel, NVwZ 1989, 1183 (1185).

[135] *Kloepfer*, Umweltrecht, S. 79; OVG Berlin, DVBl. 1979, 159 f; *Feldhaus*, DVBl. 1981, 165 (170); vgl. auch BT-Drs. 10/6028, S. 8.

ten. Teilweise wird das Merkmal der Erforderlichkeit zur Bestimmung der Eingriffsschwelle herangezogen. Danach soll die Erforderlichkeit gegeben sein, wenn Beeinträchtigungen des Wohls der Allgemeinheit mit hinreichender Wahrscheinlichkeit zu erwarten sind.[136] Der Begriff der Erforderlichkeit knüpft indessen sprachlich und inhaltlich an die zu treffenden Maßnahmen an und nicht an das drohende Ereignis. Daß die Vorkehrungen erforderlich sein müssen, bedeutet zunächst einmal nur, daß das mildeste Mittel gewählt werden muß, das geeignet ist, Beeinträchtigungen des Wohls der Allgemeinheit zu verhüten,[137] und weist damit auf die zu fordernde Verhältnismäßigkeit der Maßnahme insgesamt, d. h. auf das Verhältnismäßigkeitsprinzip als verfassungsrechtliche Grenze hin.[138] Eine Aussage über die Beeinträchtigungsschwelle hingegen kann allenfalls aus einem Begriff gefolgert werden, der sich auf das bevorstehende Schadensereignis bezieht. § 10 Abs. 2 AbfG sagt, daß Beeinträchtigungen des Wohls der Allgemeinheit als mögliches Schadensereignis zu verhüten sind. Dem Merkmal "verhüten" kann keine klare Beschreibung der Schwelle, ab der ein Eingriff zum Schutz des Wohls der Allgemeinheit möglich sein soll, entnommen werden. Es deutet jedoch eher auf einen weiten Anwendungsbereich des § 10 Abs. 2 AbfG hin als auf eine enge Begrenzung auf Maßnahmen zur Gefahrenabwehr.

b) Gesetzessystematik

Im Rahmen einer gesetzessystematischen Auslegung sind vor allem die §§ 2 Abs. 1 S. 2 und 8 Abs. 3 Nr. 1 AbfG bedeutsam.

aa) Beispiele des § 2 Abs. 1 S. 2 AbfG

§ 2 Abs. 1 S. 2 AbfG führt in den Nummern 1-6 Beispiele für Beeinträchtigungen auf. Die Terminologie ist allerdings nicht einheitlich. So wird in § 2 Abs. 1 S. 2 AbfG eine Beeinträchtigung bejaht, wenn die Gesundheit von Menschen (Nr. 1), die in Nr. 2 genannten Tiere oder die öffentliche Sicherheit (Nr. 6) *gefährdet* sind. Gewässer, Boden und Nutzpflanzen (Nr. 3) hingegen müssen *schädlich beeinflußt* und Luftverunreinigungen und Lärm (Nr. 4) in schädlicher Weise *herbeigeführt* werden. In bezug auf die Belange des Natur-

---

[136] *Schwermer*, in: Kunig/Schwermer/Versteyl, Abfallgesetz, § 10 Rn. 20.

[137] *Jarass*, DVBl. 1991, 7 (9).

[138] Ausführlich zum Verhältnismäßigkeitsprinzip unten S. 128 ff.

schutzes und der Landschaftspflege (Nr. 5) reicht es aus, wenn diese nicht *gewahrt* wurden.

Die Verwendung des Begriffs "gefährdet", um eine Beeinträchtigung zu umschreiben, könnte auf eine ähnliche Eingriffsschwelle wie beim Polizei- und Ordnungsrecht schließen lassen.[139] Die Formulierungen "Beeinflussung", "Herbeiführung" oder "Wahrung" scheinen dagegen auf den ersten Blick weiter zu sein als der Begriff der "Gefährdung". Der Begriff der "Wahrung" des Wohls der Allgemeinheit findet sich allerdings auch in § 11 Abs. 1 AbfG, der daran eine Überwachungspflicht knüpft. Im Rahmen des § 11 Abs. 1 AbfG wollte der Gesetzgeber lediglich konkrete Gefahren abwehren.[140] Die parallele Begriffswahl spricht dafür, auch für § 2 Abs. 1 S. 2 Nr. 5 AbfG eine Wahrung der dort genannten Belange des Allgemeinwohls erst dann zu verneinen, wenn die Gefahrenschwelle überschritten wurde.

Doch selbst wenn man im Rahmen des § 2 Abs. 1 S. 2 AbfG allgemein eine Beeinträchtigung des Wohls der Allgemeinheit erst bei Überschreitung der Gefahrenschwelle annehmen wollte, so ließe das keine eindeutigen Rückschlüsse auf die Eingriffsschwelle in § 10 Abs. 2 AbfG zu. § 2 Abs. 1 S. 2 AbfG enthält nur Beispiele für Belange des Allgemeinwohls.[141] Folglich kann er auch nur Beispiele für Beeinträchtigungen normieren, wobei bei einer derartigen Typisierung üblicherweise die eindeutigen und gravierenderen Fälle herausgegriffen werden. Eine allgemeine Regel, wonach das Wohl der Allgemeinheit nur dann beeinträchtigt ist, wenn die polizeirechtliche Gefahrenschwelle überschritten wurde, kann aus dieser Norm daher nicht gefolgert werden.

bb) Versagungsschwelle des § 8 Abs. 3 S. 2 Nr. 1 AbfG

Eine Antwort auf die Frage, ob die untere Eingriffsschwelle für abfallrechtliche Sicherungspflichten oberhalb des theoretischen Restrisikos oder bei der polizeirechtlichen Gefahrenschwelle zu sehen ist, könnte sich aber aus § 8 Abs. 3 S. 2 Nr. 1 AbfG ergeben. Danach ist der Planfeststellungsbeschluß bzw. die Genehmigung für eine Abfallentsorgungsanlage zu versagen, wenn Beeinträchtigungen des Wohls der Allgemeinheit zu erwarten sind. Das ist der Fall, wenn Schäden nach allgemeiner Lebenserfahrung und anerkannten fachlichen Regelungen wahrscheinlich und ihrer Natur nach annähernd voraussehbar

---

[139] So *Peters*, VBlBW 1991, 49 (50).

[140] BR-Drs. 465/84, S. 17.

[141] BT-Drs. 6/3154, S. 3; *Jarass*, DVBl. 1991, 7 (9).

sind.[142] Die Anforderungen sind dabei umso geringer, je höher der zu befürchtende Schaden ist. Die Versagungsschwelle des § 8 Abs. 3 S. 2 Nr. 1 AbfG kommt somit der Gefahrenschwelle des allgemeinen Polizei- und Ordnungsrechts sehr nahe. Daher wird teilweise vertreten, auch im Rahmen des § 10 Abs. 2 AbfG sei, wie bei § 8 Abs. 3 S. 2 Nr. 1 AbfG, der polizeirechtliche Gefahrenbegriff maßgebend.[143] Diese Gleichsetzung erscheint jedoch bedenklich. Der Gesetzgeber spricht in § 10 Abs. 2 AbfG von Verhütung und weicht damit von der Terminologie des § 8 Abs. 3 S. 2 Nr. 1 AbfG ab. Zudem regelt § 8 Abs. 3 S. 2 Nr. 1 AbfG Fälle, in denen ein Planfeststellungsbeschluß oder eine Genehmigung zwingend zu versagen sind.[144] Wenn Beeinträchtigungen des Wohls der Allgemeinheit zu erwarten sind, kommt es folglich gar nicht erst zu einer Inbetriebnahme der Anlage. Aus dem Anwendungsbereich des § 10 Abs. 2 AbfG fielen damit nahezu alle Anlagen heraus, die nach Inkrafttreten des Abfallgesetzes in Betrieb genommen wurden. Denkbar wären dann Sicherungsanordnungen nach § 10 Abs. 2 AbfG nur, wenn eine Überschreitung der Gefahrenschwelle, etwa durch neue Meß- und Nachweismethoden, erst nach Inbetriebnahme erkannt wurde. Es ist sehr fraglich, ob der Gesetzgeber eine derartige Begrenzung des § 10 Abs. 2 AbfG wollte.

c) Rechtssystematik

Da die gesetzessystematische Auslegung keine eindeutige Festlegung der Beeinträchtigungsschwelle bei der Gefahren- bzw. Vorsorgegrenze zuläßt, ist auf die entsprechenden Regelungen in anderen Gesetzen zurückzugreifen.

aa) Eingriffsgrenze landesrechtlicher Altlastenregelungen

Eine ausdrückliche landesrechtliche Normierung der Vorsorge als allgemeines Prinzip im Rahmen des Bodenschutzes findet sich lediglich in § 9 Abs. 2 SächsEGAB. Verschiedene andere Bundesländer haben in ihre Abfallgesetze Sicherungs- und Rekultivierungspflichten für Grundstücke mit Altlasten aufgenommen.[145] Die landesrechtlichen Altlastenregelungen wurden eingeführt, um

---

[142] BVerwG, DVBl. 1983, 1011.

[143] *Schwermer*, in: Kunig/Schwermer/Versteyl, Abfallgesetz, § 10 Rn. 20; *Peters*, VBlBW 1991, 49 (50).

[144] *Hösel/v.Lersner*, Recht der Abfallbeseitigung, § 8 Rn. 21; *Schwermer*, in: Kunig/Schwermer/Versteyl, Abfallgesetz, § 8 Rn. 39.

[145] Vgl. §§ 22 ff. LAbfG BW, 16 ff. HAbfAG, 21 ff. AbfAlG M-V; 28 LAbfWAG RP, 16 ff. ThAbfAG, Art. 22 und 26 ff. BayAbfAlG.

die geordnete Erfassung und Beseitigung zu ermöglichen.[146] Diese Normen wären sinnlos, wenn sie nicht weiter reichten als das bisher geltende Polizei- und Ordnungsrecht. Andererseits ist kaum anzunehmen, daß die Länder beabsichtigten, über die bestehenden Regelungen des Abfallgesetzes für Abfälle hinauszugehen und Altlasten damit strenger behandeln wollten als Belastungen, die erst nach dem 11.06.1972 bzw. dem 1.07.1990 entstanden sind. Wenn nun die Länder für die Beseitigung von Altlasten tatsächlich ein über das Polizei- und Ordnungsrecht hinausgehendes Maßnahmeninstrumentarium eingeführt haben und gleichzeitig nicht über das Maßnahmeninstrumentarium des Bundesabfallgesetzes hinausgehen wollten, so spricht dies dafür, daß sie auch das Abfallgesetz des Bundes in bezug auf Abfälle für entsprechend weitgehend hielten. Wenn die landesrechtlichen Altlastenregelungen also Ausprägungen des Vorsorgeprinzips enthalten sollten, läßt dies darauf schließen, daß die Länder das Vorsorgeprinzip auch im Bundesabfallgesetz verwirklicht sahen.

Teilweise orientieren sich die landesrechtlichen Altlastenregelungen am Wortlaut des Abfallgesetzes des Bundes.[147] Sie sind daher nicht geeignet, die oben aufgestellte These zu stützen. Ein Anhaltspunkt für die von den Ländern vorgesehene Reichweite der Sicherungspflichten für Altlasten ergibt sich allerdings aus § 17 Abs. 2 HAbfAG, der dazu ermächtigt, dem Pflichtigen aufzuerlegen, in einer Erstuntersuchung Art und Ausmaß der Verunreinigungen festzustellen. Daraus könnte geschlossen werden, daß - anders als im Polizei- und Ordnungsrecht - Gefahrerforschungsmaßnahmen auch dann verlangt werden können, wenn das "Ob" der Gefahr noch nicht feststeht. Folglich wären also jedenfalls das Landesparlament Hessens der Auffassung, das Abfallgesetz des Bundes eröffne eben diese Maßnahmen für Belastungen, die nach Inkrafttreten des Abfallgesetzes entstanden sind, und gehe damit über die polizeirechtliche Gefahrenschwelle hinaus.

Diese Deutungsmöglichkeit wird jedoch durch eine Rechtsprechung in Zweifel gezogen, die den § 17 Abs. 2 HAbfAG restriktiv verstanden wissen will und die Kostentragungspflicht für Gefahrerforschungsmaßnahmen nur dann annimmt, wenn der Gefahrenverdacht sich bestätigt.[148] Das würde im Ergebnis aber bedeuten, daß von der Eingriffsschwelle des allgemeinen Polizei- und Ordnungsrechts nicht abgewichen wird. Zudem sind die landesrechtlichen

---

[146] Vgl. §§ 16 Abs. 1 HAbfAG, 16 Abs. 1 ThAbfAG.

[147] Vgl. Art. 22 BayAbfAlG, § 21 Abs. 1 AbfAlG M-V.

[148] VGH Kassel, UPR 1991, 197; NVwZ 1992, 1101; VG Gießen, NVwZ 1992, 908; zustimmend *Reidt*, UPR 1992, 172 (176) und *Eckert*, NVwZ 1992, 725 (732).

Regelungen nicht einheitlich. Das Abfallgesetz Brandenburgs spricht ausdrücklich von Gefahrenabwehr.[149] Das Abfallgesetz Sachsens nennt in § 12 Abs. 1 Nr. 2 die Gefahrenabwehr, normiert in § 9 Abs. 2 aber ausdrücklich das Vorsorgeprinzip. Insoweit kann die Betrachtung der Eingriffsgrenze landesrechtlicher Altlastenregelungen keine eindeutigen Rückschlüsse auf die Eingriffsschwelle des Bundesabfallgesetzes geben.

bb) Eingriffsschwelle in anderen umweltrechtlichen Spezialgesetzen

Aufschlußreicher könnten indessen die übrigen umweltrechtlichen Spezialgesetze sein, in denen ebenfalls die Problematik der Sicherung vor schädlichen Einflüssen auftritt.

(1) Die §§ 6 Abs. 2 GenTG und 7 Abs. 2 Nr. 3 AtG regeln Pflichten zur Gefahrenvorsorge. Sie sind damit Ausprägungen des allgemein im Umweltrecht geltenden Vorsorgeprinzips. Als Sicherungsmaßnahmen können nach atom- und gentechnikrechtlichen Vorschriften daher zum Beispiel Berstsicherungen für Kernreaktoren und sonstige vorbeugende Kontroll- und Schutzmaßnahmen verlangt werden, um unerwartete schädliche Wirkungen frühzeitig zu erkennen.[150]

(2) § 1 BImSchG legt ausdrücklich auch die Vorsorge als Ziel des Bundes-Immissionsschutzgesetzes fest. Daneben normiert § 5 Abs. 1 Nr. 2 BImSchG als Betreiberpflicht ebenfalls die Vorsorge. § 5 Abs. 1 Nr. 2 BImSchG dient dazu, eine "Sicherheitszone" vor der Gefahrenschwelle zu schaffen.[151] Anders als im Polizei- und Ordnungsrecht können nach dem Bundes-Immissionsschutzgesetz bei genehmigungsbedürftigen Anlagen Maßnahmen der planerischen Vorsorge verlangt werden, wie etwa ein Verbot von Emissionen, die für sich gesehen unbedenklich sind, zusammen mit anderen Emissionen aber anderswo ein Gefahrenpotential bergen (sog. synergetische Effekte).[152] Daneben sind Maßnahmen möglich, wenn die Gefährlichkeit eines Stoffes nach dem heutigen Erkenntnisstand nicht nachgewiesen werden kann, sondern seine

---

[149] § 28 Abs. 2 S. 1 LAbfVG Brbg.

[150] *Hirsch/Schmidt-Didczuhn*, Gentechnikgesetz, § 6 Rn. 14; *Haedrich*, Atomgesetz, § 7 Rn. 86; vgl. auch *Ladeur*, NuR 1992, 254 (257 ff.).

[151] *Breuer*, Der Staat, 393 (413 f.); *Papier*, DVBl. 1979, 162 f; *Rengeling*, DVBl. 1982, 625; OVG Lüneburg, GewArch 1980, 203 (205); *Jarass*, Bundes-Immissionsschutzgesetz, § 5 Rn. 42; a. A: *Martens*, DVBl. 1981, 597 (602 f.); *Feldhaus*, DVBl. 1980, 133 (135).

[152] *Jarass*, DVBl. 1986, 314 (317); OVG Berlin, DVBl. 1979, 159 f.

Schädlichkeit lediglich vermutet wird.[153] Insoweit geht das Immissionsschutzrecht über die Gefahrenschwelle des Polizei- und Ordnungsrechts hinaus. Es ist durch das Vorsorgeprinzip geprägt.[154]

Dennoch können sich Zweifel an der uneingeschränkten Geltung des Vorsorgeprinzips für genehmigungsbedürftige Anlagen ergeben. § 5 Abs. 1 Nr. 1 BImSchG spricht von *schädlichen* Umwelteinwirkungen und *erheblichen* Nachteilen oder Belästigungen, die abgewendet werden sollen. Zwar knüpft das Merkmal der Erheblichkeit nur an den drohenden Schaden an und definiert sein zu forderndes Ausmaß. Es trifft insoweit keine Aussage über die Eintrittswahrscheinlichkeit. Andererseits weist die ausdrückliche Erwähnung der Vorsorge in § 5 Abs. 1 Nr. 2 BImSchG darauf hin, daß § 5 Abs. 1 Nr. 1 BImSchG einen anderen, engeren Anwendungsbereich hat. Daher werden die Pflichten dieser Norm als bloße Schutzpflichten angesehen.[155] Anders als § 5 Abs. 1 Nr. 2 BImSchG dienen diese Schutzpflichten der Abwehr konkreter Gefahren.[156]

§ 5 Abs. 3 Nr. 1 BImSchG regelt Nachsorgepflichten des ehemaligen Betreibers, Pflichten also, die zwar bereits vor der Betriebseinstellung durch entsprechende Verfügungen konkretisiert werden können,[157] aber erst mit der Stillegung aktuell werden. Insoweit ist in § 5 Abs. 3 Nr. 1 BImSchG die parallele Vorschrift zu den abfallrechtlichen Ermächtigungsgrundlagen für Sicherungsanordnungen zu sehen, da diese ebenfalls überwiegend erst nach Stillegung aktuell werden.[158] Da § 5 Abs. 3 Nr. 1 BImSchG nach Wortlaut und Inhalt an § 5 Abs. 1 Nr. 1 BImSchG anknüpft, liegt der Schluß nahe, daß auch die Nachsorgepflichten nur der Abwehr konkreter Gefahren dienen. Dagegen ließe sich einwenden, daß der Gesetzgeber mit der Einführung des § 5 Abs. 3 Nr. 1 BImSchG nur klarstellen wollte, daß die Pflichten des § 5 BImSchG auch über die Einstellung hinaus gelten sollen.[159] Wenn der Gesetzgeber aber nur eine zeitliche Erweiterung der Pflichten des § 5 Abs. 1 BImSchG erreichen wollte, könnte man daran denken, daß § 5 Abs. 3 Nr. 1 BImSchG nach Betriebseinstellung die gleichen Anordnungen zuläßt, die während des Betriebes nach § 5

[153] VGH Mannheim, DÖV 1990, 344; OVG Lüneburg, GewArch 1980, 203 (205).

[154] OVG Berlin, DVBl. 1979, 159.

[155] *Jarass*, JuS 1984, 351 (352); DVBl. 1986, 314 (316).

[156] *Jarass*, NJW 1983, 2844 (2845); DVBl. 1983, 725 (729); *Ossenbühl*, NVwZ 1986, 161 (162); *Kloepfer*, Umweltrecht, S. 414; *Rid/Hammann*, VBlBW 1987, 121 (122).

[157] *Jarass*, Bundes-Immissionsschutzgesetz, § 5 Rn. 90.

[158] Siehe oben S. 47 f.

[159] BT-Drs. 11/4909, S. 13 f.

Abs. 1 BImSchG möglich sind, d. h. also auch Vorsorgemaßnahmen. Andererseits ist der Wortlaut des § 5 Abs. 3 Nr. 1 BImSchG nahezu identisch mit der Formulierung des § 5 Abs. 1 Nr. 1 BImSchG. Daher muß davon ausgegangen werden, daß der Gesetzgeber, trotz der insoweit mißverständlich gefaßten Gesetzesmaterialien, nur an die Schutzpflichten des § 5 Abs. 1 Nr. 1 BImSchG anknüpfen wollte. Die immissionsschutzrechtlichen Nachsorgepflichten beziehen sich also nur auf die Abwehr konkreter Gefahren.[160] Der rechtssystematische Vergleich mit § 5 Abs. 3 Nr. 1 BImSchG scheint somit dafür zu sprechen, daß im Abfallrecht ebenfalls nur Sicherungsmaßnahmen zur Gefahrenabwehr möglich sind. Dabei ist jedoch zu berücksichtigen, daß die immissionsschutzrechtlichen Nachsorgepflichten nur bedingt mit den abfallrechtlichen Sicherungspflichten vergleichbar sind. Die anzuordnenden Sicherungsmaßnahmen des Abfallrechts sind Teil eines in § 10 Abs. 2 AbfG normierten Gesamtkonzepts nach der Stillegung, das aus Sicherung und Rekultivierung besteht, während § 5 Abs. 3 Nr. 1 BImSchG nur Sicherungsmaßnahmen erlaubt. Die Rekultivierung dient der Verbesserung eines bestehenden Zustandes und nicht der Abwehr konkreter Gefahren. Die Rekultivierungsmaßnahmen sind in die Zukunft gerichtet und haben insoweit einen vorsorgenden Charakter. Wenn man nun aus dem Vergleich mit § 5 Abs. 3 Nr. 1 BImSchG uneingeschränkt den Schluß zieht, daß auch im Abfallrecht Sicherungsmaßnahmen nur zur Gefahrenabwehr zulässig sind, wird die enge Verknüpfung der Sicherung mit der Rekultivierung und der darin begründete Unterschied zum Immissionsschutzrecht übersehen. § 5 Abs. 3 Nr. 1 BImSchG ist daher zwar diejenige Norm, die zum rechtssystematischen Vergleich heranzuziehen ist, sie ist jedoch nur von einem begrenzten Aussagewert für das Abfallrecht.

(3) Auch im Wasserhaushaltsgesetz kann in verschiedenen Normen auf das Vorsorgeprinzip geschlossen werden.[161] Anders als im Bundes-Immissionsschutzgesetz wird jedoch in keiner dieser Normen der Begriff "Vorsorge" oder "Vorbeugung" genannt. § 1a WHG spricht von der Unterlassung "vermeidbarer Beeinträchtigungen". Die §§ 26 Abs. 2 und 34 Abs. 2 WHG verpflichten zu bestimmten Verhaltensweisen, damit eine "nachteilige Veränderung" des Wassers "nicht zu besorgen ist". Wegen der kaum zu überschätzenden Bedeutung des Wassers für die Allgemeinheit[162] gilt bereits jede Veränderung der physikalischen, chemischen oder biologischen Beschaffenheit des Wassers als nachtei-

---

160 *Jarass*, Bundes-Immissionsschutzgesetz, § 5 Rn. 87.

161 Vgl. §§ 1a, 7a Abs. 1, 18a, 19, 26 Abs. 2, 34 Abs. 2 WHG.

162 Vgl. BVerfG, NJW 1982, 745 (751).

lig.[163] Gemessen an dieser Definition ist also die Reinheit des Wassers als solche geschützt, unabhängig vom tatsächlichen Gefahrenpotential der konkreten Veränderung.[164] Eine nachteilige Veränderung im Sinne der §§ 26 Abs. 2, 34 Abs. 2 WHG soll nicht erst dann zu besorgen sein, wenn eine Gefahr im Sinne des Polizei- und Ordnungsrechts bevorsteht.[165] Insoweit ist also auch in den Normen des Wasserhaushaltsgesetzes eine Ausprägung des Vorsorgeprinzips zu sehen.[166]

(4) Als weiteres umweltrechtliches Gesetz bleibt noch das Bundesnaturschutzgesetz zu untersuchen. Gemäß § 8 Abs. 2 BNatSchG sind Eingriffe in Natur und Landschaft auszugleichen, wobei § 8 Abs. 1 BNatSchG als Eingriff jede Veränderung von Grundflächen bezeichnet, die die Leistungsfähigkeit des Naturhaushalts oder das Landschaftsbild erheblich oder nachhaltig beeinträchtigen kann. Die Merkmale "erheblich" und "nachhaltig" könnten darauf hindeuten, daß ein Eingriff erst bei Überschreitung der Gefahrenschwelle für ein Schutzgut, das unter die Begriffe Naturhaushalt oder Landschaftsbild zu fassen ist, vorliegt. Demzufolge könnte als Ausgleich auch nur die Gefahrenabwehr verlangt werden. Erheblich und nachhaltig muß jedoch nur der zu befürchtende Schaden für Naturhaushalt und Landschaftsbild sein. Beide Merkmale treffen keine Aussage über die zu fordernde Eintrittswahrscheinlichkeit.[167]

Teilweise wird eine hinreichende Wahrscheinlichkeit des Eintritts einer Beeinträchtigung gefordert, so daß Ausgleichsmaßnahmen nur verlangt werden können, wenn eine erhebliche oder nachhaltige Beeinträchtigung des Naturhaushalts oder des Landschaftsbildes feststeht oder lediglich Belege für die letztliche Sicherheit des Eintritts einer Beeinträchtigung fehlen.[168] Für eine derart restriktive Auslegung bietet der Wortlaut des § 8 Abs. 1 BNatSchG indessen keinen Anlaß. Der Gesetzgeber nimmt einen auszugleichenden Eingriff bereits dann an, wenn eine Beeinträchtigung erfolgen *kann*. Die Eingriffsdefinition ist bewußt weitreichend formuliert.[169] Das läßt darauf schließen, daß grundsätzlich

---

[163] BVerwG, DVBl. 1974, 297 (300); *Sieder/Zeitler*, Wasserhaushaltsgesetz, § 34 Rn. 20; *Schink*, DVBl. 1986, 161 (165); *Pietzcker*, JuS 1986, 719 (720).

[164] BVerwG, DVBl. 1974, 297 (300); *Pietzcker*, JuS 1986, 719 (720).

[165] *Gieseke/Wiedemann/Czychowski*, Wasserhaushaltsgesetz,§ 26 Rn. 28; *Pietzcker*, JuS 1986, 719 (720); *Koch*, Bodensanierung nach dem Verursacherprinzip, S. 79.

[166] *Gieseke/Wiedemann/Czychowski*, Wasserhaushaltsgesetz,§ 1a Rn. 1 und 11, § 6 Rn. 21, § 7a Rn. 1, § 18a Rn. 1, § 19 Rn. 82.

[167] *Engelhardt/Brenner*, Naturschutzrecht in Bayern, Art. 6 Rn. 7; siehe bereits oben S. 115.

[168] *Engelhardt/Brenner*, Naturschutzrecht in Bayern, Art. 6 Rn. 7.

[169] BT-Drs. 7/886, S. 34.

jede Möglichkeit einer erheblichen oder nachhaltigen Auswirkung auf die Leistungsfähigkeit des Naturhaushalts oder das Landschaftsbild oberhalb eines hinzunehmenden Restrisikos ausreicht.[170] Zudem läßt sich gegen eine restriktive Eingriffsdefinition einwenden, daß das Beziehungsgefüge zwischen belebten und unbelebten Elementen eines Lebensraumes, das einen leistungsfähigen Naturhaushalt als das vorrangige Schutzgut des § 8 BNatSchG charakterisiert,[171] äußerst komplex ist. Eine tatsächliche erhebliche oder nachhaltige Beeinträchtigung wird sich daher oft weder beweisen lassen noch werden im vorhinein genügend Erkenntnisse vorliegen, um eine hinreichende Wahrscheinlichkeit zu belegen. Die Komplexität der Zusammenhänge innerhalb von Ökosystemen führt dazu, daß vielfach scheinbar unwesentliche Eingriffe langfristige Auswirkungen haben, die vorher nicht abzusehen waren. Das Ziel der naturschutzrechtlichen Eingriffsregelungen, eine gleichbleibende Umweltqualität und eine vorbeugende ökologische Kontrolle zu gewährleisten,[172] ist somit nur erreichbar, wenn Ausgleichsmaßnahmen bereits gefordert werden können, um dem Entstehen einer Beeinträchtigung vorzubeugen. In § 8 BNatSchG ist mithin ebenfalls eine Ausprägung des allgemein im Umweltrecht geltenden Vorsorgeprinzips zu sehen.[173]

cc) Ergebnis der rechtssystematischen Auslegung

Auch wenn die landesrechtlichen Altlastenregelungen keine eindeutige Schlußfolgerung erlauben, lassen doch das Gentechnikgesetz, das Atomgesetz, das Wasserhaushaltsgesetz und das Bundesnaturschutzgesetz als wesentliche umweltrechtliche Spezialgesetze Eingriffe unterhalb der polizeirechtlichen Gefahrenschwelle zu. Das Vorsorgeprinzip erweist sich damit als ein für das Umweltrecht typischer und prägender Grundsatz.[174] Wenn im Abfallgesetz weder der Gefahrenbegriff noch die Vorsorge erwähnt werden, so spricht doch allein schon seine Stellung im Rechtssystem als Umweltschutzgesetz für eine Vergleichbarkeit mit den anderen Umweltschutzgesetzen, die das Vorsorgeprinzip ausdrücklich normieren. Das folgt im besonderen auch aus der Untersuchung

---

[170] Vgl. *Künkele/Heiderich*, Naturschutzgesetz für Baden-Württemberg, § 10 Rn. 3.

[171] Siehe oben S. 96.

[172] *Künkele/Heiderich*, Naturschutzgesetz für Baden-Württemberg, vor § 10 Rn. 5.

[173] Ähnlich *Sendler*, JuS 1983, 255 (256), der ebenfalls in § 8 BNatSchG eine Ausprägung des Vorsorgeprinzips sieht; unklar *Lorz*, Naturschutzrecht, § 8 Anm. 4, der auf Grund der Verpflichtung des § 8 Abs. 2 S. 1 BNatSchG, vermeidbare Beeinträchtigungen zu unterlassen, eine Konkretisierung des Vorsorgegrundsatzes bejaht.

[174] *Sendler*, JuS 1983, 255 (256).

des § 8 BNatSchG, der die abfallrechtlichen Sicherungs- und Rekultivierungspflichten ausfüllt und konkretisiert.[175] Diese Argumentation wird gestützt durch den Entwurf des allgemeinen Teils eines Umweltgesetzbuches[176], der in den §§ 4 und 8 das Vorsorgeprinzip als allgemeines umweltrechtliches Prinzip festschreibt. Zudem wird das Vorsorgeprinzip auch in der Begründung zu Art. 34 des Einigungsvertrages als allgemeines Prinzip des Umweltrechts bezeichnet.[177]

d) Schutzzweck der zur Sicherung verpflichtenden Normen

Gegen die rechtssystematische Argumentation könnte man einwenden, daß die verschiedenen Umweltschutzgesetze nicht notwendigerweise ohne Unterschiede gleich behandelt werden müssen. Das Vorsorgeprinzip im Atom- und Gentechnikrecht trägt vor allem der Tatsache Rechnung, daß dort ein kaum absehbares Gefahrenpotential für eine Vielzahl von Rechtsgütern zugleich besteht, das - auch wenn es nur von einer einzigen Anlage ausgeht - räumlich kaum begrenzbar ist. So kann ein Reaktorzwischenfall oder ein mißglückter Freilandversuch mit genetisch veränderten Organismen unvorhersehbare, im schlimmsten Fall sogar globale Auswirkungen haben. Dagegen bezieht sich das Gefahrenpotential, das von einer einzelnen Abfallentsorgungsanlage ausgehen kann, in aller Regel auf einen räumlich engeren Bereich und ist insoweit weniger hoch.

Dieser Einwand wird allerdings durch die Betrachtung des Schutzzwecks der zur Sicherung verpflichtenden Normen im Vergleich mit den Regelungen des Bundes-Immissionsschutzgesetzes und des Wasserhaushaltsgesetzes entkräftet. Zwar werden in § 2 Abs. 1 S. 2 AbfG eine Reihe verschiedener Schutzgüter genannt. Die abfallrechtlichen Normen, insbesondere auch § 10 Abs. 2 AbfG, dienen also nicht dem ausschließlichen Schutz eines speziellen Gutes.[178] Andererseits enthält das Abfallgesetz aber auch Instrumente des unmittelbaren Bodenschutzes.[179] Die Sicherungs- und Rekultivierungspflichten beziehen sich lediglich auf ortsfeste Abfallentsorgungsanlagen. Insoweit genießt der Boden-

---

[175] Siehe oben S. 88 ff.

[176] *Kloepfer/Rehbinder/Schmidt-Aßmann/Kunig*, Umweltgesetzbuch: allgemeiner Teil, Forschungsbericht.

[177] BT-Drs. 11/7760, S. 372.

[178] Vgl. bereits oben S. 104 ff.

[179] *Ziegler*, BWVP 1987, 145 (147).

schutz besondere Bedeutung.[180] In § 1 BImSchG wird ebenfalls eine Vielzahl von Schutzgütern genannt. Viele der folgenden Normen sind jedoch primär auf den Schutz der Luft zugeschnitten. Das Wasserhaushaltsgesetz schließlich dient in erster Linie dem Schutz von ober- und unterirdischen Gewässern. Keinem der Umweltgesetze ist eine gestufte Wertigkeit der Medien Luft, Boden und Wasser zu entnehmen. Sofern nun zum Schutz von Luft und Wasser Vorsorgemaßnahmen möglich sind, kann für den Bodenschutz grundsätzlich nichts anderes gelten, zumal auch das Bundesberggesetz als ein weiteres Gesetz mit bodenschutzrechtlichen Normen in § 55 Abs. 1 Nr. 3 das Vorsorgeprinzip normiert.

Nach dem Willen des Gesetzgebers soll die Behörde gemäß § 10 Abs. 2 AbfG den Inhaber einer Abfallentsorgungsanlage verpflichten, dafür zu sorgen, daß auch nach der Stillegung keine Schäden oder nachteilige Folgen von ihr ausgehen.[181] Diese Formulierung sowie die gesonderte Erwähnung nachteiliger Folgen neben Schäden läßt auf einen weiten Anwendungsbereich schließen, der alle denkbaren zukünftigen Nachteile ausschließen soll, sofern die Möglichkeit ihres Eintritts nicht als bloßes theoretisches Restrisiko hinzunehmen ist. Die Gesetzesmaterialien zum Abfallgesetz ähneln in ihrer Formulierung stark denen zum Atomgesetz[182] und zum Gentechnikgesetz[183], in denen das Vorsorgeprinzip ausdrücklich festgeschrieben ist. Insoweit ist zu folgern, daß auch die abfallrechtlichen Sicherungspflichten Ausprägungen des Vorsorgeprinzips sind.

e) Fazit

Der Wortlaut des § 10 Abs. 2 AbfG, der Vergleich mit den anderen umweltrechtlichen Spezialgesetzen sowie der Schutzzweck der zur Sicherung verpflichtenden Normen lassen darauf schließen, daß auch die abfallrechtliche Sicherungspflicht eine Ausprägung des Vorsorgeprinzips beinhaltet.[184] Die zuständige Behörde kann also vom Inhaber der ehemaligen Abfallentsorgungsanlage nicht nur Maßnahmen zur Abwehr konkreter Gefahren verlangen, sondern

[180] Dem trägt Sachsen in besonderem Maße Rechnung, indem es seine abfallrechtlichen Regelungen in ein allgemeines Gesetz zum Bodenschutz integriert hat (SächsEGAB).

[181] BT-Drs. 6/2401, S. 15.

[182] BT-Drs. 2/3026, S. 25; 3/759, S. 23.

[183] BT-Drs. 11/5622, S. 25.

[184] Im Ergebnis ebenso, aber ohne Begründung BVerwG, DVBl. 1992, 311 (312); *Seibert*, DVBl. 1992, 664 (665); *Schink*, DVBl. 1985, 1149 (1156); *Brandt/Dieckmann/Wagner*, Altlasten und Abfallproduzentenhaftung, S. 19; *Mosler*, Öffentlichrechtliche Probleme bei der Sanierung von Altlasten,S. 16; *Röscheisen*, BWVP 1990, 49 (74) zu § 17 Abs. 1 LAbfG BW.

darüber hinaus auch Vorsorgemaßnahmen. Daher ist beispielsweise die Anordnung zur Schaffung eines Oberflächen- oder Basisabdichtungssystems auch dann möglich, wenn die Schadstoffbelastung unterhalb der Schwelle liegt, die eine konkrete Gefahr begründen, oder wenn entweder die Verunreinigung oder die tatsächliche Schädlichkeit der betreffenden Stoffe noch unklar ist.

III. Sonderfälle

Bezüglich der Anordnung von Sicherungsmaßnahmen können sich für zwei Fallgestaltungen Besonderheiten ergeben. Zum einen stellt sich die Frage, ob als Sicherungsmaßnahme auch der Abriß baulicher Anlagen verlangt werden kann, zum anderen könnte auch die bergbauliche Sicherung von Untertagedeponien auf abfallrechtliche Normen gestützt werden.

1. Abriß baulicher Anlagen

Eine grundsätzliche Abrißpflicht wurde bereits als Vorbereitungsmaßnahme vor der Rekultivierung bejaht.[185] Sofern dies jedoch auch als Sicherungsmaßnahme verlangt werden kann, wird dadurch das Interesse der Allgemeinheit am Abriß baulicher Anlagen erhöht und die Verhältnismäßigkeitsgrenze zuungunsten des Inhabers verschoben.[186] Für eine Abrißpflicht könnte ein Blick auf die Problematik des Abrisses von Kernanlagen im Sinne des Atomgesetzes sprechen. Bei einer Kernanlage sind allerdings die Anlagenteile selbst teilweise strahlungsaktiv und damit als solche gefährlich. Abfallentsorgungsanlagen enthalten indessen, sofern sie nicht baufällig sind, kein derartiges Gefährdungspotential. Etwas anderes gilt nur für einige Anlagenteile bei Müllverbrennungsanlagen, die mit Rauchgas in Berührung gekommen sind.[187] Gefährdungen gehen regelmäßig nur von den Stoffen aus, mit denen umgegangen wurde. Soweit Gefährdungen von der Anlage selbst ausgehen, können diese im wesentlichen nur bautechnischer Art sein. Dann stellen sie jedoch keine Gefährdungen dar, die aus der Abfallentsorgung erwachsen und fallen nicht in den Anwendungsbereich abfallrechtlicher Normen. Insoweit kann also lediglich der Ausbau einiger kontaminierter Teile, nicht aber der Abriß aller baulichen Bestandteile einer Abfallentsorgungsanlage als Sicherungsmaßnahme verlangt werden.

---

[185] Siehe oben S. 100 f.

[186] Näher zur Verhältnismäßigkeit unten S. 128 ff.

[187] Näher hierzu oben S. 40.

2. Bergbauliche Sicherung von Untertagedeponien

Bislang wurden im wesentlichen die Kavernen alter Salzbergwerke für die Abfallentsorgung unter Tage genutzt,[188] in denen nur bestimmte Stoffe, vor allem Gips aus Rauchgasenschwefelungsanlagen und Flugasche, abgelagert wurden, die zudem in betonartig aushärtende Hohlraumfüllungen eingebunden wurden.[189] In neuerer Zeit wird jedoch anläßlich der Zechenstillegungen im Ruhrgebiet zunehmend auch die Nutzung der Stollen ehemaliger Steinkohlebergwerke diskutiert. Im Jahre 1988 wurde erstmals eine Untertagedeponie in einer stillgelegten Steinkohlegrube in Essen in Betrieb genommen.[190] In Sachsen-Anhalt und Thüringen ist jeweils eine weitere geplant.[191] Im Zuge dieser Entwicklung gewinnt die Frage an Bedeutung, ob vom Inhaber einer Abfallentsorgungsanlage, die unter Tage entsorgt, die Absicherung vor Bergschäden, etwa in Form von durch Stollen verursachten Bergsenkungen, als abfallrechtliche Sicherungsmaßnahme verlangt werden kann. Zwar werden die Hohlräume unter Tage mit Abfällen verfüllt. Dies geschieht jedoch nicht zur Sicherung des Berges, sondern allein unter abfallwirtschaftlichen Gesichtspunkten. Daher ist es denkbar, daß einige Hohlräume gar nicht oder nur teilweise ausgefüllt werden. Die Möglichkeit von Bergschäden wird durch die Nutzung als Deponie also nur vermindert, nicht aber ausgeschlossen.

Mit einem Bergbaubetrieb ist regelmäßig die Gefahr von Verformungen der Oberfläche verbunden. Zwar sind die Interessen des Bergbaubetreibers und der Eigentümer der Oberflächengrundstücke grundsätzlich gleichwertig.[192] Mit der Einführung des Bundesberggesetzes ist der bis dahin geltende absolute Vorrang der Schadensvergütung vor der Schadensverhütung aufgegeben worden.[193] Praktisch wird bei einer Interessenkollision jedoch der besonderen Bedeutung des Bergbaus Rechnung zu tragen sein.[194] Das Bundesberggesetz hat dementsprechend den Interessenkonflikt durch umfangreiche Entschädigungsregelun-

---

[188] Vgl. Nr. 10 TA Abfall.

[189] BT-Drs. 12/4093.

[190] Umweltbundesamt, Daten zur Umwelt 1990/91, S. 463.

[191] Vgl. BT-Drs. 12/4093 und BT-Drs. 12/4000.

[192] *Piens/Schulte/Graf Vitzthum*, Bundesberggesetz, vor § 110 Rn. 17; BT-Drs. 8/1315, S. 137.

[193] BT-Drs. 8/1315, S. 137 f; BGH, UPR 1991, 19.

[194] VGH Kassel, NuR 1991, 495 (496); *Piens/Schulte/Graf Vitzthum*, Bundesberggesetz, vor § 110 Rn. 17 unter Verweis auf Entscheidung des BVerfG, NJW 1982, 745 (751) zur Grundwassernutzung, in der die kaum zu überschätzende Bedeutung des Grundwassers festgestellt wurde.

gen gelöst.[195] Soweit nach den §§ 110, 111 BBergG Sicherungsmaßnahmen zur Schadensverhütung in Frage kommen, stellen sie sich vor allem als Anpassungsmaßnahmen der baulichen Konstruktionen über Tage dar und werden von den Grundeigentümern wahrgenommen, wenn auch der Bergbauunternehmer die Kosten zu tragen hat.[196] Insofern unterscheiden sich bergrechtliche Sicherungsmaßnahmen von den abfallrechtlichen, die in der Regel an der Gefahrenquelle selbst ansetzen und nicht am gefährdeten Objekt. Wenn nun im Rahmen abfallrechtlicher Sicherungsanordnungen für Untertagedeponien Maßnahmen zur Verhinderung von Bergsenkungen gefordert werden können, könnte auf Grundlage des Abfallrechts mehr verlangt werden, als das Bergrecht ermöglicht. Abfallrechtliche Sicherungsmaßnahmen für Bergschäden können indessen mit dem gleichen Argument abgelehnt werden, mit dem bereits eine allgemeine Abrißpflicht für bauliche Anlagen verneint wurde. Die abfallrechtlichen Sicherungspflichten dienen dazu, Gefahren, die auf den Umgang mit Abfällen zurückzuführen sind, abzuwehren bzw. ihrer Entstehung vorzubeugen. Die Gefahr einer Bergsenkung beruht indessen nicht auf dem Deponiebetrieb, sondern auf der vorangegangenen bergbaulichen Nutzung. Daher kann als abfallrechtliche Sicherungsmaßnahme keine Absicherung vor Bergschäden auferlegt werden.

IV. Weitergehende Anforderungen nach anderen Gesetzen

Es bleibt noch zu fragen, ob Sicherungspflichten im Abfallgesetz abschließend geregelt sind oder Sicherungsanordnungen auch auf Grund anderer Vorschriften ergehen können. Sofern es nicht um die Abwehr spezifischer Risiken der Abfallentsorgung geht, ist diese Frage zu bejahen.[197] So sind insbesondere weitergehende Anordnungen zur Herstellung eines bausicheren Zustandes nach dem Bauordnungsrecht der Länder[198] oder auch Maßnahmen nach Polizei- und Ordnungsrecht gegen andere Störer möglich[199].

---

[195] Vgl. §§ 110 ff. BBergG.

[196] BGH, UPR 1991, 19.

[197] *Koch*, Bodensanierung nach dem Verursacherprinzip, S. 81; *Hösel/v.Lersner*, Recht der Abfallbeseitigung,§ 10 Rn. 21; *Herrmann*, Flächensanierung als Rechtsproblem, S. 50; VGH Mannheim, DÖV 1990, 344 (345); *Schink*, DVBl. 1986, 161 (162).

[198] *Koch*, Bodensanierung nach dem Verursacherprinzip, S. 81.

[199] *Seibert*, DVBl. 1992, 664 (665); VGH Kassel, NVwZ 1990, 381 f; *Hösel/v.Lersner*, Recht der Abfallbeseitigung, § 10 Rn. 21.

5. Teil

Grenzen für Sicherungs- und Rekultivierungsanordnungen

A. Gesetzesimmanente Grenzen

Auf die Existenz von Grenzen deutet bereits die Ausgestaltung des § 10 Abs. 2 AbfG als "Soll"-Vorschrift hin. Auf eine allgemeine gesetzliche Rekultivierungspflicht im Sinne einer "Muß"-Vorschrift wurde bewußt verzichtet, weil auch Anlagen denkbar sind, deren Rekultivierung wegen entgegenstehender anderweitiger Verwendung des Grundstücks nicht notwendig ist.[1] Es sollen also im Hinblick auf die Folgenutzung sinnlose Rekultivierungen vermieden werden.[2] Damit weist schon der Gesetzeswortlaut auf das Folgenutzungsinteresse des Grundeigentümers hin. Fraglich ist jedoch, ob jeder etwaige Interessenkonflikt zwischen Folgenutzung und Rekultivierungszielen bereits durch die Formulierung des § 10 Abs. 2 AbfG als "Soll"-Vorschrift abschließend gelöst wurde. Das hängt davon ab, wann eine Rekultivierung "sinnlos" und damit zu unterlassen ist. Man könnte daran denken, daß sich die Einstufung als sinnlos nur nach dem Folgenutzungsinteresse des Grundeigentümers richtet. Das hätte allerdings zur Folge, daß die Rekultivierungspflicht zur Disposition des Grundeigentümers stünde. Durch Planung einer bestimmten Folgenutzung könnte er quasi selbst entscheiden, ob und in welchem Umfang er rekultivieren muß. § 10 Abs. 2 AbfG liefe damit leer. Daher kann eine Rekultivierung nicht bereits dann entbehrlich sein, wenn sie dem Folgenutzungsinteresse des Grundeigentümers widerspricht. Vielmehr muß sie auch gemessen an den Zielen, die durch die Rekultivierung erreicht werden sollen, sinnlos sein. Das dürfte regelmäßig dann der Fall sein, wenn das Gelände der ehemaligen Abfallentsorgungsanlage weiter in einer die Umwelt belastenden Form genutzt werden soll. So könnte beispielsweise auf dem Gelände einer ehemaligen Müllverbrennungsanlage nun

---

[1] BT-Drs. 6/2401, S. 15.

[2] *Hösel/v.Lersner*, Recht der Abfallbeseitigung, § 10 Rn. 9.

eine Kompostieranlage errichtet werden.[3] In einem solchen Fall wäre es wenig sinnvoll, hier zu rekultivieren, um dann an anderer Stelle in den Naturhaushalt einzugreifen, um die Kompostieranlage zu errichten. Das Rekultivierungsziel, eine funktionsfähige Natur zu schaffen bzw. zu bewahren, erlaubt es hier, von Rekultivierungsanordnungen - zumindest vorerst - abzusehen. Die Ausgestaltung des § 10 Abs. 2 AbfG als "Soll"-Vorschrift rechtfertigt somit nur in wenigen Fällen im Interesse einer intakten Natur eine Ausnahme von der grundsätzlich bestehenden Rekultivierungspflicht. Sie stellt keine Grenze in dem Sinne dar, daß nun im Rahmen des § 10 Abs. 2 AbfG regelmäßig das Folgenutzungsinteresse des Eigentümers maßgebend wäre.

Eine Grenze wird auch durch das Merkmal der Erforderlichkeit angedeutet. Damit soll allerdings nur auf das Verhältnismäßigkeitsprinzip als verfassungsrechtliche Grenze hingewiesen werden. Die Erforderlichkeit besitzt als gesetzesimmanente Grenze keine eigenständige Bedeutung.[4]

B. Verfassungsrechtliche Grenzen

Verfassungsrechtliche Grenzen für Sicherungs- und Rekultivierungsanordnungen können sich für Anordnungen gegenüber privaten Inhabern aus den Grundrechten aus Art. 14 GG und Art. 2 Abs. 1 GG ergeben.

I. Eigentumsgarantie (Art. 14 GG)

Die Eigentumsgarantie des Art. 14 GG umfaßt neben dem Bestandsschutz als solchem auch die Nutzung des Eigentums.[5] Durch Sicherungs- und Rekultivierungsmaßnahmen wird der Grundeigentümer einerseits dazu verpflichtet, die entsprechenden Arbeiten auf seinem Grundstück zu dulden. Andererseits beeinträchtigen die Sicherungs- und Rekultivierungsmaßnahmen die Möglichkeit des Grundeigentümers, das Gelände der Abfallentsorgungsanlage zukünftig zu nut-

---

3 Zur weiteren Nutzungsmöglichkeit von Müllverbrennungsanlagen siehe bereits oben S. 39.

4 Vgl. *Schwermer*, in: Kunig/Schwermer/Versteyl, Abfallgesetz, § 10 Rn. 20.

5 BVerfGE 52, 1 (30); 61, 82 (108).

zen. Nicht durch Art. 14 GG geschützt wird das Vermögen.[6] Sofern die Belastung lediglich in einer Geldleistungspflicht besteht, soll Art. 14 GG nach Ansicht des Bundesverfassungsgerichts allenfalls dann schützen, wenn die Leistungspflicht erdrosselnd wirkt und die Vermögensverhältnisse grundlegend beeinträchtigt.[7] Es ist allerdings bislang in keinem Fall tatsächlich eine derartige erdrosselnde Leistungspflicht angenommen worden, so daß auch die Voraussetzungen hierfür im einzelnen unklar bleiben. Die praktische Bedeutung dieser Ausnahme ist somit sehr fraglich. Daher erscheint es konsequent, den Schutz aus Art. 14 Abs. 1 GG bei allen Vermögensbeeinträchtigungen zu verweigern und den Vermögensschutz ganz Art. 2 Abs. 1 GG zuzuordnen, unabhängig von der Schwere im Einzelfall.[8]

Daneben kann die Eigentumsgarantie des Art. 14 GG auch für den Betreiber bedeutsam sein, auch wenn er nicht Eigentümer des zu sichernden und zu rekultivierenden Geländes ist. Die Rechtsfigur des eingerichteten und ausgeübten Gewerbebetriebs hat zwar im öffentlichen Recht noch nicht in dem Maße Anerkennung gefunden wie im Zivilrecht.[9] Art. 14 GG soll jedoch den konkreten, durch eigene Leistung erworbenen Bestand an vermögenswerten Gütern sichern.[10] Ein Betrieb ist mehr als nur die Summe der einzelnen Betriebsmittel. Er wird bestimmt durch die organisatorische Einheit. Wenn nun aber die einzelnen Betriebsmittel als vermögenswerte Positionen unter den Schutz des Art. 14 GG fallen, erscheint es sinnvoll, auch die organisatorische Einheit, die ebenfalls auf eigene Leistung zurückzuführen ist, zu schützen, zumal der organisatorischen Einheit ebenfalls ein substantiell begründbarer Vermögenswert zukommen kann.[11]

---

[6] BVerfGE 4, 7 (17); 74, 129 (148); 78, 232 (243); 81, 108 (122); BGHZ 83, 190 (194 f.); *Jarass*, in: Jarass/Pieroth, Grundgesetz, Art. 14 Rn. 12; *Papier*, in: Maunz/Dürig/Herzog/Scholz, Grundgesetz, Art. 14 Rn. 42, 150; anders *Kimminich*, in: Bonner Kommentar zum Grundgesetz, Art. 14 Rn. 65.

[7] BVerfGE 14, 221 (241); 76, 130 (141); 78, 232 (243); 68, 287 (310 f.).

[8] So *Papier*, in: Maunz/Dürig/Herzog/Scholz, Grundgesetz, Art. 14 Rn. 42, 150, 152.

[9] Zur Anerkennung im Zivilrecht siehe BGHZ 98, 341 (351); 92, 34 (46); 23, 157 (162 f.); BGH, NJW 1990, 3262.

[10] BVerfGE 21, 229 (230).

[11] *Tettinger*, in: Sieg/Leifermann/Tettinger, Gewerbeordnung, Einleitung Rn. 7; *Papier*, in: Maunz/Dürig/Herzog/Scholz, Grundgesetz, Art. 14 Rn. 96 ff; *Jarass*, in: Jarass/Pieroth, Grundgesetz, Art. 14 Rn. 8; offen gelassen in BVerfGE 66, 116 (145); 68, 193 (222 f.) 51, 193 (221); BVerfG, NJW 1992, 37; NJW 1992, 1878.

Art. 14 GG garantiert Schutz vor Eigentumsbindungen einerseits und Enteignungen andererseits.[12] Enteignung ist die vollständige oder teilweise Entziehung konkreter Eigentumspositionen und ihre Übertragung auf ein anderes Rechtssubjekt.[13] Eigentumsbindungen sind generell abstrakte Regelungen, die den Inhalt eines Eigentumsrechts bestimmen.[14] Bei den Sicherungs- und Rekultivierungsverpflichtungen geht es bezüglich des Grundeigentümers regelmäßig nicht um einen Substanzentzug, sondern um eine Nutzungsbeschränkung. Die §§ 8 Abs. 1, 7a i. V. m. 36 Abs. 2 VwVfG, 9 S. 1, 9a Abs. 1 S. 1, 10 Abs. 2 und 10a Abs. 3 AbfG ermächtigen abstrakt generell zu Rekultivierungsanordnungen. Die zuständige Behörde konkretisiert dann die Rekultivierungspflichten und richtet sie an den Inhaber der Abfallentsorgungsanlage. Es handelt sich mithin nicht um eine Enteignung, sondern um eine Inhaltsbestimmung, die regelmäßig den Eigentümer des Geländes einer Abfallentsorgungsanlage betrifft.[15]

Ein Eingriff in den eingerichteten und ausgeübten Gewerbebetrieb durch Sicherungs- und Rekultivierungsanordnungen ist indessen nicht mit der gleichen Regelmäßigkeit anzunehmen. Sicherungs- und Rekultivierungspflichten werden ganz überwiegend schon vor Inbetriebnahme der Anlage oder erst nach Stillegung aktuell. Die durch Art. 14 GG geschützte Rechtsposition ist vor Inbetriebnahme aber nur mit der entsprechenden Belastung entstanden, so daß bereits der Schutzbereich verkürzt wird. Etwas anderes gilt für Anordnungen während des Betriebes und auch nach Stillegung, die nicht oder zumindest nicht in ihrer konkreten Ausgestaltung vorhergesehen werden konnten. Hier verkürzt die nachfolgende Belastung wegen ihrer anfänglichen Unbestimmtheit nicht schon den Schutzbereich des Art. 14 Abs. 1 GG. Der Betrieb als schutzwürdige Position ist auch nach Stillegung nicht wieder weggefallen. Wegen der Anknüpfung der Sicherungs- und Rekultivierungsanordnungen an die betrieblichen Aktivitäten würde der Grundrechtsschutz umgangen, wenn man ihn nicht auch auf nachbetriebliche Pflichten erstreckt. Ein Eingriff in die bestehende Rechtsposition des eingerichteten und ausgeübten Gewerbebetriebs in Form einer Inhaltsbestimmung ist also bei Anordnungen während der Betriebsphase und auch anläßlich der Stillegung denkbar.

---

[12] *Jarass*, in: Jarass/Pieroth, Grundgesetz, Art. 14 Rn. 21.

[13] BVerfGE 70, 191 (199 f.); BVerwGE 77, 295 (297); BGHZ 99, 24 (28).

[14] BVerfGE 72, 66 (76); 52, 1 (27).

[15] Das Bundesverwaltungsgericht sieht Maßnahmen des Natur- und Landschaftsschutzes in ständiger Rechtsprechung regelmäßig als Inhaltsbestimmungen an: BVerwGE 67, 84 (87); 3, 335; 4, 57 (60); 49, 365; vgl. auch VGH München, NuR 1992, 227; VGH Mannheim, NuR 1981, 132 (133).

II. Allgemeine Handlungsfreiheit (Art. 2 Abs. 1 GG)

Das Auffanggrundrecht aus Art. 2 Abs. 1 GG kommt dann zum Tragen, wenn Art. 14 GG nicht eingreift. Der Inhaber einer Abfallentsorgungsanlage wird vor allem dann nicht von Art. 14 GG geschützt, wenn er nicht der Eigentümer des Geländes der Abfallentsorgungsanlage ist und Anordnungen nicht während oder nach der Betriebsphase aktuell werden. Er darf in einem solchen Fall nicht gänzlich schutzlos sein. Der allgemeine Vermögensschutz wird insoweit von Art. 2 Abs. 1 GG übernommen.[16] Insbesondere bei Alt- und Uraltanlagen hat der Inhaber bzw. ehemalige Inhaber einer Abfallentsorgungsanlage ein schutzwürdiges Interesse, von Belastungen verschont zu werden. Das Vertrauensschutzinteresse kann jedoch nicht isoliert, sondern nur über Art. 2 Abs. 1 GG geltend gemacht werden.[17]

III. Eingriffsschranken

Grundrechtsbeschränkungen sind nur dann zulässig, wenn das in Art. 20 Abs. 3 GG verankerte Rechtsstaatsprinzip gewahrt wurde. Ausprägungen des Rechtsstaatsprinzips sind insbesondere das Verhältnismäßigkeitsprinzip und das Prinzip des Vertrauensschutzes, sofern das letztere nicht bereits den Grundrechten immanent ist.[18]

1. Verhältnismäßigkeitsprinzip

a) Das Verhältnismäßigkeitsprinzip verlangt zunächst, daß die Maßnahmen geeignet sind, die Sicherungs- und Rekultivierungsziele zu erreichen,[19] und daß kein milderes Mittel mit gleicher Eignung ersichtlich ist.[20] Die Verhältnismäßigkeit im engeren Sinne ist gegeben, wenn die Sicherung und Rekultivierung in angemessenem Verhältnis zum Gewicht und zur Bedeutung der Grundrechte aus Art. 14 GG und Art. 2 Abs. 1 GG steht,[21] wenn also bei einer Gesamtabwä-

---

[16] *Papier*, in: Maunz/Dürig/Herzog/Scholz, Grundgesetz, Art. 14 Rn. 152.

[17] BVerfGE 72, 175 (196); *Jarass*, in: Jarass/Pieroth, Grundgesetz, Art. 20 Rn. 47.

[18] *Jarass*, in: Jarass/Pieroth, Grundgesetz, Art. 20 Rn. 47, 56; BVerfGE 61, 126 (134); 69, 1 (35); 76, 256 (359) zum Verhältnismäßigkeitsprinzip; BVerfGE 63, 343 (356 f.); 67, 1 (14) zum Vertrauensschutz; zur Spezialität des Art. 14 GG als Grundlage für das Vertrauensschutzprinzip vor Art. 20 Abs. 3 GG siehe *Pieroth*, JZ 1990, 279 (281 f.) und JZ 1984, 971 (974 f.).

[19] BVerfGE 30, 292 (316 f.); 80, 1 (24).

[20] BVerfGE 30, 292 (316); 53, 135 (145); 75, 246 (269).

[21] Vgl. BVerfGE 67, 157 (173).

gung der Belange des Inhabers einer Abfallentsorgungsanlage und des öffentlichen Interesses an einer Sicherung und Rekultivierung die Grundrechtspositionen des Inhabers nicht ersichtlich schwerer wiegen.[22] Diese Güterabwägung ist auch in Art. 14 GG selbst angedeutet. Neben den Eigentumsschutz aus Art. 14 Abs. 1 S. 1 GG tritt Art. 14 Abs. 2 GG, woraus ein Auftrag an den Gesetzgeber abgeleitet werden kann, ein Sozialmodell zu verwirklichen, das Privatinteresse und Allgemeininteresse in gleicher Weise gerecht wird.[23] In bezug auf Grundeigentum ergibt sich dabei allerdings eine Besonderheit. Nicht alle abstrakt möglichen Nutzungen eines Grundstücks sind geschützt. Es ist vielmehr die Situationsgebundenheit eines jeden Grundstücks zu beachten.[24] Grundeigentum wird durch seine Lage und Beschaffenheit sowie seine Einbettung in die Umgebung geprägt.[25] Die Tatsache, daß Grund und Boden unvermehrbar sind, verbietet es, ihre Nutzung dem unübersehbaren Spiel freier Kräfte und dem Belieben des einzelnen vollständig zu überlassen; die Interessen der Allgemeinheit müssen beim Boden in weit stärkerem Maße zur Geltung gebracht werden als bei anderen Vermögensgütern.[26] Dieser Vorrang des Interesses der Allgemeinheit gilt umso mehr, als es sich bei der Sicherung und der Herstellung eines leistungsfähigen Naturhaushalts um besonders wertvolle Schutzgüter handelt. Die Betonung der Bedeutung eines leistungsfähigen Naturhaushalts in verschiedenen Gesetzesnormen[27] macht dessen hohen Stellenwert deutlich. Das gilt in noch stärkerem Maße für die Sicherung, die, anders als die Rekultivierung, nicht der Verbesserung eines bestehenden Zustandes dient, sondern darauf abzielt, weitere Verschlimmerungen zu verhüten. Die durch Art. 14 Abs. 1 S. 1 GG geschützten Interessen des Eigentümers haben insoweit also nur einen sehr begrenzten Stellenwert und können nur in ganz engen, jeweils im Einzelfall festzustellenden Ausnahmefällen die umfassende Sicherungs- und Rekultivierungspflicht eingrenzen.[28] Zumindest bei der konkreten Gefahr eines nicht nur

---

22 Vgl. BVerfGE 44, 353 (373); 68, 193 (219); 30, 292 (316); 67, 157 (178).

23 BVerfGE 52, 1 (29); 70, 191 (200); 72, 66 (77 f.).

24 BVerwGE 49, 359 (368); *Jarass*, in: Jarass/Pieroth, Grundgesetz, Art. 14 Rn. 32a.

25 BVerwGE 49, 359 (368); 67, 84 (87); BGHZ 87, 66 (71); 90, 4 (15); kritisch *Papier*, in: Maunz/Dürig/Herzog/Scholz, Grundgesetz, Art. 14 Rn. 326, der meint, der Schutzbereich des Art. 14 GG lasse eine solche Einschränkung nicht zu.

26 BVerfGE 21, 73 (82 f.); *Pieroth/Schlink*, Grundrechte, Rn. 1026.

27 Vgl. nur §§ 1 Abs. 1 Nr. 1, 2, 5, 10 BNatSchG, 2 Abs. 1 Nr. 7 ROG, 1 Nr. 4 PflSchG.

28 Vgl. auch *Paetow*, NuR 1986, 144 (147).

unerheblichen Schadens dürfte kaum eine Unverhältnismäßigkeit anzunehmen sein.

Gleiches gilt für Sicherungsanordnungen zur Gefahrenabwehr und Rekultivierungsanordnungen während oder nach der Betriebsphase, die den Inhaber einer Abfallentsorgungsanlage in seinem Recht am eingerichteten und ausgeübten Gewerbebetrieb betreffen. Auch hier kann man von einer Form von Situationsgebundenheit sprechen, die den Grundrechtsschutz schmälert. Der Inhaber einer Abfallentsorgungsanlage weiß, daß seine Tätigkeit ein gewisses Gefahrenpotential in sich birgt. Er setzt durch sein Verhalten die Ursache für die betreffenden Anordnungen und zieht daraus den wirtschaftlichen Nutzen. Der Anlagenbetrieb wurde nur unter der Voraussetzung zugelassen, daß keine Gefahren für das Wohl der Allgemeinheit bzw. die öffentliche Sicherheit bestehen. Insoweit ist die Schutzwürdigkeit eines Betriebes, insbesondere wenn von ihm konkrete Gefahren ausgehen, nur gering.

Problematisch kann die Verhältnismäßigkeit somit allenfalls dann sein, wenn Sicherungsmaßnahmen zur Vorsorge angeordnet werden. Hier kann es in Einzelfällen möglich sein, daß das Interesse des Inhabers oder Grundeigentümers überwiegt. Es stellt sich nämlich dann die Frage, wie weit etwa eine Bodenkontamination ausgeglichen werden muß. Sofern beispielsweise eine Verschmutzung so gering ist, daß die Gefahrenschwelle nicht überschritten wird, ist es oft gar nicht oder nur mit einem enormen technischen Aufwand möglich, vollständig und rückstandsfrei zu dekontaminieren.[29] Die Verhältnismäßigkeit wird umso problematischer, je geringer der zu befürchtende Schaden oder die Eintrittswahrscheinlichkeit ist, d. h. je näher man der Schwelle des hinzunehmenden Restrisikos kommt und je höher der dafür zu leistende Aufwand ist.

b) Ein Überwiegen des Interesses des Inhabers bzw. des Grundeigentümers kann jedoch nur dann vorliegen, wenn die Interessen des Inhabers und der Allgemeinheit tatsächlich kollidieren, wobei die Privatinteressen einen umso höheren Stellenwert besitzen, je stärker der Interessengegensatz ist, d. h. je mehr der Inhaber bzw. der Grundeigentümer zur Verwirklichung der Sicherungs- und Rekultivierungsziele in seinen Positionen beeinträchtigt werden soll.

aa) Bezüglich des Folgenutzungsinteresses des Grundeigentümers hängt das Ausmaß des Interessengegensatzes ab von der Art der geplanten Folgenutzung.

---

[29] *Dombert*, Altlastensanierung in der Rechtspraxis, S. 18 f.

Die mit den Rekultivierungszielen am ehesten in Einklang zu bringende mögliche Folgenutzung ist die Schaffung eines Parks oder Naherholungsgebiets. Diese Form der Nutzung dürfte allerdings in der Regel nur dann in Frage kommen, wenn der Grundeigentümer eine Gemeinde ist, die jedoch nicht Träger des Grundrechts aus Art. 14 GG sein kann.[30] Sofern eine Privatperson oder eine inländische juristische Person des Privatrechts als Grundeigentümer eine Folgenutzung als Park oder Naherholungsgebiet plant, ist der Konflikt mit den Rekultivierungszielen eher gering. Eine ökologisch intakte Natur erhöht auch den Erholungswert einer Landschaft. Die Schaffung einer ökologisch intakten Landschaft soll nach dem überwiegend anthropozentrisch orientierten Umweltschutzkonzept, das der gesamten bundesdeutschen Rechtsordnung zugrunde liegt,[31] dem Schutz der Gesundheit und des Wohlbefindens des Menschen dienen.[32] Insofern besteht weitgehende Kongruenz zwischen den Zielen einer vollständigen Rekultivierung und einer Nutzung als Park oder Naherholungsgebiet, die eine Unverhältnismäßigkeit ausschließt.

Als nächste Nutzungsart kommt die Land- oder Forstwirtschaft in Betracht. Eine landwirtschaftliche Nutzung ist wegen der noch zu befürchtenden Schadstoffemissionen praktisch kaum relevant.[33] Das gleiche gilt für eine Nutzung als Kleingartenfläche. Eine forstwirtschaftliche Nutzung ist denkbar, sofern sichergestellt ist, daß das Oberflächenabdichtungssystem nicht durch Baumwurzeln geschädigt wird.[34] Bei einer forstwirtschaftlichen Nutzung - und in stärkerem Maße noch bei einer landwirtschaftlichen - sind jedoch wirtschaftliche Aspekte vorrangig vor ökologischen. Die Pflanzen werden primär ihres schnellen Wachstums oder Marktwertes wegen ausgewählt und nicht nach ihrem Nutzwert für den Naturhaushalt. Zwar besitzen auch wirtschaftlich genutzte Pflanzen einen ökologischen Wert. Es werden allerdings wirtschaftlich wertvolle Pflanzen überproportional berücksichtigt, was einer vollen ökologischen Leistungsfähigkeit des Naturhaushalts in der Regel nicht förderlich ist. Anders als bei der Errichtung eines Naherholungsgebiets stehen Rekultivierungs- und Nutzungsinteresse also in merklichem Gegensatz zueinander. Eine Minimierung

---

30 BVerfGE 61, 82 (105); 75, 192 (197); *Jarass*, in: Jarass/Pieroth, Grundgesetz, Art. 14 Rn. 20, Art. 19 Rn. 17; *Papier*, in: Maunz/Dürig/Herzog/ Scholz, Grundgesetz, Art. 14 Rn. 192.

31 Vgl. nur §§ 1 BWaldG, 1 PflSchG, 1 Abs. 1 BImSchG, 2 Abs. 1 AbfG, anders aber § 1 TierSchG; die Nachrangigkeit des Naturschutzes um der Natur willen kommt auch zum Ausdruck in BT-Drs. 10/6028, S. 6.

32 *Hoppe/Beckmann*, Umweltrecht, § 1 Rn. 61 ff; *Bosselmann*, NuR 1987, 1 (3); *Kloepfer*, Umweltrecht, S. 13; *Prümm*, Umweltschutzrecht, S. 59 f.

33 Siehe bereits oben S. 87.

34 Siehe bereits oben S. 87.

des Interessengegensatzes kann hier beispielsweise dergestalt erfolgen, daß der Eigentümer, der einen zu errichtenden Wald forstwirtschaftlich nutzen will, diesen nur unter gewissen Auflagen nutzen darf, etwa durch eine Einschlagbeschränkung auf einzelne Stämme.[35]

Einen noch stärkeren Interessenkonflikt ruft eine Folgenutzung als Freizeitfläche, insbesondere durch Sportstätten, hervor. Hier müßte das Gelände teilweise bebaut werden. Eine Bepflanzung könnte nur jeweils zwischen den einzelnen Sport- oder Freizeitstätten erfolgen oder um sie herum. Je kleiner aber das so zusammenhängend bepflanzte Gebiet, desto geringer dürfte die Leistungsfähigkeit des Naturhaushalts sein. So ruft beispielsweise die Errichtung von Tennisplätzen einen stärkeren Interessengegensatz hervor als die Anlegung eines Golfplatzes, da hier größere Teilbereiche begrünt sind. Insbesondere bei Tennisplätzen und anderen Sportanlagen, die eine Bebauung der Spielfläche voraussetzen, besteht der Verlust für den Naturhaushalt nicht nur in einer bloßen Versiegelung der Fläche. Die vielfach verwendeten hochwertigen Oberflächenmaterialien verlangen einen vollkommen ebenen Untergrund. Zu diesem Zweck wird die Oberfläche bis zu einer Tiefe von 6 Metern verdichtet. Derart verdichteter Boden ist ökologisch tot.

Eine Nutzung als Freizeitfläche könnte mit der Auflage versehen werden, gleichzeitig zusammenhängende ökologische Ausgleichsflächen zu schaffen, so daß nur ein kleiner Teil des betreffenden Geländes für den Naturhaushalt verloren geht.[36] So kann etwa ein Golfplatz nur unter der Auflage zugelassen werden, daß zwischen den bespielten Flächen Biotope als ökologische Ausgleichsflächen angelegt werden. Dadurch würde der Interessengegensatz so weit entschärft, daß eine Unverhältnismäßigkeit kaum noch denkbar ist.

Den stärksten Konflikt mit den Rekultivierungszielen würde eine bei Deponien Folgenutzung durch eine zusammenhängende Bebauung mit Wohn- oder Industriegebäuden darstellen, da bauliche Anlagen kaum in einen intakten Naturhaushalt integrierbar sind und zudem das Oberflächenabdichtungssystem durch die notwendigen Ausschachtungen gefährdet würde. Bereits Ende der

---

35 Merkblatt "Die geordnete Ablagerung von Abfällen" der Länderarbeitsgemeinschaft Abfall (LAGA), abgedruckt in: *Kumpf/Maas/Straub*, Müll- und Abfallbeseitigung, Bd. 3, 4690 S. 32.

36 Merkblatt "Die geordnete Ablagerung von Abfällen" der Länderarbeitsgemeinschaft Abfall (LAGA), abgedruckt in: *Kumpf/Maas/Straub*, Müll- und Abfallbeseitigung, Bd. 3, 4690 S. 31.

siebziger Jahre erstellte Merkblätter der Länder Bayern und Hessen[37] weisen jedoch darauf hin, daß eine Bebauung auf Grund der noch bestehenden Risiken durch austretende Schadstoffe nur in Ausnahmefällen und nach eingehender Prüfung des tatsächlichen Gefahrenpotentials erfolgen kann. Wegen der in den folgenden Jahren immer wieder aufgetretenen Probleme, die sich aus einer Bebauung des Geländes einer ehemaligen Abfallentsorgungsanlage ergaben,[38] dürfte die praktische Relevanz dieser Art der Folgenutzung, jedenfalls was den Bau von Wohngebäuden betrifft, erheblich reduziert sein, zumal mittlerweile sogar die Rechtswidrigkeit der planerischen Ausweisung eines ehemaligen Deponiegeländes zu Wohnzwecken diskutiert wird und aus diesem Grund Amtshaftungsansprüche erwogen werden.[39] Die Folgenutzung einer ehemaligen Deponiefläche durch eine zusammenhängende Bebauung ist daher zwar eher selten, doch ruft sie den stärksten und am schlechtesten aufzulösenden Interessenkonflikt hervor und ist in bezug auf die Verhältnismäßigkeit der problematischste Fall.

Anders stellt sich die Sachlage bei Müllverbrennungsanlagen dar. Hier war der Untergrund durch die Anlage selbst, die auf einer fest und zusammenhängend bebauten Fläche errichtet wurde, gewissermaßen versiegelt. Der Untergrund einer Müllverbrennungsanlage ist daher - wenn überhaupt - in weitaus geringerem Maße und auch auf einer wesentlich kleineren Fläche mit Schadstoffen verunreinigt als ein Deponiegelände. Eine Müllverbrennungsanlage kann insoweit ebenso behandelt werden wie eine brachliegende Industriefläche. Daher ist eine Folgenutzung als Industrieanlage nicht wegen zu erwartender Bodenbelastungen ausgeschlossen. Während Deponien zumeist außerhalb bebauter Bereiche in freier Natur errichtet werden, befinden sich Müllverbrennungsanlagen häufig in Industriegebieten. Eine Folgenutzung durch einen Industriebetrieb entspricht somit der ortsüblichen Flächennutzung und ist bereits deshalb naheliegend. Die zuständigen Behörde dürfte daher nach Möglichkeit eine durch eine Müllverbrennungsanlage ohnehin bereits zugebaute Fläche auch

---

37 Richtlinie "Rekultivierung von Müllkippen" der Hessischen Landesanstalt für Umwelt, abgedruckt in: *Kumpf/Maas/Straub*, Müll- und Abfallbeseitigung, Bd. 3, 4715 S. 2; Merkblatt "Gestaltung und Rekultivierung von Deponien und geordneten Müllagerungsplätzen" des Bayerischen Staatsministeriums für Landesentwicklung, *Kumpf/Maas/Straub*, 4705 S. 9.

38 Vgl. *Koch*, Bodensanierung nach dem Verursacherprinzip, S. 34, LG Dortmund, NVwZ 1987, 835; BT-Drs. 10/5999, S. 63 f; siehe auch die Darstellung der Altlastenproblematik am Beispiel einer Neubausiedlung in Dortmund-Dorstfeld, bei *Ipsen/Tettinger*, Altlasten und kommunale Bauleitplanung, S. 17.

39 Vgl. BGH, BayVBl. 1992, 158, der diese Ansprüche im Ergebnis allerdings verneint, und *Leinemann*, NVwZ 1992, 146 (148).

weiterhin zur Nutzung freigeben und auf eine Rekultivierung verzichten, wenn als Alternative an anderer Stelle eine unbebaute Fläche für den zu errichtenden Industriebetrieb bereit gestellt werden müßte. Ein Rekultivierungsverzicht kann in einem solchen Fall ein "Mehr" an Umweltschutz bedeuten, da der Flächenverbrauch so geringer gehalten wird. Gleichzeitig wird der Pflichtige denkbar wenig belastet.

bb) Bezüglich des Rechts am eingerichteten und ausgeübten Gewerbebetrieb und des Kostenaspekts ist der Interessenkonflikt naturgemäß umso größer, je höher die zu erbringende Leistung ist. In Anbetracht des besonders hohen Stellenwertes der Rekultivierung und der Sicherung, vor allem bei Bestehen konkreter Gefahren, hat sich die Grenze der wirtschaftlichen Zumutbarkeit von Umweltschutzmaßnahmen in den vergangenen Jahren kontinuierlich nach oben hin verschoben.[40] Eine Kostenexplosion kann seitens der Behörde teilweise auch dadurch aufgefangen werden, daß gegebenenfalls die Anpflanzung kleinerer Pflanzen verlangt wird. Sofern beispielsweise die Anpflanzung von Bäumen gefordert wird, die besonders kostenintensiv ist,[41] kann insoweit ein Zugeständnis gemacht werden, daß man die Anpflanzung sehr junger Bäume ausreichen läßt. Langfristig wird dadurch der gewünschte Effekt in vollem Umfang erreicht. Die Pflanzen brauchen lediglich mehr Zeit, um einen voll funktionstüchtigen Naturhaushalt zu bilden. Die Kosten für die bloße Rekultivierung als solche sind im Vergleich zu den Kosten für eine Nutzung durch eine vollständig oder teilweise Bebauung eher gering. Die Erfüllung der Rekultivierungspflicht erfordert im Schnitt nur ein Zehntel der Kosten für eine Nutzung als Freizeitfläche mit Sportanlagen. Zudem werden häufig hohe Zuschüsse durch die Länder gewährt. Teilweise beteiligen sich auch die Arbeitsämter an den Personalkosten der Rekultivierung, sofern diese als Arbeitsbeschaffungsmaßnahme durchgeführt wird.[42] Eine denkbare Möglichkeit zur Kostenreduzierung kann auch sein, insbesondere bei kleineren Deponien, die Nutzung auf Grünabfälle zu reduzieren. Zur Bepflanzung muß regelmäßig eine Schicht kulturfähigen Bodens angefahren werden. Diese Bodenanhäufung macht etwa die Hälfte der reinen Rekultivierungskosten aus. Wenn nun aus den zuletzt gelagerten Abfällen selbst ein Teil des notwendigen Kulturbodens wird, können erhebliche Mittel eingespart werden. Daher wird ein Überwiegen des Vertrauensschutzes und damit eine Unverhältnismäßigkeit der Rekultivierungspflicht nur in sehr wenigen Ausnah-

---

[40] *Schrader*, Altlastensanierung nach dem Verursacherprinzip?, S. 22.

[41] Im einzelnen zu den Kosten der Rekultivierung oben S. 25 f.

[42] So geschehen bei der Rekultivierung der ehemaligen Deponie Hagen-Hamecke, vgl. oben S. 26 f.

mefällen anzunehmen sein. Es kann somit nicht schon ausreichen, wenn die Kosten der Rekultivierung die eingenommenen Gebühren übersteigen. Ein abzuwägender Belang ist neben der Höhe der erzielten Einnahmen auch die Dauer des Anlagenbetriebes.

c) Folge einer eventuellen Unverhältnismäßigkeit muß nicht der Totalverzicht auf Sicherungs- und Rekultivierungsanordnungen sein. Denkbar ist auch eine teilweise Rekultivierung bis zur Höhe des noch verhältnismäßigen Betrages.[43] Die restliche Fläche könnte zur Spontanentwicklung von Vegetationsbeständen sich selbst überlassen werden.[44] Dadurch würde sich eine Pflanzenwelt bilden, die auch seltene Arten beheimaten könnte; es würden sich jedoch vorwiegend ohnehin häufig vorkommende Pflanzen ansiedeln. Bedrohte Arten, die sich allein schon wegen ihrer geringen Verbreitung nur nach einem längeren Zeitraum "von selbst" durchsetzen können und daher im Rahmen der Rekultivierung besondere Berücksichtigung finden sollen, würden so nicht gefördert. Bedenkt man, daß ein Naturhaushalt "von selbst" unter Umständen 100 bis 200 Jahre benötigt, bevor alle Funktionen wiederhergestellt sind, ist ein bloßer Teilausgleich, gemessen an den Rekultivierungszielen, keine ideale Lösung. Als Alternative kommt eine Verpflichtung zur Zusammenarbeit mit der betreffenden Gemeinde in Betracht. Geht man davon aus, daß eine Gemeinde grundsätzlich Interesse daran hat, auf ihrem Gebiet ökologisch intakte Flächen zu haben, kann es im Einzelfall möglich sein, daß sie den Anteil, der die Verhältnismäßigkeitsgrenze übersteigt, selbst übernimmt. Insoweit muß dann der Inhaber der Abfallentsorgungsanlage verpflichtet werden können, eine vollständige Rekultivierung, die für ihn allein unverhältnismäßig wäre, gemeinsam mit der öffentlichen Hand zu verwirklichen. Die jeweiligen Anteile am Gesamtprojekt sind dann im Einzelfall zu bestimmen.

2. Vertrauensschutz

a) Schutzwürdiges Vertrauen des Inhabers einer Abfallentsorgungsanlage

Der Vertrauensschutz kommt vor allem bei der Änderung von Rechtsvorschriften zum Tragen.[45] Inhaber von Anlagen, die erst nach dem 11.06.1972 in

---

[43] Vgl. *Pielow*, NuR 1987, 165 (166).

[44] Merkblatt "Die geordnete Ablagerung von Abfällen" der Länderarbeitsgemeinschaft Abfall (LAGA), abgedruckt in: *Kumpf/Maas/Straub*, Müll- und Abfallbeseitigung, Bd. 3, 4690 S. 31.

[45] Vgl. *Jarass*, in: Jarass/Pieroth, Grundgesetz, Art. 20 Rn. 47.

den alten bzw. nach dem 1.07.1990 in den neuen Bundesländern und Berlin (Ost) in Betrieb genommen wurden, kannten die bestehenden abfallrechtlichen Sicherungs- und Rekultivierungspflichten. Sie wußten von vornherein, was auf sie zukommt und konnten gegebenenfalls die Inbetriebnahme unterlassen.[46] Zwar werden die konkreten Maßnahmen zumeist erst mit der Stillegung festgelegt, so daß die Inhaber von Neuanlagen bei Betriebsbeginn oft nur von der abstrakten Pflichtigkeit als solcher wußten. Allerdings wird häufig eine Sicherheitsleistung gemäß § 8 Abs. 2 AbfG vorab verlangt, um die nachfolgende Rekultivierung und Sicherung zu gewährleisten. Der dann noch verbleibende Unsicherheitsfaktor ist Teil der bestehenden Rechtslage. Der Inhaber einer Abfallentsorgungsanlage kann die Unsicherheit bezüglich der später auf ihn zukommenden Anordnungen bis zu einem gewissen Grad auch kalkulieren. Die Rekultivierungsmaßnahmen orientieren sich an der erforschbaren ortsüblichen Pflanzenwelt. Die notwendigen Sicherungsmaßnahmen, die über das Standardinstrumentarium der Basis- und Oberflächenabdichtung hinausgehen, richten sich nach dem Grad der Gefährlichkeit der entsorgten Stoffe, der im einzelnen häufig zwar unbekannt sein mag, bei synthetisch erzeugten chemischen Verbindungen aber immerhin erahnt werden kann. Insoweit kann sich der Inhaber einer Neuanlage kaum auf das Vertrauensschutzprinzip berufen. Denkbar ist ein schutzwürdiges Vertrauen allenfalls dann, wenn auf Grund eines neuen naturwissenschaftlichen Erkenntnisstandes besonders aufwendige Maßnahmen verlangt werden müssen, die bei Zulassung der Abfallentsorgungsanlage noch nicht erwartet werden konnten.[47] Dabei müßte es sich allerdings schon um umwälzende Neuerungen handeln, denn eine Anpassung der Maßnahmen an den Stand der Technik ist in gewissem Maße vorhersehbar.

Praktisch bedeutsamer ist das Vertrauenschutzprinzip bei Alt- und Uraltanlagen. Hier mußte der Inhaber bei Inbetriebnahme allenfalls mit einer späteren Haftung nach Polizei- und Ordnungsrecht rechnen, nicht aber mit Rekultivierungs- und Vorsorgepflichten. Da die Abfallentsorgung eine öffentliche Aufgabe ist, die sich vorrangig am Wohl der Allgemeinheit zu orientieren hat,[48] ist der Vertrauensschutz, den das Abfallgesetz dem Inhaber einer Abfallentsorgungsanlage zubilligt, allerdings auch hier grundsätzlich eher schwach.[49]

---

[46] Im Ergebnis wohl ebenso BVerwG, NVwZ 1991, 475, wonach ein verfassungsrechtlicher Schutz dann ausscheiden soll, wenn ein Anlagenbetreiber die Tatsachen kennen mußte, die seine spätere Haftung begründen.

[47] Vgl. BVerwG, DVBl. 1992, 311 (312).

[48] BVerwGE 85, 44 (47).

[49] BVerwG, DVBl. 1992, 311 (312).

b) Problemstellung in den neuen Bundesländern

In bezug auf die neuen Bundesländer und Berlin (Ost) könnten sich durch den Einigungsvertrag und das früher geltende DDR-Recht Besonderheiten ergeben. Insbesondere ist zu fragen, ob es Sicherungs- und Rekultivierungspflichten nicht bereits zuvor nach DDR-Recht gab und ob überhaupt ein tauglicher Adressat existiert, dessen Vertrauen zu schützen ist. Die Einführung von Sicherungs- und Rekultivierungspflichten für Uraltanlagen in den neuen Bundesländern, d. h. also hier für Anlagen, die vor dem 1.07.1990 stillgelegt wurden, ist nicht schon durch die Freistellungsklausel von der Verantwortlichkeit für Altlasten im Einigungsvertrag ausgeschlossen. Freigestellt werden danach nämlich nur *Erwerber* von Anlagen, nicht aber die ehemaligen Inhaber.[50] Volkseigene Betriebe und Kombinate waren als Inhaber von Abfallanlagen rechtlich selbständig und sind damit grundsätzlich schutzwürdig.[51] Sie sind somit taugliche Adressaten für Sicherungs- und Rekultivierungsanordnungen. Eine Verantwortlichkeit des Staates im Wege des Durchgriffs besteht nicht.[52] Soweit nach dem 1.03.1990 eine Umwandlung in eine Kapitalgesellschaft erfolgte,[53] handelt es sich um eine Gesamtrechtsnachfolge,[54] die auch die Inhaberpflichten umfaßt. Sicherungs- und Rekultivierungspflichten für Uraltanlagen, die vor dem 1.07.1990 stillgelegt wurden, scheitern also nicht an einem fehlenden Adressaten.

Sie sind in bezug auf das Vertrauensschutzprinzip in gleicher Weise problematisch wie die Regelungen für Alt- und Uraltanlagen in den Alt-Bundesländern, sofern es nach altem DDR-Recht keine vergleichbaren Regelungen gab. Zwar existierten in der ehemaligen DDR Rekultivierungspflichten für Deponien. Rekultivierung bedeutete jedoch primär Wiederurbarmachung zur landwirtschaftlichen Nutzung.[55] Sicherungspflichten wurden nicht ausdrücklich erwähnt. Zudem traf die Rekultivierungspflicht den Folgenutzer[56] und wurde

---

[50] Art. 1 § 4 Abs. 3, Art. 4 § 3 Umweltrahmengesetz der DDR vom 29.06.1990, Art. 8, 9 Anlage II, Kapitel XII, Abschnitt III Nr. 1 lit. b Einigungsvertrag.

[51] *Rehbinder*, DVBl. 1991, 421 (424).

[52] *Rehbinder*, DVBl. 1991, 421 (423).

[53] Vgl. die Verordnung über die Umwandlung des volkseigenen Vermögens vom 1.03.1990 (GBl. I S. 107) und das Gesetz zur Privatisierung und Reorganisation des volkseigenen Vermögens vom 17.06.1990 (Treuhandgesetz, GBl. I S. 300).

[54] *Rehbinder*, DVBl. 1991, 421 (423).

[55] Vgl. §§ 14, 15 BergG DDR und §§ 2, 5 der Anordnung über die Rekultivierung bergbaulich genutzter Bodenflächen v. 23.02.1971 - Rekultivierungsanordnung - (GBl. II Nr. 30 S. 245 ff.); siehe auch bereits oben S. 102.

[56] § 4 Rekultivierungsanordnung (oben Fußnote 55).

durch Mittel aus einem staatlichen Fonds finanziert.[57] Sicherungs- und Rekultivierungspflichten im Sinne des § 10 Abs. 2 AbfG für die Inhaber von Anlagen, die vor dem 1.07.1990 stillgelegt wurden, würden diese also in eine vergleichbare Position versetzen wie ehemalige Inhaber von Uraltanlagen auf dem Gebiet der alten Bundesländer. Insoweit gewinnt die seit Inkrafttreten der Abfallgesetze bestehende Frage nach der Reichweite des verfassungsrechtlichen Vertrauensschutzprinzips in gleicher Weise auch in den neuen Bundesländern eine aktuelle Bedeutung.

c) Abgrenzung zwischen echter und unechter Rückwirkung

Das Bundesverfassungsgericht unterscheidet zur näheren Bestimmung der Merkmale des Vertrauensschutzes in ständiger Rechtsprechung, die in der Literatur überwiegend Bestätigung findet[58], zwischen echter und unechter Rückwirkung.[59] Echte Rückwirkung liegt vor, wenn ein Gesetz nachträglich ändernd in abgewickelte, der Vergangenheit angehörende Tatbestände eingreift.[60] Unechte Rückwirkung ist dagegen anzunehmen, wenn eine Norm zwar unmittelbar nur auf gegenwärtige, noch nicht abgeschlossene Sachverhalte für die Zukunft einwirkt, damit aber zugleich die betroffene Rechtsposition nachträglich im ganzen entwertet.[61] Je nachdem, ob echte oder unechte Rückwirkung vorliegt, hat das Bundesverfassungsgericht verschiedene Anforderungen an deren Zulässigkeit gestellt.

Das Bundesabfallgesetz und die landesrechtlichen Normen enthalten eine echte Rückwirkung, wenn sie einen Sachverhalt regeln, der vor dem 11.06.1972 bzw. dem 1.07.1990 bereits abgeschlossen war. Fraglich ist, wann ein Sachverhalt abgeschlossen ist. Vereinzelt wird vertreten, es komme auf den Zeitpunkt der Entdeckung der Gefahr an.[62] Nach dieser Auffassung enthalten alle fraglichen Normen mit Vergangenheitsbezug nur eine unechte Rückwirkung, da es

---

[57] §§ 17 BergG DDR, 5 Rekultivierungsanordnung; vgl. auch *Heuer*, Grundzüge des Bodenrechts der DDR 1949-1990, S. 34.

[58] *Jarass*, in: Jarass/Pieroth, Grundgesetz, Art. 20 Rn. 48 ff; *Leibholz/Rinck*, Grundgesetz, Art. 20 Rn. 1607 ff.; *Degenhardt*, Staatsrecht, Rn. 314 ff.

[59] Zur Kritik an dieser Unterscheidung siehe unten S. 146.

[60] BVerfGE, 11, 139 (145 f.); 13, 279 (282); 24, 261 (266); 37, 363 (397); 72, 175 (196).

[61] BVerfGE 11, 139 (145 f.); 14, 288 (297); 22, 241 (248); 24, 221 (230); 24, 261 (266); 25, 271 (406); 31, 213 (226); 36, 73, (82); 39 (129) (143 f.); 43, 293 (391); 51, 357 (362); 59, 129 (164 f.); 72, 174 (196); 75, 247 (275 f.); 79, 29 (45 f.).

[62] *Paetow*, NVwZ 1990, 510 (513); VG Gießen, NVwZ 1992, 908 (910).

geradezu charakteristisch für die Altlastenproblematik ist, daß die Gefahr erst in neuerer Zeit entdeckt wird. Das Vertrauen des Anlageninhabers, der seine Anlage bereits vor dem 11.06.1972 stillegte, ist allerdings grundsätzlich schutzwürdiger als das Vertrauen dessen, der eine Anlage auch nach diesem Zeitpunkt in Kenntnis der neuen Rechtslage weiter betrieb. Im Interesse einer differenzierenden Betrachtungsweise kann daher der Tatbestand der Ablagerung nicht erst mit der Entdeckung einer Gefahr abgeschlossen sein. Es muß vielmehr der Abschluß des Ablagerns als Gesamtvorgang maßgebend sein.

Hierbei ist jedoch zu unterscheiden: Man könnte einerseits auf den Abschluß jeder der konkreten gefahrverursachenden Ablagerungen einzeln abstellen. Soweit diese vor dem 11.06.1972 bzw. dem 1.07.1990 erfolgten, wären sie als einzelne, jeweils abgeschlossene Sachverhalte zu beurteilen. Die zu Sicherung und Rekultivierung verpflichtenden Normen würden dann, soweit sie notwendig wären, um die Belastungen durch Ablagerungen, Lagerungen oder Behandlungen vor dem 11.06.1972 bzw. dem 1.07.1990 auszugleichen, bereits abgeschlossene Sachverhalte regeln.[63] Eine derartige Handhabung erscheint allerdings willkürlich. Der Betrieb einer Abfallentsorgungsanlage stellt einen einheitlichen Vorgang dar. Die einzelnen Ablagerungen, Lagerungen und Behandlungen sind im Hinblick auf das Gefährdungspotential, das von ihnen ausgeht, nicht trennbar. Daher ist auf den Zeitpunkt des Eintritts der Rechtsfolge abzustellen.[64] Eine Aufteilung in jeweils abgeschlossene Sachverhalte ist nur dann möglich, wenn mit einer einzelnen Behandlung, Lagerung oder Ablagerung von Abfällen auch jeweils gesondert die Rechtsfolge der Sicherung oder Rekultivierung verbunden werden soll. Die Sicherungs- und Rekultivierungspflichten knüpfen im wesentlichen an den Zeitpunkt der Stillegung einer Abfallentsorgungsanlage an.[65] Es sollen also die durch den Umgang mit Abfällen verursachten Beeinträchtigungen insgesamt ausgeglichen werden. Daher sind die einzelnen Behandlungen, Lagerungen oder Ablagerungen als einheitlicher, noch nicht abgeschlossener Sachverhalt zu betrachten.[66]

---

[63] Vgl. *Rehbinder*, DVBl. 1991, 421 (422).

[64] BVerfGE 72, 200 (242).

[65] Siehe oben S. 48 f.

[66] *Gieseke/Wiedemann/Czychowski*, Wasserhaushaltsgesetz, § 26 Rn. 21; *Schink*, DVBl. 1986, 161 (162); *Kloepfer*, UTR 1986, 17 (19).

Normen, die Sicherungs- und Rekultivierungspflichten für Altanlagen vorsehen,[67] treffen also eine zukünftige Regelung für einen in der Vergangenheit angelegten, noch nicht abgeschlossenen Sachverhalt und enthalten damit eine unechte Rückwirkung.

Die Sicherung und Rekultivierung von Uraltanlagen festlegenden Normen[68] beziehen sich auf Anlagen, in denen bereits vor Inkrafttreten des Abfallgesetzes des Bundes die Behandlung, Lagerung oder Ablagerung von Abfällen als Gesamtvorgang beendet worden war. Sie betreffen bereits in der Vergangenheit abgeschlossene Sachverhalte und stellen damit Regelungen mit echter Rückwirkung dar.[69]

d) Zulässigkeit der echten Rückwirkung der für Uraltanlagen geltenden Normen

Generell ist eine echte Rückwirkung von Gesetzen wegen des Grundsatzes des Vertrauensschutzes und der Rechtssicherheit unzulässig.[70] Teilweise wird daher die Anwendbarkeit der Abfallgesetze auf Uraltanlagen mit dem Hinweis auf das Rückwirkungsverbot verneint.[71] Im Gegensatz zum strafrechtlichen Rückwirkungsverbot des Art. 103 Abs. 2 GG gilt das allgemeine Verbot einer Rückwirkung für Gesetze allerdings nicht uneingeschränkt.[72] Das Bundesverfassungsgericht hat eine Reihe von Ausnahmen zugelassen.[73]

aa) Eine echte Rückwirkung soll dann möglich sein, wenn der Bürger mit der Einführung des rückwirkenden Gesetzes rechnen mußte. Die Ländernor-

---

[67] §§ 9 S. 1, 9a Abs. 1 S. 1, 10 Abs. 2, 10a Abs. 3 AbfG, 16 Abs. 2 und 17 LAbfG BW, 20 LAbfVG Brbg., 12 BremAGAbfG, 15 Abs. 2, 16 Abs. 3 HambAbfG, 6 HAbfAG, 17 Abs. 2 AbfAlG M-V, 17 Abs. 2 NAbfG, 25 Abs. 1 LAbfG NW, 17 LAbfWAG RP, 27 Abs. 2 AbfG LSA, 20 Abs. 3 S. 1 LAbfWG SH, 7 Abs. 1 ThAbfAG.

[68] §§ 25 LAbfG BW, 13 BremAGAbfG, 28 Abs. 2 S. 2 LAbfVG Brbg., 20 Abs. 1 HAbfAG, 21 Abs. 1. AbfAlG M-V, 28 LAbfWAG RP, 9 Abs. 1 SächsEGAB, 21 LAbfWG SH, 19 Abs. 1 ThAbfAG sowie Art. 22 Abs. 1 BayAbfAlG.

[69] *Knopp*, DÖV 1990, 683 (687); *Ziehm*, Störerverantwortlichkeit für Boden- und Wasserverunreinigungen, S. 105.

[70] BVerfGE 13, 261.

[71] *Tettinger*, DtZ 1991, 43; *Knopp*, NVwZ 1991, 42 (44), *Enders*, DVBl. 1993, 82 (84) sowie *Papier*, Altlasten und polizeiliche Störerhaftung, S. 7 f., der den Anwendungsbereich der entsprechenden Vorschriften auf den Bereich reduzieren will, der bereits von den polizei- und ordnungsrechtlichen Generalklauseln erfaßt wird.

[72] *Leibholz/Rinck*, Grundgesetz, Art. 20 Rn. 1567.

[73] Vgl. die Aufzählung der Ausnahmetatbestände in BVerfGE 13, 261 (271 f.); 18, 429 (439).

men, die Sicherungs- und Rekultivierungspflichten für Uraltanlagen vorsehen, wurden nach Inkrafttreten des Bundesabfallgesetzes erlassen. Die Inhaber von Abfallentsorgungsanlagen, die bis zum 11.06.1972 bzw. bis zum 1.07.1990 stillgelegt wurden, mußten also allenfalls mit der Einführung des Bundesabfallgesetzes rechnen. Dieses trifft jedoch gerade keine Regelungen für Uraltanlagen.[74]

bb) Eine weitere Ausnahme vom Verbot der echten Rückwirkung besteht für den Fall, daß die bisherige Rechtslage unklar und verworren[75] oder so systemwidrig war, daß ernste Zweifel an der Verfassungsmäßigkeit bestanden.[76] Vor Erlaß des Abfallgesetzes mit seinen Sicherungs- und Rekultivierungspflichten waren die Normen des Wasserhaushaltsrechts sowie das allgemeine Polizei- und Ordnungsrecht der Länder anwendbar. Weitergehende Verpflichtungen des Inhabers einer Abfallentsorgungsanlage, wie sie durch das Abfallgesetz dann eingeführt wurden, waren danach nicht möglich. Insoweit war die ursprüngliche Rechtslage zwar aus umweltpolitischen Gründen ergänzungsbedürftig, aber weder unklar noch verworren oder systemwidrig.[77]

cc) Die letzte und hier wohl wichtigste Ausnahme vom Verbot echter Rückwirkung besteht dann, wenn besonders schwerwiegende, den Erwägungen der Rechtssicherheit übergeordnete Gründe, d. h. zwingende Gründe des gemeinen Wohls, dazu Anlaß geben.[78] Bislang ist vom Bundesverfassungsgericht noch keine Ausnahme vom Verbot der echten Rückwirkung allein auf zwingende Gründe des gemeinen Wohls gestützt worden. Daher wird vertreten, dieser Ausnahmetatbestand sei nunmehr obsolet.[79] Andererseits hat das Bundesverfassungsgericht den Gemeinwohlvorbehalt immer wieder aufgeführt.[80] Das läßt darauf schließen, daß es sich die Berufung auf diesen Ausnahmetatbestand auch künftig vorbehalten will,[81] zumal das Gericht in einer neueren Entscheidung festgestellt hat, daß die falltypischen Ausnahmen allesamt Ausprägungen des Grundgedankens sind, daß allein zwingende Gründe des gemeinen Wohls eine

---

74 Siehe oben S. 61 ff.

75 BVerfGE 50, 177 (194 f.); 24, 75 (100 f.); 30, 272 (286); 30, 367 (388 f.); 45, 142 (174).

76 BVerfGE 19, 187 (197); 30, 367 (388).

77 *Knopp*, DÖV 1990, 683 (688); *Kloepfer*, NuR 1987, 7 (21).

78 BVerfGE 2, 380 (405); 13, 261 (272); 45, 142 (174); 72, 200 (258, 260).

79 *Götz*, Bundesverfassungsgericht und Vertrauensschutz, in: Festgabe für das Bundesverfassungsgericht, Bd. 2, S. 421 (433).

80 BVerfGE 2, 380 (405); 13, 261 (272); 45, 142 (174); 72, 200 (258, 260).

81 *Maurer*, in: Isensee/Kirchhof, Handbuch des Staatsrechts, Bd. III, § 60 Rn. 36.

Durchbrechung des Rückwirkungsverbots rechtfertigen können.[82] Der Gemeinwohlvorbehalt ist somit als tragender Grundgedanke für die übrigen Ausnahmen unverzichtbar und immer dann zu prüfen, wenn seine spezielleren Ausprägungen nicht greifen. Diesen spezielleren Ausnahmetatbeständen ist gemeinsam, daß sie Fälle betreffen, in denen der Betroffene sich nicht auf ein schutzwürdiges Vertrauen berufen kann. Der allgemeine Gemeinwohlvorbehalt kommt indessen dann zum Tragen, wenn zwar das Vertrauen des Betroffenen schutzwürdig ist, Allgemeininteressen aber ausnahmsweise vorgehen.[83] Es ist also eine Güterabwägung vorzunehmen. Auf der einen Seite steht das Vertrauensschutzinteresse des Anlageninhabers, der bis zum Zeitpunkt der Stillegung der Abfallentsorgungsanlage nicht mit Sicherungs- und Rekultivierungspflichten rechnen mußte und diesbezüglich keine Dispositionen getroffen hat. Das dagegen abzuwägende Rechtsgut, dessen Schutz die Einführung des rückwirkenden Gesetzes diente, überwiegt nur dann, wenn es ein zwingendes Interesse des gemeinen Wohls ist. Das Merkmal "zwingend" stellt klar, daß nicht jede Erwägung des Allgemeinwohls ausreicht, sondern vielmehr nur im Ausnahmefall das gemeine Wohl überwiegt.[84]

Das Bundesverfassungsgericht hat in mehreren Entscheidungen festgestellt, daß rein fiskalische Interessen grundsätzlich nicht genügen.[85] In bezug auf die rückwirkenden abfallrechtlichen Sicherungs- und Rekultivierungspflichten wird daher vertreten, es gehe dabei primär um die finanzielle Kostenverteilung zu Lasten des ehemaligen Anlageninhabers. Insoweit werden lediglich fiskalische Interessen durchgesetzt und nicht ein zwingender Belang des gemeinen Wohls.[86] In die gleiche Richtung geht die Argumentation, die Altlastenproblematik hätte an Stelle von rückwirkenden Vorschriften auch durch Regelungen zu Lasten des Staates gelöst werden können.[87]

Dieser Schlußfolgerung kann indessen so nicht zugestimmt werden. Zum einen hat das Bundesverfassungsgericht in einer Entscheidung ausnahmsweise doch ein rein fiskalisches Interesse zugelassen, um eine echte Rückwirkung zu

---

82 BVerfGE 72, 200 (258); etwas anderes gilt nur für den hier nicht relevanten Bagatellvorbehalt.

83 *Maurer*, in: Isensee/Kirchhof, Handbuch des Staatsrechts, Bd. III, § 60 Rn. 17.

84 *Herzog*, in: Maunz/Dürig/Herzog/Scholz, Grundgesetz, Art. 20 VII Rn. 67; *Hartmann*, Auslegung und Anwendung von Steuergesetzen, S. 120.

85 BVerfGE 2, 380 (405); 13, 261 (273); 30, 367 (391).

86 *Mosler*, Öffentlich-rechtliche Probleme bei der Sanierung von Altlasten, S. 42 f.

87 *Ziehm*, Störerverantwortlichkeit für Boden- und Wasserverunreinigungen, S. 105.

rechtfertigen, da es um "hohe Summen von Ersparnisbeträgen" ging.[88] Zum anderen ist auch die Behauptung, die rückwirkenden Pflichten der Abfallgesetze der Länder dienen nur der Kostenverteilung, sehr fragwürdig. Fiskalische Interessen liegen unproblematisch bei rückwirkenden Steuererhebungen vor.[89] Schwieriger erscheinen indessen die Fälle, in denen die finanzielle Belastung des Betroffenen einen bestimmten Zweck verfolgt und die Kosten lediglich mit der Zweckerreichung verbunden sind. Das Bundesverfassungsgericht knüpft die Ausnahme vom Verbot der echten Rückwirkung an das gemeine Wohl. Da dieses jedoch nicht nur durch kostenfreie Maßnahmen durchgesetzt werden kann, muß der letztlich hinter einem Gesetz stehende Zweck maßgebend sein.[90] Fiskalische Interessen sind folglich nur dann zu bejahen, wenn das Ziel eines Gesetzes sich in einer bloßen Kostendämpfung oder Einnahmensteigerung zur Verbesserung der allgemeinen Haushaltslage erschöpft. Sofern ein weitergehendes und exakt umrissenes Ziel Hintergrund eines Gesetzes ist, kann eine Ausnahme vom Verbot der echten Rückwirkung nicht mehr pauschal mit dem Hinweis auf die Nichtberücksichtigung fiskalischer Interessen ausgeschlossen werden. Vielmehr ist dann zu prüfen, ob der Gesetzeszweck seinerseits ein zwingender Grund des gemeinen Wohls ist.

Die Abfallgesetze der Länder, die Sicherungs- und Rekultivierungspflichten für Uraltanlagen regeln, sollen nicht primär dem ehemaligen Inhaber einer Abfallentsorgungsanlage finanzielle Belastungen auferlegen bzw. staatliche Belastungen ersparen, sondern Umweltschutzziele verwirklichen. Das folgt zum einen aus § 25 Abs. 1 LAbfG BW, der ausdrücklich auf § 2 Abs. 1 S. 2 AbfG mit seinen umweltbezogenen Zielvorgaben verweist, zum anderen aber auch aus den Zweckbestimmungen in den Abfallgesetzen der Länder selbst.[91] Ein effektiver Umweltschutz ist mittelbar über Art. 2 Abs. 2 GG ein überragend wichtiger Belang des Gemeinwohls. Diese Bedeutung wird unterstrichen durch die Bemühungen, den Umweltschutz als Staatsziel im Grundgesetz zu verankern. Es wäre allerdings vorschnell, nun auf Grund dessen bereits einen zwingenden Grund des gemeinen Wohls zu bejahen. Ein gewisses Maß an Umweltschutz wird auch ohne die rückwirkenden Regelungen durch das ansonsten anwendbare allgemeine Polizei- und Ordnungsrecht erreicht. Soweit es um die

---

[88] BVerfGE 22, 330 (349).

[89] BVerfGE 13, 261 (273).

[90] Vgl. BVerfGE, 2, 380 (405), 13, 261 (273): in beiden Entscheidungen wurde nicht auf die zugleich betroffenen fiskalischen Interessen, sondern auf die dahinter stehende Motivation des Gesetzgebers abgestellt.

[91] Vgl. nur §§ 16 Abs. 1 HAbfAG, 24 LAbfWAG RP, Art. 22 BayAbfAlG.

Abwehr konkreter Gefahren geht, war immer schon ein staatliches Eingreifen zu Lasten des Anlageninhabers möglich.[92] Die betreffenden Abfallgesetze sind also nur dann verfassungskonform, wenn auch das von ihnen vorgesehene "Mehr" an Umweltschutz für sich gesehen ein zwingender Belang des gemeinen Wohls ist. Dieses "Mehr" besteht in den Rekultivierungs- und Vorsorgepflichten. Bei den fraglichen Uraltanlagen, bei denen rückwirkende Rekultivierungspflichten relevant werden, handelt es sich fast ausschließlich um Deponien. Da Deponien aber in aller Regel größere Flächen beanspruchen, gewinnt die Rekultivierung, d. h. also die Wiederherstellung eines leistungsfähigen Naturhaushalts und des ortsüblichen Landschaftsbildes, insbesondere auch im Hinblick auf die Gesundheit des Menschen, eine kaum zu überschätzender Bedeutung. Ebenso wichtig ist die Gefahrenvorsorge, die in der Tendenz, anders als die bloße Gefahrenabwehr, auch auf eine Verbesserung der bestehenden Umweltsituation abzielt.[93] In den alten Bundesländern ist die Problematik in den meisten Fällen dadurch entschärft, daß seit der Stillegung der letzten Uraltanlagen inzwischen mehr als 20 Jahre vergangen sind. Die betreffenden Grundflächen werden nunmehr in irgendeiner Form weiter genutzt oder wurden sich selbst überlassen und von Pflanzen wild besiedelt. In beiden Fällen existieren also keine großen Brachflächen mehr, die nun landschaftlich völlig neu gestaltet werden müßten. Sofern eine Folgenutzung besteht, ist auch das Vertrauensschutzinteresse des Folgenutzers zu berücksichtigen, der nicht mit dem Grundeigentümer oder ehemaligen Inhaber identisch ist. Wo Flächen aber sich selbst überlassen wurden, wird im Interesse der Pflanzen- und Tierwelt, die sich dort inzwischen angesiedelt hat, ebenfalls keine vollständige Rekultivierung von Grund auf erfolgen können. Nachträgliche Rekultivierungsanordnungen und Sicherungsanordnungen zur Vorsorge dürften daher praktisch nur dann relevant sein, wenn auf dem Gelände der Uraltanlage ohnehin erneute Eingriffe notwendig werden, um konkrete Gefahren abzuwehren, die von dort abgelagerten Stoffen ausgehen. Nur in diesen Fällen, wo das Vertrauensschutzinteresse des Folgenutzers und das Bestandsinteresse der von selbst entstandenen Pflanzen- und Tierwelt weichen müssen, um eine Gefahrenabwehr zu ermöglichen, wird die Behörde dem ehemaligen Inhaber auch tatsächlich auferlegen, nach erfolgter Gefahrenabwehr das nunmehr erneut aufgewühlte Gelände mit einem modernen Abdichtungssystem zu versehen und die Oberfläche zu rekultivieren. Reduziert man den Anwendungsbereich der fraglichen Ermächtigungsgrundlagen in den

---

[92] *Pape*, NJW 1992, 2661 (2665).

[93] *Jarass*, Bundes-Immissionsschutzgesetz, § 1 Rn. 12; BGHZ 64, 220 (223); OVG Berlin, DVBl. 1979, 159 (160).

alten Bundesländern auf diese praktisch bedeutsamen Fälle, so tritt gerade hier das Bedürfnis einer Rekultivierung und einer weitestgehenden Sicherung der bereits einmal zur Gefahr gewordenen Altablagerungen deutlich zu Tage. Wenn also rückwirkende Sicherungs- und Rekultivierungsanordnungen tatsächlich in erheblichem Maße relevant werden, dann ist gleichzeitig das Interesse der Allgemeinheit an ihrer Durchführung von überragender Bedeutung. Für die neuen Bundesländer und Berlin (Ost) trifft dies nicht nur in den oben genannten Fällen, sondern in weitaus stärkerem Umfang zu. Hier sind seit Inkrafttreten des Abfallgesetzes erst drei Jahre vergangen. Im Jahre 1990 wurden in der ehemaligen DDR noch etwa 6000 unkontrollierte Deponien betrieben.[94] Daher existieren dort nicht nur in einigen Fällen weite Brachflächen sowie ein noch nicht abschätzbares Gefahrenpotential, das den Einsatz des vollen abfallrechtlichen Maßnahmeninstrumentariums erfordert.

Zu beachten ist auch, daß der Vertrauensschutz des betroffenen ehemaligen Anlageninhabers reduziert ist. Er konnte keineswegs darauf vertrauen, nie wieder Folgelasten tragen zu müssen. Die stets denkbare Haftung nach dem allgemeinen Polizei- und Ordnungsrecht ist summenmäßig nicht begrenzt. Diesbezüglich mußte der ehemalige Inhaber sehr wohl Dispositionen treffen. Die nun zusätzlichen Rekultivierungs- und Vorsorgepflichten haben lediglich einen bereits zuvor bestehenden Unsicherheitsfaktor vergrößert. Ein Vertrauen, nicht haften zu müssen, ist indessen von vornherein nicht entstanden. Das nunmehr vergrößerte Haftungsrisiko seinerseits ist im Rahmen der Verhältnismäßigkeit im Einzelfall zu berücksichtigen.

Grundsätzlich wird die ausnahmsweise Zulässigkeit einer echten Rückwirkung wegen eines zwingenden Grundes des gemeinen Wohls nicht bestritten. Wenn man diese Ausnahme ernst nimmt, so ist zu fragen, wann sie einschlägig sein soll, wenn schon nicht zum Schutz der Natur und der damit verbundenen Gesundheit des Menschen. Ein zwingender Grund des gemeinen Wohls, der eine Ausnahme vom Verbot der echten Rückwirkung rechtfertigt, kann daher vorliegend durchaus bejaht werden. Entgegen einer Literaturauffassung[95] können die Normen, die Sicherungs- und Rekultivierungspflichten für Anlagen

---

94 Umweltbundesamt, Daten zur Umwelt 1990/91, S. 496; BT-Drs. 11/8041, S. 4.

95 *Ziehm*, Störerverantwortlichkeit für Boden- und Wasserverunreinigungen, S. 105. *Papier*, Altlasten und polizeiliche Störerhaftung, S. 7 f; *Knopp*, NVwZ 1991, 42 (44); *Tettinger*, DtZ 1991, 43; *Enders*, DVBl. 1993, 82 (84).

vorsehen, die vor dem 11.06.1972 bzw. vor dem 1.07.1990 stillgelegt wurden,[96] daher insoweit als verfassungskonform betrachtet werden.[97]

e) Zulässigkeit der unechten Rückwirkung der für Altanlagen geltenden Normen

Eine unechte Rückwirkung von Gesetzen ist grundsätzlich zulässig.[98] Sie ist ausnahmsweise unzulässig, wenn das Vertrauen des Betroffenen im Einzelfall überwiegt.[99] Nachdem ein Überwiegen des Rekultivierungsinteresses als zwingender Belang des gemeinen Wohls bereits bejaht wurde, kann insoweit auf die obigen Ausführungen verwiesen werden. Wenn schon eine Ausnahme vom Verbot der echten Rückwirkung zulässig ist, dann erst recht eine unechte Rückwirkung, bei der das Regel-Ausnahme-Verhältnis umgekehrt ist.[100] Die Unterscheidung der Rechtsprechung zwischen echter und unechter Rückwirkung wird in der Literatur teilweise kritisiert,[101] da die Rechtsfindung so nicht mehr vorhersehbar und berechenbar sei.[102] Die Kritik richtet sich teilweise auch gegen den Begriff der unechten Rückwirkung.[103] Neuerdings hat auch der 2. Senat des Bundesverfassungsgerichts nicht mehr zwischen echter und unechter Rückwirkung unterschieden, sondern zwischen der Rückbewirkung von Rechtsfolgen, die allein als Rückwirkung bezeichnet wurde, und einer tatbestandlichen Rückanknüpfung, die an Art. 14 GG zu messen ist.[104] Aus der abweichenden Begrifflichkeit ergeben sich allerdings keine wesentlichen Unterschiede in der Sache.[105] Doch auch wenn man an die Fälle, in denen das Bundesverfassungsgericht in seiner übrigen Rechtsprechung eine unechte Rückwirkung annimmt, die strengen Maßstäbe anlegt, die für die echte Rückwirkung

---

96 §§ 25 LAbfG BW, 13 BremAGAbfG, 28 Abs. 2 S. 2 LAbfVG Brbg., 20 Abs. 1 HAbfAG, 21 Abs. 1. AbfAlG M-V, 28 LAbfWAG RP, 9 Abs. 1 SächsEGAB, 21 LAbfWG SH, 19 Abs. 1 ThAbfAG sowie Art. 22 Abs. 1 BayAbfAlG.

97 Im Ergebnis ebenso, aber ohne Begründung *Bender/Sparwasser*, Umweltrecht, Rn. 1000.

98 BVerfGE 63, 152 (175); 72, 141 (154).

99 *Jarass*, in: Jarass/Pieroth, Grundgesetz, Art. 20 Rn. 52; BVerfGE 63, 152 (175); 72, 141 (154).

100 Vgl. Friauf, BB 1972, 669 (673 f.).

101 Abw. Meinung *Steinberger*, BVerfGE 48, 1 (23); *Bauer*, NVwZ 1984, 220 (222); *Kopp*, BayVBl. 1980, 38 ff; *Leisner*, JZ 1977, 537 (540).

102 *Stern*, Staatsrecht Bd. I, S. 835.

103 *Grabitz*, DVBl. 1973, 675 (677); *Kloepfer*, Vorwirkung von Gesetzen, S. 102 f.

104 BVerfGE 72, 200 (242 ff.); vgl. *Jarass*, in: Jarass/Pieroth, Grundgesetz, Art. 20 Rn. 47.

105 *Pieroth*, JZ 1990, 279 (280 ff.).

gelten, oder den Vertrauensschutz im Rahmen des Art. 14 GG berücksichtigen will, kann man vorliegend in der Sache zu keinem anderen Ergebnis gelangen. Die Abwägungskriterien bleiben letztlich gleich. Die Normen, die Sicherungs- und Rekultivierungspflichten für Altanlagen vorsehen,[106] sind damit auch nach der abweichenden Meinung verfassungskonform.

[106] §§ 9 S. 1, 9a Abs. 1 S. 1, 10 Abs. 2, 10a Abs. 3 AbfG, 16 Abs. 2 und 17 LAbfG BW, 20 LAbfVG Brbg., 12 BremAGAbfG, 15 Abs. 2, 16 Abs. 3 HambAbfG, 6 HAbfAG, 17 Abs. 2 AbfAlG M-V, 17 Abs. 2 NAbfG, 25 Abs. 1 LAbfG NW, 17 LAbfWAG RP, 27 Abs. 2 AbfG LSA, 20 Abs. 3 S. 1 LAbfWG SH, 7 Abs. 1 ThAbfAG.

6. Teil

Wiederholbarkeit und zeitliche Grenze für Sicherungs- und Rekultivierungsanordnungen

A. Wiederholbarkeit

Über die Wiederholbarkeit von Sicherungs- und Rekultivierungsanordnungen besteht Streit. Überwiegend werden sie grundsätzlich und ohne Einschränkung für wiederholbar gehalten, unabhängig davon, ob sie bereits im Zulassungsverfahren ergingen oder nachträglich erlassen wurden.[1] Dem steht eine neuere Entscheidung des VGH Kassel gegenüber, der eine Anwendung des § 10 Abs. 2 AbfG auf eine Abfallentsorgungsanlage nur einmal zulassen will.[2] Ein auf § 10 Abs. 2 AbfG gestützter Verwaltungsakt soll allenfalls dann geändert werden können, wenn die Voraussetzungen für einen Widerruf vorliegen. Als Argument wird angeführt, daß bei einer Wiederholbarkeit das Altlastenproblem gelöst sei und die Einführung der Anzeige- und Überwachungspflichten des § 11 AbfG auch für Anlagen, die vor dem 11.06.1972 stillgelegt wurden, überflüssig gewesen wäre. Zudem würden mehrere Verfügungen, die auf Grund des fortschreitenden naturwissenschaftlichen Erkenntnisstandes nötig würden, in ihrer Summierung gegen Art. 14 GG und den Grundsatz der Verhältnismäßigkeit verstoßen.[3]

Der Verweis auf die noch offene Altlastenproblematik erscheint indessen wenig überzeugend. Auch bei einer Wiederholbarkeit abfallrechtlicher Sicherungs- und Rekultivierungspflichten ist die Altlastenfrage nicht gelöst, da diese Pflichten nicht in allen Bundesländern für Uraltanlagen gelten, für Anlagen also, die vor dem 11.06.1972 bzw. dem 1.07.1990 stillgelegt wurden. Gerade

---

1 BVerwG, NJW 1989, 1295 (1296); NVwZ 1986, 640; *Hösel/v.Lersner*, Recht der Abfallbeseitigung, § 10 Rn. 11, 19; *Schwermer*, in: Kunig/Schwermer/Versteyl, Abfallgesetz, § 10 Rn. 21; *Schink*, DVBl. 1985, 1149 (1157); *Birn/Jung*, Abfallbeseitigungsrecht, § 10 Anm. 2.1; *Dombert*, Altlastensanierung in der Rechtspraxis, S. 26.

2 NVwZ 1990, 383 (384).

3 VGH Kassel, NVwZ 1990, 383 (384).

bei diesen Uraltanlagen bestehen jedoch die Altlastenprobleme. Die Anzeige- und Überwachungspflichten des § 11 AbfG dienen der Informationsgewinnung, um rechts- oder wirtschaftspolitische Maßnahmen einleiten zu können.[4] Sie sind daher kein Ersatz für Maßnahmen nach § 10 Abs. 2 AbfG, die eigentlich erforderlich wären, aber im nachhinein nicht mehr angeordnet werden können.

Das zweite Argument, mehrere Verfügungen seien insgesamt gesehen unverhältnismäßig oder verstoßen gegen Art. 14 GG, spricht nicht notwendigerweise gegen eine grundsätzliche Wiederholbarkeit. Es läßt sich vielmehr anführen, um eine zeitliche Obergrenze für eine Wiederholung zu verlangen.[5] Eine erneute Anordnung von Sicherungs- und Rekultivierungsmaßnahmen ist nicht per se unverhältnismäßig, sondern nur, wenn das Interesse des Betroffenen *im Einzelfall* das öffentliche Interesse überwiegt. Sofern Sicherungs- und Rekultivierungsanordnungen bereits im Zulassungsverfahren getroffen werden, können diese nicht abschließend sein. Sicherungsmaßnahmen bemessen sich nach dem Gefährdungspotential, das wiederum durch die tatsächlich abgelagerten oder behandelten Stoffe bestimmt wird. Welche Stoffe aber konkret in welchen Mengen zu einer Abfallentsorgungsanlage verbracht werden, stellt sich letztlich erst während des Betriebes heraus. Der Betrieb einer Abfallentsorgungsanlage zieht sich oft über viele Jahre hin. Das tatsächliche Gefahrenpotential, insbesondere das Zusammenwirken der verschiedenen Stoffe, kann daher vielfach erst im Rückblick bestimmt werden. Auch der fortschreitende naturwissenschaftliche Erkenntnisstand muß Berücksichtigung finden und gegebenenfalls im Rückblick zu einer Neubewertung der erforderlichen Maßnahmen führen.[6] Die Nachbesserungsfähigkeit der im Zulassungsverfahren angeordneten Maßnahmen wird insoweit auch vom VGH Kassel nicht bestritten, der lediglich eine Anwendung des § 10 Abs. 2 AbfG nur einmal zulassen will.[7] Auch nach Ansicht des VGH Kassel können also Sicherungs- und Rekultivierungsanordnungen wiederholt werden, wenn sie ursprünglich auf § 8 Abs. 1 AbfG beruhten und nun auf Grundlage des § 10 Abs. 2 AbfG erneuert werden. Eine nochmalige Anordnung soll lediglich dann ausscheiden, wenn bereits die vorherige Verfügung auf § 10 Abs. 2 AbfG gestützt wurde. Sofern aber Sicherungs- und Rekultivierungsanordnungen als solche wiederholbar sind, wenn sie auf verschie-

---

4 *Kunig,* in: Kunig/Schwermer/Versteyl, Abfallgesetz, § 11 Rn. 1.

5 Näher dazu unten S. 150 ff.

6 Vgl. die Begründung in BT-Drs. 6/2401, S. 14 zu der Ermächtigung zu nachträglichen Auflagen in § 8 Abs. 1 S. 3 AbfG sowie BVerwG, DVBl. 1992, 311; siehe auch bereits oben S. 48.

7 NVwZ 1990, 383 (384).

denen Rechtsgrundlagen beruhen, ist nicht ersichtlich, warum eine Wiederholbarkeit ausscheiden soll, wenn es um die nochmalige Anwendung derselben Norm geht. In der Sache besteht dabei kein Unterschied. Es muß daher grundsätzlich möglich sein, auch nachträgliche Anordnungen nach § 10 Abs. 2 AbfG zu wiederholen.[8] Die Pflichtigkeit nach § 10 Abs. 2 AbfG erlischt prinzipiell erst, wenn das Gefahrenpotential beseitigt ist.[9]

B. Zeitliche Grenze

Eine zeitliche Obergrenze für Sicherungs- und Rekultivierungsanordnungen ist in zweifacher Hinsicht möglich: Zum einen kann eine zeitliche Grenze bestehen, die einen Zeitraum nach der Stillegung festlegt, in dem eine Wiederholung bzw. eine erstmalige Anordnung erfolgen muß. Zum anderen ist eine zeitliche Obergrenze aber auch in den Fällen denkbar, in denen Anordnungen zwar anläßlich der Stillegung getroffen wurden, aber eine zeitlich unbegrenzte Belastung bedeuten.

I. Zeitliche Grenze für eine nachträgliche Anordnung

Die Antwort auf die Frage, in welchem Zeitraum Sicherungs- und Rekultivierungsmaßnahmen nachträglich angeordnet werden können, kann dem Abfallgesetz selbst nicht entnommen werden. Weiterführen könnte jedoch ein Blick auf die bergrechtliche Regelung über die Dauer der Bergaufsicht einerseits und auf die immissionsschutzrechtlichen Nachsorgepflichten andererseits. Auch hier soll der Pflichtige über die Betriebsdauer hinaus herangezogen werden können.

Gemäß § 69 Abs. 2 BBergG endet die Bergaufsicht erst dann, wenn nach allgemeiner Erfahrung nicht mehr damit zu rechnen ist, daß Gefahren für Leben und Gesundheit Dritter oder sonstige gemeinschädliche Wirkungen eintreten werden. Eine allgemein gültige zeitliche Obergrenze wird also nicht festgelegt. Die Dauer der Bergaufsicht ist damit letztlich in jedem Fall einzeln zu bestim-

---

[8] BVerwG, NVwZ 1986, 640; *Hösel/v.Lersner*, Recht der Abfallbeseitigung, § 10 Rn. 11, 19; *Schwermer*, in: Kunig/Schwermer/Versteyl, Abfallgesetz, § 10 Rn. 21; *Schink*, DVBl. 1985, 1149 (1157); *Birn/Jung*, Abfallbeseitigungsrecht, § 10 Anm. 2.1; *Dombert*, Altlastensanierung in der Rechtspraxis, S. 26.

[9] So BVerwG, DVBl. 1992, 311; NVwZ 1986, 640; *Birn/Jung*, Abfallbeseitigungsrecht, § 10 Anm. 2.1; näher zur Begründung der Pflichtigkeit für nachträgliche Anordnungen unten S. 166.

men. Das Ende wird durch eine förmliche Entscheidung über die Entlassung aus der Bergaufsicht markiert.[10]

Etwas anderes gilt im Immissionsschutzrecht. § 17 Abs. 4a BImSchG normiert eine absolute Obergrenze von 10 Jahren innerhalb derer nachträgliche Anordnungen im Sinne des § 5 Abs. 3 BImSchG erfolgen müssen. Das bedeutet allerdings nicht, daß nachträgliche Anordnungen stets zulässig sind, sofern 10 Jahre noch nicht verstrichen sind. § 17 Abs. 2 BImSchG stellt klar, daß bei nachträglichen Anordnungen gemäß § 17 Abs. 1 BImSchG das Verhältnismäßigkeitsprinzip immer eine Abwägung im Einzelfall erfordert. Dasselbe muß auch für Anordnungen nach § 5 Abs. 3 BImSchG gelten, so daß nach Ablauf von weniger als 10 Jahren eine Einzelfallabwägung stattfindet. Das Interesse des ehemaligen Anlagenbetreibers, nicht mehr nachträglich belastet zu werden, wird dann abgewogen gegen das Nachsorgeinteresse der Allgemeinheit, wobei der Stellenwert des Inhaberinteresses steigt, je mehr Zeit seit der Stillegung verstrichen ist, bis hin zur Grenze von 10 Jahren, ab der keine Einzelfallabwägung mehr vorgenommen wird.

Aus dem Vergleich mit dem Bergrecht und dem Immissionsschutzrecht läßt sich für das Abfallrecht der Schluß ziehen, daß es - jedenfalls solange noch keine 10 Jahre verstrichen sind - keine absolute zeitliche Obergrenze für die Anordnung von Sicherungs- und Rekultivierungsmaßnahmen gibt.[11] Die zeitliche Grenze richtet sich nach den Gegebenheiten des Einzelfalls.[12] Je mehr Zeit verstrichen ist, seit die Abfallentsorgungsanlage stillgelegt wurde, desto höher ist das Interesse des Inhabers zu bewerten, nicht mehr herangezogen zu werden. Daher stellt sich die Frage nach der zeitlichen Grenze als Teilaspekt der Verhältnismäßigkeitsprüfung dar. Sie ist ein Abwägungskriterium, das die oben zu den Sicherungs- und Rekultivierungspflichten genannten Aspekte ergänzt.[13]

Beachtung findet in diesem Zusammenhang auch das Verhalten des Inhabers. Wenn es während des Betriebes zu groben Verstößen gegen die Grundsätze einer ordnungsgemäßen Entsorgung gekommen ist, die erst später zu Tage treten, so will das Bundesverwaltungsgericht nachträgliche Sicherungsanord-

---

[10] *Piens/Schulte/Graf Vitzthum*, Bundesberggesetz, § 69 Anm. 30.

[11] *Schwermer*, in: Kunig/Schwermer/Versteyl, Abfallgesetz, § 10 Rn. 21; *Schink*, DVBl. 1985, 1149 (1157).

[12] *Dombert*, Altlastensanierung in der Rechtspraxis, S. 26; *Schink*, DVBl. 1985, 1149 (1157).

[13] Siehe oben S. 128 ff.

nungen auch mehrere Jahre nach Stillegung noch zulassen.[14] Im konkreten Fall lagen drei Jahre zwischen Stillegung und nachträglicher Anordnung. Wenn das Bundesverwaltungsgericht nun ausdrücklich von mehreren Jahren spricht, scheint es die im Sachverhalt vorgegebenen drei Jahre nicht als zeitliche Obergrenze zu betrachten. In diese Richtung geht auch eine Entscheidung des VGH Mannheim, der auch ohne Verstöße gegen die Grundsätze einer ordnungsgemäßen Entsorgung Sicherungsanordnungen vier Jahre nach Stillegung für unproblematisch hält.[15]

Wenn das Verhalten des Inhabers die zeitliche Grenze nach oben hin verschieben kann, so ist auch umgekehrt denkbar, das Verhalten der zuständigen Behörde zu berücksichtigen. Wenn die Behörde es bewußt oder fahrlässig unterlassen hat, rechtzeitig die notwendigen Verfügungen zu erlassen, obwohl dies möglich gewesen wäre, wird dadurch die zeitliche Grenze herabgesetzt.

Unklar ist bislang, inwieweit die Obergrenze von 10 Jahren in § 17 Abs. 4a BImSchG auch im Abfallrecht als Obergrenze angesehen werden kann. § 17 Abs. 4a BImSchG dient der Klarstellung. Es soll deutlich gemacht werden, daß Anordnungen zur Durchsetzung der Pflichten des § 5 Abs. 3 BImSchG nur während eines begrenzten Zeitraumes nach der Betriebseinstellung getroffen werden können.[16] Bedenkt man, daß auch im Immissionsschutzrecht das in § 17 Abs. 2 BImSchG konkretisierte Verhältnismäßigkeitsprinzip eine Abwägung im Einzelfall erfordert, so kann in § 17 Abs. 4a BImSchG eine Grenze gesehen werden, bei deren Überschreitung ein Überwiegen der Interessen des ehemaligen Betreibers vermutet wird. Da keine Ausnahmen zugelassen sind, normiert § 17 Abs. 4a BImSchG also die unwiderlegbare Vermutung, daß nachträgliche Anordnungen nach 10 Jahren unverhältnismäßig sind. Für eine analoge Anwendung des § 17 Abs. 4a BImSchG gibt es keine Anhaltspunkte. Die Frage nach einer zeitlichen Obergrenze stellt sich im Abfallrecht und im Immissionsschutzrecht in gleicher Weise. Insoweit muß davon ausgegangen werden, daß der Gesetzgeber bewußt eine absolute zeitliche Obergrenze nur in das Bundes-Immissionsschutzgesetz aufgenommen hat. Wenn man § 17 Abs. 4a BImSchG allerdings als unwiderlegbare Vermutung der Unverhältnismäßigkeit betrachtet, ergeben sich daraus auch für das Abfallrecht Konsequenzen. Das Verhältnismäßigkeitsprinzip wirkt übergesetzlich, so daß es auch in verschiede-

---

[14] NVwZ 1986, 640.

[15] DÖV 1988, 609; vgl. auch BVerwG, DVBl. 1992, 311 (312): Das Bundesverwaltungsgericht spricht hier von Sicherungsmaßnahmen, die erst nach Jahrzehnten notwendig werden, stellt dabei allerdings auf den Zeitpunkt der Zulassung ab.

[16] BT-Drs. 11/6633, S. 45.

nen Gesetzen bei vergleichbaren Situationen vergleichbare Auswirkungen hat. Die Situation des ehemaligen Betreibers bzw. Inhabers im Immissionsschutzrecht und im Abfallrecht ist vergleichbar. Beide haften für etwaige Umweltbelastungen auch über die Betriebsphase hinaus, beide haben ein vergleichbares Interesse, nur zeitlich begrenzt mit Anordnungen belastet zu werden. Bei der Verhältnismäßigkeitsprüfung im Einzelfall werden im Abfallrecht und im Immissionsschutzrecht gleichartige Kriterien berücksichtigt,[17] insbesondere der Vertrauensschutz besitzt in beiden Fällen einen vergleichbaren Stellenwert. Wenn der Gesetzgeber also in § 17 Abs. 4a BImSchG nach 10 Jahren die Anordnung von Nachsorgemaßnahmen unwiderlegbar als unverhältnismäßig ansieht, so sind Sicherungs- und Rekultivierungsanordnungen im Abfallrecht nach 10 Jahren ebenfalls problematisch in bezug auf die Verhältnismäßigkeit. Insoweit kann also in der Grenze des § 17 Abs. 4a BImSchG, wenn schon keine unwiderlegbare, so doch eine widerlegbare Vermutung der Unverhältnismäßigkeit gesehen werden. Nachträgliche Sicherungs- und Rekultivierungsanordnungen dürften somit nach Ablauf von 10 Jahren nach Stillegung der Abfallentsorgungsanlage regelmäßig unverhältnismäßig sein. Spätere nachträgliche Anordnungen sind nur in besonderen Ausnahmefällen zulässig, etwa wenn der ehemalige Inhaber damit rechnen mußte oder besonders gravierende Beeinträchtigungen des Allgemeinwohls drohen.

II. Zeitliche Grenze für dauerhafte Anordnungen

Die Frage nach einer zeitlichen Obergrenze stellt sich auch in den Fällen, in denen Anordnungen dauerhafte Wirkung entfalten. Als Beispiele mögen hier die Anordnungen zur Errichtung von Grundwassermeßpegeln[18] und ihre regelmäßige Kontrolle oder zum Bau und dauerhaften Betrieb einer Sickerwasseraufbereitungsanlage dienen. Eine Anordnung mit Dauerwirkung stellt auch die Einzäunung des Deponiegeländes zum Schutz von Menschen oder Tieren und das damit verbundene Instandhalten des Zaunes dar.[19] Der Pflichtige läuft in derartigen Fällen Gefahr, "ewig" mit der Kontrolle des Grundwassers, der Aufbereitung des Sickerwassers oder der Instandhaltung des Zaunes belastet zu werden.

---

[17] Siehe die Aufzählung des § 17 Abs. 2 BImSchG sowie oben S. 128 ff.

[18] Vgl. VGH Kassel, NVwZ 1986, 660.

[19] Beispiel nach *Vallendar*, UPR 1991, 91, (95).

Grundsätzlich ist auch bei frühzeitigen, aber dauerhaften Anordnungen eine Abwägung im Einzelfall vorzunehmen, so daß sich die zeitliche Obergrenze nach der jeweiligen Verhältnismäßigkeitsgrenze bestimmt. Die absolute zeitliche Obergrenze des § 17 Abs. 4a BImSchG bezieht sich nur auf nachträgliche Anordnungen, nicht aber auf die Fortwirkung einer rechtzeitig angeordneten Maßnahme. Die vor Fristablauf getroffenen Anordnungen bleiben auch nach Fristablauf wirksam, so daß § 17 Abs. 4a BImSchG einer "ewigen" Nachsorgepflicht nicht entgegensteht.[20] Dementsprechend kann § 17 Abs. 4a BImSchG auch im Abfallrecht keine Vermutung einer Unverhältnismäßigkeit begründen. Die Bestimmung der zeitlichen Obergrenze ist also stets im Einzelfall anhand der bereits aufgeführten Kriterien, die im Rahmen der Verhältnismäßigkeitsprüfung eine Rolle spielen, vorzunehmen. Der VGH München hielt die Kontrolle und Aufbereitung von Sickerwasser über einen Zeitraum von 20 Jahren für verhältnismäßig.[21] Das Bundesverwaltungsgericht hat die Verhältnismäßigkeit der Pflicht, Sickerwasser über einen Zeitraum von 30 Jahren zu behandeln, nicht bezweifelt.[22]

III. Wiederaufleben der Befugnisse nach Polizei- und Ordnungsrecht

Fraglich ist, ob bei einer Überschreitung der zeitlichen Obergrenze im Einzelfall die Befugnisse und Pflichten des allgemeinen Polizei- und Ordnungsrechts wiederaufleben. Im Bergrecht greift das allgemeine Polizei- und Ordnungsrecht mit dem Ende der Bergaufsicht.[23] Auch im Immissionsschutzrecht wird ein Wiederaufleben nach Ablauf der Frist des § 17 Abs. 4a BImSchG bejaht.[24] Im Abfallrecht gibt es allerdings keine formelle Entlassung aus der Pflichtigkeit. Geht man davon aus, daß im Immissionsschutzrecht gemäß § 17 Abs. 4a BImSchG nach Fristablauf unwiderlegbar die Unverhältnismäßigkeit vermutet wird, so dürfte das Wiederaufleben des Polizei- und Ordnungsrechts dort vor allem in den Fällen relevant sein, in denen eine Einzelfallprüfung ausnahmsweise auch nach 10 Jahren noch die Verhältnismäßigkeit nachträglicher Anordnungen ergäbe. Ein Rückgriff auf das Polizei- und Ordnungsrecht ist, sofern der Tatbestand der polizeirechtlichen Generalklausel erfüllt ist, dann nötig,

---

[20] *Fluck*, BB 1991, 1797 (1804); *Vallendar*, UPR 1991, 91 (95).

[21] NVwZ 1990, 992.

[22] DVBl. 1992, 311 (313).

[23] *Fluck*, VerwArch 79 (1988), 406 (440 f.).

[24] *Jarass*, Bundes-Immissionsschutzgesetz, § 5 Rn. 84; *Büge*, DB 1990, 2408 (2411); *Vallendar*, UPR 1991, 91 (95); wohl auch *Fluck*, BB 1991, 1797 (1804 f.).

weil das Immissionsschutzrecht als Anordnungsgrundlage ausscheidet. Da jedoch im Abfallrecht lediglich die widerlegbare Vermutung der Unverhältnismäßigkeit aus § 17 Abs. 4a BImSchG abgeleitet werden kann, findet hier stets eine Einzelfallabwägung auch tatsächlich statt. Insoweit können also in begründeten Ausnahmen Anordnungen nach Ablauf von 10 Jahren auch noch auf das Abfallrecht gestützt werden. Die Anwendung abfallrechtlicher Vorschriften unterliegt keiner absoluten zeitlichen Grenze. Da sämtliche nach Polizei- und Ordnungsrecht für Abfallentsorgungsanlagen denkbaren Anordnungen inhaltlich auch von den abfallrechtlichen Ermächtigungsgrundlagen erfaßt werden, kann folglich jede nach Polizei- und Ordnungsrecht noch verhältnismäßige Maßnahme auch nach Abfallrecht angeordnet werden. Ein eventuelles Wiederaufleben der Befugnisse des Polizei- und Ordnungsrechts dürfte daher in bezug auf nachträgliche Anordnungen für Abfallentsorgungsanlagen praktisch keine Rolle spielen.

7. Teil

Adressat von Sicherungs-und Rekultivierungspflichten

A. Inhaber einer Abfallentsorgungsanlage

§ 10 Abs. 2 AbfG nennt den Inhaber einer Abfallentsorgungsanlage als Pflichtigen, ohne jedoch eine nähere Begriffsbestimmung zu liefern. Im Zusammenhang mit der Abfallentsorgung in Anlagen kommen als mögliche Inhaber der Betreiber und der Eigentümer des Grundstücks in Betracht.

I. Betreiber der Anlage

Schutz- und Vorsorgepflichten treffen in anderen Umweltgesetzen, die den Betrieb von Anlagen regeln, deren Betreiber.[1] Insoweit liegt es nahe, daß auch im Abfallrecht Sicherung und Rekultivierung dem Betreiber obliegen. Inhaber im Sinne des § 10 Abs. 2 AbfG ist somit jedenfalls der Betreiber.[2]

Fraglich ist allerdings, welche Person konkret als Betreiber anzusehen ist. Der Begriff des Betreibers wird im Abfallgesetz zwar an verschiedenen Stellen verwandt,[3] aber nirgendwo definiert. Auch die meisten übrigen umweltrechtlichen Spezialgesetze setzen den Betreiberbegriff als feststehend voraus. Eine Definition findet sich lediglich in § 3 Nr. 9 GenTG. Diese Norm definiert den Betreiberbegriff indessen im wesentlichen mit sich selbst, wenn sie als Betreiber eine juristische oder natürliche Person bezeichnet, die eine gentechnische Anlage unter ihrem Namen errichtet oder betreibt. Entsprechend wird man allerdings sagen können, daß der Betreiber im Abfallrecht eine Person ist, die

---

[1] Vgl. §§ 5 Abs. 1, 22 Abs. 1 BImSchG, 19i WHG, 6 Abs. 2 GenTG.

[2] VGH Kassel, NVwZ 1986, 660 (661); *Kloepfer*, NuR 87, 7; VGH Mannheim, DÖV 1988, 609; *Dombert*, Altlastensanierung in der Rechtspraxis, S. 24; *Schink*, DVBl. 1985, 1149 (1156); *Papier*, NWVBl. 1989, 322 (323).

[3] §§ 9a Abs. 2, 11a, 11c, 11d, 11e AbfG.

eine Abfallentsorgungsanlage errichtet und frei von Weisungen Dritter leitet.[4] Das dürfte in aller Regel derjenige sein, der die Zulassung beantragt hat, die konkrete Abfallablagerung bzw. Behandlung oder Verwertung vornimmt und daraus den wirtschaftlichen Nutzen zieht.[5]

Probleme können sich dann ergeben, wenn diese Merkmale auseinander fallen, wenn beispielsweise die Person, die die Zulassung beantragt, das Haftungsrisiko und die konkrete Führung der Abfallentsorgungsanlage vertraglich auf einen Dritten überträgt. Man könnte hier einerseits die Betreibereigenschaft an die Planfeststellung bzw. Genehmigung knüpfen, so daß Betreiber nur der Adressat der Zulassung ist. Andererseits ist dieser hier nicht derjenige, der den Betrieb führt. Der VGH Mannheim stellt bei der Beurteilung der Betreibereigenschaft nicht allein auf formale rechtliche Gesichtspunkte ab, sondern berücksichtigt sämtliche konkreten rechtlichen und tatsächlichen Gegebenheiten.[6] Insoweit könnte man daran denken, nicht an den formalen Aspekt der Zulassung, sondern an die tatsächliche Leitung des Betriebes der Anlage anzuknüpfen. Diese Schlußfolgerung ist möglich, wenn, wie in dem vom VGH Mannheim zu entscheidenden Fall[7], der tatsächliche Leiter ein Landkreis oder eine andere öffentlich-rechtliche Körperschaft ist. Probleme können sich allerdings ergeben, falls die tatsächliche Leitung der Abfallentsorgungsanlage auf Private übertragen wird, bei denen das Risiko mangelnder Liquidität bestehen kann. Gemäß § 8 Abs. 3 S. 2 Nr. 2 AbfG ist eine Zulassung zu versagen, wenn Bedenken gegen die Zuverlässigkeit des Betreibers bestehen. Abweichend vom Immissionsschutzrecht[8] stellt die abfallrechtliche Zulassung also keine reine Anlagengenehmigung dar.[9] Ließe man eine vertragliche Übertragung der Betreibereigenschaft zu, so könnte die Zuverlässigkeitsprüfung durch die Behörde leicht umgangen werden. Grundsätzlich ist es zwar denkbar, die Haftung für nachfolgende Verfügungen privatrechtlich auf einen Dritten zu übertragen. Ein zivilrechtlicher Haftungsausschluß ist für eine Behörde, die öffentlich-rechtliche Pflichten durchsetzen will, auch nicht von vornherein bedeutungslos. Soweit möglich und zumutbar, soll eine Behörde nicht in das zivilrechtlich ge-

---

4 VGH Mannheim, DÖV 1988, 609 (610); *Schwermer,* in: Kunig/Schwermer/Versteyl, Abfallgesetz, § 10 Rn. 7.

5 VGH Mannheim, DÖV 1988, 609 (610); *Schwermer,* in: Kunig/Schwermer/Versteyl, Abfallgesetz, § 10 Rn. 7.

6 DÖV 1988, 609.

7 DÖV 1988, 609.

8 § 4 BImSchG.

9 *Schwermer,* in: Kunig/Schwermer/Versteyl, Abfallgesetz, § 7 Rn. 7.

schaffene Haftungsgefüge eingreifen.[10] Andererseits kann der Behörde aber nicht zugemutet werden, die privatrechtlichen Beziehungen in allen Einzelheiten zu erforschen. Im Interesse einer effektiven Inanspruchnahme kann der Inhaberstatus des Adressaten der Zulassung daher nicht durch veränderte tatsächliche Gegebenheiten wegfallen.[11]

Zudem können Sicherungs- und Rekultivierungspflichten auch im Rahmen der Zulassung angeordnet werden.[12] Der Adressat der Zulassung ist damit zugleich Adressat dieser zu Anfang festgelegten Sicherungs- und Rekultivierungsverfügungen. Sofern der Adressat der Zulassung seine eigene Pflichtigkeit vermeiden möchte, kann er einen Betreiberwechsel anzeigen und veranlassen. Wenn die zuständige Behörde den Wechsel der Leitung des Anlagenbetriebes kennt und den Übernehmenden als zuverlässig ansieht, ist ein Übergang der öffentlich-rechtlichen Verantwortlichkeit für Sicherungs- und Rekultivierungsmaßnahmen zu bejahen. Sofern der Adressat der Zulassung und der tatsächliche Leiter der Abfallentsorgungsanlage auseinanderfallen und kein Betreiberwechsel stattgefunden hat, ist folglich ersterer Betreiber und damit Pflichtiger.

II. Eigentümer des Grundstücks

Umstritten ist, ob auch der Eigentümer des Grundstücks, das zur Abfallentsorgung verwandt wird, als Inhaber anzusehen ist. Das wird teilweise bejaht,[13] stößt jedoch ganz überwiegend auf Ablehnung.[14]

1. Systematik des Abfallrechts

In der Aufzählung der Anzeige- und Überwachungspflichtigen in § 11 Abs. 4 Nr. 1-6 AbfG wird der Inhaber einer Abfallentsorgungsanlage neben

---

[10] VGH München, NVwZ 1986, 942 (945).

[11] Vgl. VGH München, ZfW 1989, 147 (151); ähnlich *Jarass*, Bundes-Immissionsschutzgesetz, § 3 Rn. 70: Danach soll als Betreiber im Immissionsschutzrecht zwar grundsätzlich der Hintermann und nicht ein Strohmann gelten, aus Gründen der Rechtsklarheit soll aber auch der Strohmann herangezogen werden können.

[12] *Hösel/v.Lersner*, Recht der Abfallbeseitigung, § 10 Rn. 13; siehe bereits oben S. 44.

[13] *Schink*, DVBl. 1985, 1149 (1156).

[14] *Kloepfer*, NuR 1987, 7; VGH Mannheim, DÖV 1988, 609; *Dombert*, Altlastensanierung in der Rechtspraxis, S. 24; VGH Kassel, NVwZ 1987, 815 (816); *Schwermer*, in: Kunig/Schwermer/Versteyl, Abfallgesetz, § 10 Rn. 7; *Hösel/v.Lersner*, Recht der Abfallbeseitigung, § 10 Rn. 9; *Oerder*, NVwZ 1991, 1031 (1032).

dem Grundstückseigentümer genannt. Das deutet darauf hin, daß als Inhaber nicht auch der Grundeigentümer gelten soll. Andererseits hat der Gesetzgeber an einigen Stellen des Abfallgesetzes den Begriff des Betreibers verwandt.[15] Daraus könnte geschlossen werden, daß er in § 10 Abs. 2 AbfG bewußt den Begriff des Inhabers gewählt hat, um den Kreis der Sicherungs- und Rekultivierungspflichtigen zu erweitern. Insoweit trifft das Abfallgesetz des Bundes keine eindeutige Aussage über den Adressatenkreis. Teilweise sehen auch die Länder Regelungen bezüglich des Pflichtigen vor. Bayern und Mecklenburg-Vorpommern legen die Sicherung und Rekultivierung von Uraltanlagen dem ehemaligen Betreiber auf.[16] Gegen den Grundeigentümer können entsprechende Regelungen nur dann ergehen, wenn sie gegen den ehemaligen Betreiber nicht möglich oder nicht erfolgversprechend sind.[17] Anlagen hingegen, die nach § 9 S. 2 AbfG, Art. 19 Abs. 1, 20 Abs. 1 BayAbfAlG bzw. § 19 AbfAlG M-V stillgelegt wurden, soll der Inhaber rekultivieren.[18] Das kann einerseits darauf hinweisen, daß die Begriffe Inhaber und Betreiber synonym benutzt werden. Zum anderen läßt es aber auch die Deutung zu, daß die Landesgesetzgeber den Inhaberbegriff weiter verstanden und bei Uraltanlagen zwischen Betreiber und Grundeigentümer unterschieden, um eine Rangfolge zwischen den beiden unter den Inhaberbegriff fallenden Personen festzulegen. Eine eindeutige Aussage ist daher den Abfallgesetzen Bayerns und Mecklenburg-Vorpommerns nicht zu entnehmen. Hessen und Thüringen nennen als Sanierungspflichtigen für Altlasten sowohl den ehemaligen Inhaber als auch den Grundeigentümer.[19] In beiden Ländern ging man also davon aus, daß mit dem Inhaber nicht auch der Eigentümer gemeint ist. Das Abfallgesetz Bremens schließlich verpflichtet den Eigentümer einer nach dem 11.06.1972 stillgelegten Abfallentsorgungsanlage.[20] Man hielt hier offensichtlich eine Eigentümerpflicht noch für regelungsfähig und damit den Inhaberbegriff des Bundesabfallgesetzes nicht für so weitreichend.

Letztlich liefert die Betrachtung der Abfallgesetze der Länder jedoch allenfalls Indizien über die Vorstellungen der Länder vom Inhaberbegriff. Eine zwingende systematische Argumentation ist wegen des Vorrangs der bundesrechtlichen Regelungen und der Verschiedenheit der jeweiligen Gesetzgeber nicht möglich.

---

[15] Vgl. §§ 9a Abs. 2, 11a, 11c, 11d, 11e AbfG.

[16] Art. 22 Abs. 1 S. 1 BayAbfAlG, § 21 Abs. 1 S. 1 AbfAlG M-V.

[17] Art. 22 Abs. 1 S. 3 BayAbfAlG, § 21 Abs. 1 S. 3 AbfAlG M-V.

[18] Art. 21 Abs. 1 BayAbfAlG, § 20 Abs. 1 AbfAlG M-V.

[19] §§ 21 Abs. 1 Nr. 1, 5 HAbfAG, 20 Abs. 1 Nr. 5, ThAbfAG.

[20] § 12 BremAGAbfG.

2. Systematik sonstigen Bundesrechts

Aufschlußreicher könnte indessen eine systematische Auslegung anderer Bundesgesetze sein. Die meisten Umweltgesetze sprechen zwar lediglich von Betreiberpflichten.[21] Eine Ausnahme bildet jedoch das Atomgesetz, das in den §§ 12 Abs. 1 Nr. 6 und 25 Abs. 2, 4, 5 Inhaberpflichten normiert. Inhaber ist gemäß § 2 Abs. 3 i. V. m. Anlage I Nr. 6 AtG derjenige, der von der zuständigen Behörde als Inhaber einer Kernanlage bezeichnet oder als solcher angesehen wird. Nach § 17 Abs. 4 AtG ist als Inhaber einer Kernanlage zu bezeichnen, wer Inhaber der Genehmigung ist. Das Genehmigungserfordernis knüpft gemäß § 7 Abs. 1 AtG an die Errichtung und den Betrieb einer Kernanlage an. Genehmigungsinhaber und damit Inhaber der Anlage ist im Atomrecht somit der Betreiber. Das könnte dafür sprechen, auch im Abfallrecht als Inhaber nur den Betreiber anzusehen.

Andererseits wird der Inhaber in verschiedenen anderen Bundesgesetzen mit dem Eigentümer gleichgesetzt.[22] So ist gemäß § 3 Abs. 1 BJagdG Inhaber eines Jagdgrundes dessen Eigentümer. Nach § 130 Abs. 1 OwiG ist der Inhaber eines Unternehmens ebenfalls der Eigentümer. Der Betreiber wird in § 130 Abs. 2 OwiG dem Inhaber (=Eigentümer) lediglich gleichgestellt. Insoweit läßt auch der rechtssystematische Vergleich mit anderen Bundesgesetzen keinen zwingenden Schluß zu. Auffällig ist allerdings, daß als Inhaber stets entweder der Betreiber *oder* der Eigentümer bezeichnet wird. In keinem der untersuchten Gesetze ist der Inhaberbegriff so weit, daß er beide umfaßt. Nachdem die Inhabereigenschaft des Betreibers einer Abfallentsorgungsanlage aber einhellig bejaht wird,[23] spricht der rechtssystematische Vergleich eher dafür, auch im Abfallrecht einen engen Inhaberbegriff anzunehmen, der nicht *zusätzlich* auch den Eigentümer umfaßt.

3. Schutzzweck

Für eine Ausdehnung des Inhaberbegriffs auch auf den Eigentümer könnte der Schutzzweck der Sicherungs- und Rekultivierungspflichten angeführt werden. Um einen umfassenden Schutz zu erreichen, könnte es erforderlich sein,

---

[21] Vgl. §§ 5, 22 BImSchG, 19i WHG, 6 GenTG.

[22] Vgl. auch § 4 LFischG NW, der als Inhaber eines Fischereigrundes den Eigentümer des Gewässergrundstücks nennt.

[23] VGH Kassel NVwZ 1986, 660 (661); *Kloepfer*, NuR 1987, 7; VGH Mannheim, DÖV 1988, 609; *Dombert*, Altlastensanierung in der Rechtspraxis, S. 24; *Schink*, DVBl. 1985, 1149 (1156); *Papier*, NWVBl. 1989, 322 (323).

daß auf jeden Fall wenigstens ein Pflichtiger erreichbar ist. Für den Fall, daß der Betreiber eine juristische Person ist, wird argumentiert, es bestehe die Gefahr, daß sie sich mit der Stillegung auflöse und für nachträgliche Anordnungen nicht mehr greifbar sei.[24] Insoweit müsse auch der Eigentümer herangezogen werden können, zumal er durch die Pachterträge auch einen wirtschaftlichen Nutzen gezogen habe.[25] Diese Argumentation ist mit Blick auf das allgemeine Polizei- und Ordnungsrecht nicht von der Hand zu weisen. Kennt man dort Verhaltens- und Zustandsstörer, die beide gleichermaßen haften, so könnten im Abfallrecht entsprechend Betreiber und Eigentümer im Interesse eines umfassenden Schutzes gemeinsam verantwortlich sein. Zudem könnte angeführt werden, daß der Grundeigentümer durch die Überlassung seines Grundstücks selbst die Möglichkeit einer gefährdenden Nutzung eröffnet und sich damit auch beseitigungspflichtig gemacht hat.[26]

Andererseits geht es hier um die *abfallrechtliche* Sicherungs- und Rekultivierungspflicht des Eigentümers. Sollte der Betreiber tatsächlich nicht greifbar sein, so bleibt jedenfalls noch die Zustandsverantwortlichkeit des Grundeigentümers zur Gefahrenabwehr nach Polizei- und Ordnungsrecht bestehen,[27] sofern man davon ausgeht, daß keine uneingeschränkte Legalisierungswirkung eingetreten ist.[28] Immerhin erscheint die Argumentation vom Schutzzweck her bezüglich der Rekultivierung und der Sicherung in Form von Vorsorgemaßnahmen schlüssig.

Die Heranziehung des Betreibers kann zum einen daran scheitern, daß er nicht mehr existiert, wenn Anordnungen ergehen sollen, zum anderen auch an seiner mangelnden Liquidität. Das Risiko, daß ein Anlagenbetreiber nach der Stillegung und dem damit verbundenen Wegfall der Betriebseinnahmen zahlungsunfähig wird, kann angesichts der oft erheblichen Aufwendungen für Sicherung und Rekultivierung beträchtlich sein.[29] Beide Möglichkeiten haben jedoch im Abfallrecht nicht die praktische Bedeutung, die sie in den Fällen der Altlastensanierung besitzen. Während dort die Verursacher oftmals nicht mehr existieren, ergehen abfallrechtliche Sicherungs- und Rekultivierungsanordnungen, die einen noch zu konkretisierenden Rahmen abstecken, häufig schon im

---

[24] *Schink*, DVBl. 1985, 1149 (1156).

[25] *Schink*, DVBl. 1985, 1149 (1156).

[26] Vgl. BVerwG, DVBl. 1992, 308 (310).

[27] Siehe oben S. 123.

[28] Zum Streitstand vgl. *Seibert*, DVBl. 1992, 664 (670); *Brandt/Lange*, UPR 1987, 11 (15).

[29] BVerwG, DVBl. 1992, 311.

Rahmen des Planfeststellungsverfahrens. Die Behörde kann dann gemäß § 8 Abs. 2 AbfG eine Sicherheitsleistung verlangen. Da das Ausmaß der zu erwartenden Rekultivierung sowie das voraussichtliche Gefährdungspotential der abgelagerten, behandelten oder verwerteten Stoffe maßgebliche Kriterien zur Bestimmung der Höhe der Sicherheitsleistung sind,[30] wird mit diesem Instrument das Risiko einer eventuellen Zahlungsunfähigkeit des Betreibers verringert,[31] wenngleich in der Praxis die Sicherheitsleistung bei weitem nicht ausreicht, um die entstehenden Kosten voll abzudecken. Da die Stillegung jedoch gemäß § 10 Abs. 1 AbfG anzeigepflichtig ist, bleibt der Behörde bei nachträglichen erstmaligen oder konkretisierenden Anordnungen regelmäßig noch ein zeitlicher Spielraum bis zur tatsächlichen Stillegung.[32] Sie hat damit die Möglichkeit, einer Auflösung des Betreibers anläßlich der Stillegung zuvorzukommen. Der Einwand, der Betreiber könne nicht mehr oder nur noch als zahlungsunfähige Liquidationsgesellschaft existieren, wenn Anordnungen ergehen sollen, ist also nur dann tragfähig, wenn es um eine wiederholte Anordnung nach der Stillegung geht. Sofern die Behörde entweder eine rechtzeitige Anordnung versäumt hat oder das Erfordernis einer Wiederholung erst nachträglich erkennbar wird, dürfte es im wesentlichen um Sicherungsmaßnahmen gehen. Neue Erkenntnisse spielen im Rahmen der Rekultivierung eine geringere Rolle, da hier die erforderlichen Maßnahmen anhand der maßgeblichen Kriterien der Ortsüblichkeit und Funktionalität im Gefüge des Naturhaushalts von vornherein festgestellt werden können. Für Sicherungsmaßnahmen aber ist der Grundeigentümer - jedenfalls zur Gefahrenabwehr - ohnehin als Zustandsstörer nach Polizei- und Ordnungsrecht verantwortlich. Eine Ausdehnung des Inhaberbegriffs auch auf den Eigentümer zur Erreichung der Sicherungs- und Rekultivierungsziele erscheint daher nicht als so dringlich, daß die entgegenstehenden Bedenken, die sich aus der systematischen Auslegung ergaben, aufgewogen würden. Mit der ganz überwiegenden Meinung[33] ist folglich als Inhaber einer Abfallentsorgungsanlage nur deren Betreiber anzusehen.

---

[30] Vgl. Nr. 3.2.2 TA Abfall.

[31] BVerwG, DVBl. 1992, 311; vgl. auch VGH München, NVwZ 1990, 992 (993).

[32] Zur Anwendbarkeit der §§ 10 Abs. 2, 10a Abs. 3 AbfG vor der Stillegung siehe bereits oben S. 47 f.

[33] *Kloepfer*, NuR 1987, 7; VGH Mannheim, DÖV 1988, 609; *Dombert*, Altlastensanierung in der Rechtspraxis, S. 24; VGH Kassel, NVwZ 1987, 815 (816); *Schwermer*, in: Kunig/Schwermer/Versteyl, Abfallgesetz, § 10 Rn. 7; *Hösel/v.Lersner*, Recht der Abfallbeseitigung, § 10 Rn. 9.

B. Pflichtigkeit mehrerer Inhaber

Weitgehend ungeklärt ist die Frage, wie die Verantwortlichkeit bei mehreren Inhabern zu bestimmen ist. Häufig wechselt während des Betriebes einer Abfallentsorgungsanlage der Betreiber. Anläßlich der Stillegung kann es dann problematisch sein, ob und inwieweit der letzte und auch alle früheren Betreiber herangezogen werden können.

I. Pflichtigkeit des letzten Betreibers

Der am leichtesten greifbare und zuerst mit den Sicherungs- und Rekultivierungspflichten konfrontierte Betreiber ist der letzte, der die Abfallentsorgungsanlage stillegt. Im Rahmen der immissionsschutzrechtlichen Nachsorgepflichten des § 5 Abs. 3 Nr. 1 BImSchG wird vertreten, bei mehreren, zeitlich nachfolgenden Betreibern hafte jeder nur für sein eigenes Verhalten.[34] Man könnte insoweit an eine ähnliche Handhabung auch im Abfallrecht denken. Dagegen spricht jedoch bereits der Wortlaut des § 10 Abs. 2 AbfG. Diese Norm nennt als Pflichtigen den Inhaber, ohne irgendeinen Hinweis zu liefern, der auf die tatsächliche Verursachung als Grund der Verantwortlichkeit schließen ließe.

Zudem ist die Ausgangssituation im Abfallrecht nicht die gleiche wie im Immissionsschutzrecht. Das wesentliche Gefährdungspotential einer Anlage im Sinne des Immissionsschutzrechts entsteht während des Betriebes und endet mit der Betriebseinstellung.[35] Während des Betriebes gelten die Grundpflichten des mit § 5 Abs. 3 Nr. 1 BImSchG nahezu wortgleichen § 5 Abs. 1 Nr. 1 BImSchG. Sofern also während des Betriebes die Grundpflichten des § 5 Abs. 1 Nr. 1 BImSchG beachtet wurden, kann im Grunde kaum je die Notwendigkeit von Nachsorgemaßnahmen im Sinne des § 5 Abs. 3 Nr. 1 BImSchG bestehen. Nachsorge ist vor allem dann nötig, wenn während des Betriebes gegen die Grundpflichten des § 5 Abs. 1 Nr. 1 BImSchG verstoßen wurde. Vor diesem Hintergrund erscheint es allenfalls im Immissionsschutzrecht denkbar, nun denjenigen mit der Nachsorge zu belasten, der gegen die Grundpflichten tatsächlich verstoßen hat. Im Abfallrecht hingegen ist die Haftung jedes Betreibers

---

[34] *Dienes*, NWVBl. 1990, 404 (406); *Fluck*, BB 1991, 1797 (1800); wohl auch *Salzwedel*, Betreiberpflichten im Zusammenhang mit einer Anlagenstillegung, in: Neuere Entwicklungen im Immissionsschutzrecht, 54 (64, 68) und *Sellner*, NVwZ 1991, 305 (309), der eine alleinige Haftung des letzten Betreibers einer (immissionsschutzrechtlichen) Anlage nur dann zulassen will, wenn der "veranlassende" Betreiber nicht mehr zu ermitteln ist.

[35] Siehe bereits oben S. 78.

nur für sein Verhalten sowohl bezüglich der Rekultivierung als auch in bezug auf die Sicherungsmaßnahmen problematisch. Die Rekultivierungsmaßnahmen sollen den Eingriff in Natur und Landschaft durch den Gesamtvorgang des Umgangs mit Abfällen ausgleichen. Eine Aufteilung der Verantwortlichkeit unter den verschiedenen Betreibern nach Maßgabe ihrer Verursachung ist mithin nicht möglich, da die Verursachung insoweit der Gesamtvorgang als solcher ist. Gleiches gilt für bestimmte Sicherungsmaßnahmen, wie die Abdeckung einer Deponie, die auch wegen des Gesamtvorganges der Ablagerung vorzunehmen ist. Andere Sicherungsmaßnahmen, wie der Aushub belasteter Böden, können zwar prinzipiell an bestimmte Ablagerungen oder Behandlungen anknüpfen und damit von den jeweiligen Verursachern verlangt werden. Da die Zulassung im Abfallrecht nicht rein anlagenbezogen ist, sondern gemäß § 8 Abs. 3 Nr. 2 AbfG auch die Zuverlässigkeit des Betreibers berücksichtigt wird, könnte man daran denken, daß mit dem Betreiberwechsel die alte Zulassung erlischt und ein neues Zulassungsverfahren mit eigenständigen Sicherungs- und Rekultivierungsanordnungen gegenüber dem neuen Betreiber durchgeführt wird. Andererseits erscheint es unnötig, auch den anlagenbezogenen Teil der ursprünglichen Zulassung zu ändern. Bei einem Betreiberwechsel wird daher nur die Zuverlässigkeit des neuen Betreibers überprüft. Ein vollständig neues Zulassungsverfahren findet nicht statt.[36] Die nachfolgenden Betreiber dürfen also grundsätzlich nur so verfahren wie ihre Vorgänger. Eine Ausdehnung einer Deponienutzung auf andere, gefährlichere Abfallarten beispielsweise wird zudem in der Praxis wegen der nicht abzusehenden chemischen Reaktionen der verschiedenen Stoffe miteinander kaum je zugelassen. Die nachfolgenden Betreiber können also nicht ohne weiteres ein höheres Gefährdungspotential schaffen und selbst dann wäre ein neues Planfeststellungs- bzw. Genehmigungsverfahren notwendig.[37] Daher ist es schwierig, bei gleichen Verhaltensweisen der jeweiligen Betreiber Verunreinigungen an konkreten Handlungen eines einzelnen festzumachen und damit den jeweiligen Verursacher exakt zu bestimmen. Die Aufteilung der Verantwortlichkeit zwischen den Betreibern für ihre jeweils verursachten Verunreinigungen ist somit kaum praktikabel.

Ein weiteres Argument gegen eine Verantwortlichkeit jedes Betreibers nur für sein Verhalten und für eine grundsätzliche Haftung des letzten Betreibers läßt sich aus einem Vergleich des § 10 Abs. 2 AbfG mit § 10 Abs. 1 AbfG schließen. Nach § 10 Abs. 1 AbfG hat der Inhaber einer Abfallentsorgungsan-

---

[36] VGH Kassel, NuR 1992, 128; *Schwermer*, in: Kunig/Schwermer/Versteyl, Abfallgesetz, § 7 Rn. 7.

[37] VGH München, UPR 1992, 200; VGH Kassel, NuR 1990, 224.

lage die beabsichtigte Stillegung anzuzeigen. Da aber die Stillegungsanzeige nur vom letzten Betreiber vorgenommen werden kann und § 10 Abs. 2 AbfG sich an den gleichen Adressaten richtet wie § 10 Abs. 1 AbfG, kann gefolgert werden, daß der Gesetzgeber vor allem den letzten Betreiber als verantwortlichen Inhaber heranziehen wollte. Eine Verantwortlichkeit nur für eigenes Verhalten würde zudem nur die ohnehin bestehende polizeirechtliche Störerverantwortlichkeit festschreiben[38] und eine Haftungslücke für den Fall hinterlassen, daß eine bestehende Verunreinigung keinem der Betreiber konkret nachgewiesen werden kann.

Die Antwort auf die Frage, ob jeder Betreiber für sein Verhalten herangezogen werden kann oder ob auf jeden Fall auch der letzte Betreiber verantwortlich ist, ergibt sich auch aus einer Betrachtung des Ursprungs der Verantwortlichkeit. Grundsätzlich kann eine Belastung mit öffentlich-rechtlichen Pflichten auf zwei Wegen erfolgen: durch ein eigenes pflichtbegründendes Verhalten oder durch Rechtsnachfolge in die Pflichtigkeit eines anderen. Für Sicherungs- und Rekultivierungspflichten, die bereits im Zulassungsverfahren festgelegt wurden, ist eine eigene Pflichtigkeit des letzten Betreibers dann anzunehmen, wenn ihm gegenüber beim Betreiberwechsel eine neue Zulassung ergeht. Wie bereits gesagt, bleiben bei einem Betreiberwechsel die anlagenbezogenen Teile der Genehmigung bestehen. Insoweit kann also nicht von eigenständigen Sicherungs- und Rekultivierungsanordnungen gegenüber dem neuen Betreiber gesprochen werden. Eine Verantwortlichkeit für Sicherungs- und Rekultivierungspflichten, die bereits im Zulassungsverfahren festgelegt wurden, kann sich aber aus einer Nachfolge in die Pflichten des ursprünglichen Betreibers ergeben. Sofern die Sicherungs- und Rekultivierungspflichten im Zulassungsverfahren bereits konkretisiert worden sind, handelt es sich nicht um eine höchstpersönliche, sondern um eine "dinglich geprägte" Verantwortlichkeit.[39] Konkretisierte, nicht höchstpersönliche Pflichten sind grundsätzlich nachfolgefähig.[40] Daher sind die grundstücksbezogenen Sicherungs- und Rekultivierungsanordnungen auch dem Rechtsnachfolger gegenüber wirksam.[41] Der letzte Betreiber ist folglich mit der

---

[38] *Jarass*, Bundes-Immissionsschutzgesetz, § 5 Rn. 88.

[39] Vgl. OVG Münster, DÖV 1987, 601 zu bauaufsichtsrechtlichen Beseitigungsanordnungen.

[40] VGH München, ZfW 1989, 147 (149); BVerwG, DÖV 1971, 640 ff; OVG Münster, DÖV 1987, 601; OVG Koblenz, DÖV 1980, 654 f; *Schlabach/Simon*, NVwZ 1992, 143 (145); *Pape*, NJW 1992, 2661 (2665); VGH Kassel, UPR 1992, 454 (455).

[41] VGH Mannheim, UPR 1992, 31; OVG Münster, DÖV 1987, 601.

Übernahme der Abfallentsorgungsanlage in die ursprünglichen, im Zulassungsverfahren festgelegten Sicherungs- und Rekultivierungspflichten nachgefolgt.

Sofern Sicherungs- und Rekultivierungsanordnungen nicht bereits im Zulassungsverfahren ergangen sind, sondern erst nachträglich auferlegt werden, kann eine Verantwortlichkeit des letzten Betreibers aus eigenem Verhalten vorliegen. Eine Verantwortlichkeit aus eigenem Verhalten kommt dann in Betracht, wenn die Pflichtigkeit des Inhabers bereits kraft Gesetzes besteht, wenn sie also schon durch das Verhalten begründet wird, an das die Pflichten anknüpfen, unabhängig von der konkreten Inanspruchnahme durch eine entsprechende Verfügung. Teilweise wird vertreten, die Pflichtigkeit des Verantwortlichen entstehe erst dann, wenn eine konkretisierende Verfügung an ihn ergehe.[42] Dabei wird jedoch übersehen, daß ein öffentlich-rechtlicher Pflichtenstatus allgemein bereits durch das tatbestandsverwirklichende Verhalten begründet wird, unabhängig von einer konkreten Inanspruchnahme.[43] Die Pflichtigkeit entsteht grundsätzlich kraft Gesetzes; die konkrete Verpflichtung des Verantwortlichen wird durch die behördliche Inanspruchnahme lediglich aktualisiert, um sie auch zwangsweise durchsetzen zu können.[44] Eine aktualisierende Verfügung begründet eine öffentlich-rechtliche Verpflichtung nicht, sie weist den Pflichtigen lediglich auf deren Bestehen hin.[45] Andernfalls gäbe es kein Auswahlermessen, beispielsweise im Polizei- und Ordnungsrecht unter mehreren Störern, da stets nur der tatsächlich in Anspruch Genommene allein pflichtig wäre. Das Auswahlermessen besteht jedoch gerade darin, unter mehreren Pflichtigen zu wählen, die allesamt eine tatbestandsverwirklichende Handlung vorgenommen haben und daher mit den Rechtsfolgen der betreffenden Norm belastet werden können. Die Pflichtigkeit nach den §§ 9 S. 1, 9a Abs. 1 S. 1, 10 Abs. 2 und 10a Abs. 3 AbfG erlischt also prinzipiell erst nach Beseitigung des Gefahrenpotentials.[46] Insoweit muß es eine latente Pflichtigkeit kraft Gesetzes geben, die nicht erst mit einer konkreten Verfügung entsteht.

---

[42] *Papier*, Altlasten und polizeiliche Störerhaftung, S. 73; NVwZ 1986, 256 (262); Jura 1989, 505 (511).

[43] VGH München, ZfW 1989, 147 (151); *Kloepfer/Thull*, DVBl. 1989, 1121 (1125) zu den polizeirechtlichen Generalklauseln; *Stadie*, DVBl. 1990, 501 (505); *Dienes/Oligmüller/Rinne/Schmidt/Strasen/Zillmer*, RdE 1987, 86 (100); Striewe, ZfW 1986, 273 (287).

[44] VGH München, ZfW 1989, 147 (151); BGH, NJW 1981, 2457 (2458); *Schlabach/Simon*, NVwZ 1992, 143 (145).

[45] *Stadie*, DVBl. 1990, 501 (505).

[46] BVerwG, DVBl. 1992, 311; BVerwG, NVwZ 1986, 640; *Birn/Jung*, Abfallbeseitigungsrecht, § 10 Anm. 2.1; *Fluck*, BB 1991, 1797 (1800).

Die Sicherungs- und Rekultivierungspflichten knüpfen an den Betrieb der Abfallentsorgungsanlage an, d. h. an die Ablagerung, Lagerung, Behandlung oder Verwertung von Abfällen. Da der letzte Betreiber selbst mit Abfällen in dieser Form umgegangen ist, hat er durch sein Verhalten selbst seine Verantwortlichkeit begründet. Der letzte Betreiber ist also sowohl bei nachträglicher Anordnung als auch bei Festlegung der Sicherungs- und Rekultivierungspflicht im Zulassungsverfahren pflichtig.

II. Pflichtigkeit der vorherigen Betreiber

Ausgehend von der grundsätzlichen Verantwortlichkeit des letzten Betreibers sind, sofern ehemalige Betreiber noch existieren, drei Lösungen denkbar: eine alleinige Verantwortlichkeit des letzten Betreibers,[47] eine gemeinsame Heranziehung aller sowie eine begrenzte Pflichtigkeit der vorherigen Betreiber neben dem letzten für alle Verunreinigungen, die bis zum Ende ihrer Inhaberschaft angefallen sind[48].

1. Begrenzte Pflichtigkeit der vorherigen Betreiber

Im Rahmen der Verantwortlichkeit für die immissionsschutzrechtliche Nachsorge gemäß § 5 Abs. 3 Nr. 1 BImSchG wird vertreten, neben dem letzten seien auch alle früheren Betreiber heranzuziehen, soweit der pflichtwidrige Zustand bereits bei der Übertragung der Anlage auf den Rechtsnachfolger bestand.[49] Gegen eine derartige Handhabung auch im Abfallrecht sprechen jedoch bereits die Gründe, die gegen eine Verantwortlichkeit eines jeden nur für sein Verhalten vorgebracht wurden. Im Abfallrecht sind nachbetriebliche Sicherungs- und Rekultivierungsanordnungen notwendig, ohne daß vorher ein Pflichtenverstoß während des Betriebes stattgefunden hat. Das Verhalten aller Betreiber hat in gleicher Weise die Notwendigkeit nachfolgender Sicherungs- und Rekultivierungsmaßnahmen begründet. Wenn die Maßnahmen aber nicht an eine konkrete einzelne Verursachung anknüpfen, kann eine einzelne Handlung auch nicht die Verantwortlichkeit begründen.

---

47 So *Vallendar*, UPR 1991, 91 (95) zu den immissionsschutzrechtlichen Nachsorgepflichten des § 5 Abs. 3 BImSchG.

48 So *Boisserée/Oels/Hansmann*, Immissionsschutzrecht, § 5 BImSchG Anm. 6.

49 *Boisserée/Oels/Hansmann*, Immissionsschutzrecht, § 5 BImSchG Anm. 6.

2. Verantwortlichkeit nur des letzten Betreibers

Für eine alleinige Verantwortlichkeit des letzten Betreibers könnte sprechen, daß er zum Zeitpunkt der Stillegung die tatsächliche Sachherrschaft über die Abfallentsorgungsanlage besitzt und damit als einziger direkten Zugang zur Anlage hat.[50] Andererseits kann die fehlende tatsächliche Sachherrschaft der vorherigen Betreiber allein noch nicht zur Entlassung aus der Verantwortlichkeit führen.[51] Das kann auch den Regeln der Länder über die Verantwortlichkeit des Zustandsstörers entnommen werden, die nicht notwendigerweise an die Sachherrschaft anknüpfen.[52]

An einen Ausschluß der Verantwortlichkeit der vorherigen Betreiber ist auch dann zu denken, wenn es um Pflichten geht, die allein bei Betriebseinstellung entstehen und erfüllbar sind.[53] Sicherungspflichten entstehen jedoch grundsätzlich bereits mit der Schaffung einer Gefahr oder des Gefährdungspotentials.[54] Auch die Rekultivierungspflichten, die auf einen Ausgleich des Eingriffs in Natur und Landschaft gerichtet sind, entstehen schon mit dem Eingriff. Lediglich aus faktischen Gründen werden sie erst mit der Stillegung aktualisiert.[55] Die abfallrechtlichen Sicherungs- und Rekultivierungspflichten werden also nicht erst mit der Betriebseinstellung begründet. Insofern ist eine alleinige Verantwortlichkeit des letzten Betreibers nicht bereits aus der Natur der Pflichten heraus naheliegend.

Gegen eine alleinige Verantwortlichkeit des letzten Betreibers könnte eingewandt werden, daß die Sicherungs- und Rekultivierungspflichten durch eine bewußte Übertragung der Inhaberschaft auf einen wenig liquiden Betreiber kurz vor Stillegung umgangen werden könnten.[56] Diese Argumentation besitzt jedoch nur in bezug auf die immissionsschutzrechtlichen Nachsorgepflichten des § 5 Abs. 3 BImSchG Überzeugungskraft. Im Abfallrecht ist die Zulassung nicht rein anlagenbezogen, sondern es wird auch die Zuverlässigkeit des Betrei-

---

[50] Vgl. die Argumentation des VGH Kassel, NVwZ 1990, 383 (384) zu § 11 Abs. 4 Nr. 5 AbfG.

[51] *Schink*, DVBl. 1985, 1149 (1156) unter Berufung auf die Regeln über die polizeirechtliche Zustandshaftung.

[52] Vgl. nur die §§ 4 Abs. 2 S. 2 PolG NW, 18 Abs. 2 S. 2 OBG NW.

[53] *Fluck*, BB 1991, 1797 (1800).

[54] *Fluck*, BB 1991, 1797 (1800); ebenso *Kloepfer/Thull*, DVBl. 1989, 1121 (1126) und *Pietzcker*, JuS 1986, 719 (722).

[55] Siehe oben S. 44.

[56] *Fluck*, BB 1991, 1797 (1800).

bers überprüft. Zuverlässigkeit ist weit zu verstehen.[57] Sie liegt nicht vor, wenn ernste Zweifel an einem ordnungsgemäßen Betrieb bestehen.[58] Ein ordnungsgemäßer Betrieb setzt voraus, daß alle Auflagen und Anordnungen, die im Rahmen des Betriebes ergehen, erfüllt werden bzw. ihre Erfüllung sichergestellt wird. Die zuständige Behörde hat damit also die Möglichkeit, eine mißbräuchliche Übertragung der Inhaberschaft auf einen neuen Betreiber zu verhindern.

Gegen eine Alleinverantwortlichkeit des letzten Betreibers können schließlich die Gründe angeführt werden, die für seine Pflichtigkeit als solche bereits genannt wurden. Dem ersten Betreiber wurden die Sicherungs- und Rekultivierungspflichten entweder gemäß § 8 AbfG im Rahmen des Zulassungsverfahrens selbst auferlegt oder er hat seine Pflichtigkeit durch eigenes Verhalten begründet. Die weiteren Betreiber sind, ebenso wie der letzte, entweder in die konkrete Verantwortlichkeit nachgefolgt oder haben ebenfalls ihre Pflichtigkeit durch ihren Umgang mit Abfällen begründet. Da nun keine zwingenden Gründe für einen Ausschluß ihrer Verantwortlichkeit sprechen, ist eine alleinige Haftung des letzten Betreibers abzulehnen.

3. Gemeinsame Verantwortlichkeit aller Betreiber

Für eine gemeinsame Verantwortlichkeit aller Betreiber spricht das Argument, das bereits gegen eine Haftung jedes Betreibers nur für sein Verhalten angeführt wurde: Alle Betreiber einer Abfallentsorgungsanlage sind mit Abfällen umgegangen und haben allein damit schon die Notwendigkeit von Sicherungs- und Rekultivierungsmaßnahmen begründet. Da im Rahmen des Betriebes in aller Regel vergleichbare Handlungen vorgenommen wurden, haben alle Betreiber auch ein vergleichbares Gefährdungspotential geschaffen.[59]

Daneben kann auch noch aus einem Vergleich mit § 11 AbfG ein Schluß gezogen werden, der diese Lösung stützt. § 11 Abs. 3 S. 1 AbfG legt dem Betreiber einer Abfallentsorgungsanlage die Pflicht zur Führung eines Nachweisbuches über die Entsorgung auf. Gemäß § 11 Abs. 4 S. 5 AbfG muß der Betreiber die Anlage zugänglich machen und für die Überwachung Arbeitskräfte, Werkzeuge und Unterlagen zur Verfügung stellen. Beide Pflichten obliegen dem jeweils letzten Betreiber; nur wer noch eine Anlage betreibt, kann Nach-

---

[57] Nach VGH Mannheim, NVwZ 1985, 438 reicht für die Unzuverlässigkeit die Nichteinhaltung formeller Vorschriften des Abfallentsorgungsrechts.

[58] *Schwermer*, in: Kunig/Schwermer/Versteyl, Abfallgesetz, § 8 Rn. 48.

[59] Siehe bereits oben S. 164 f.

weisbücher führen, und nur er besitzt die notwendige Sachherrschaft, um einen Zugang zum Grundstück zu ermöglichen.[60] Das Abfallgesetz bezeichnet in § 11 also den letzten Betreiber als Betreiber, verwendet in § 10 Abs. 2 aber den Inhaberbegriff. Als Inhaber kommt aber keine andere Person als ein Betreiber in Frage.[61] Geht man davon aus, daß der Gesetzgeber beide Begriffe nicht nach Belieben in das Abfallgesetz eingestreut hat, läßt sich aus der verschiedenen Begrifflichkeit folgern, daß beide Begriffe nicht völlig deckungsgleich sind. Wenn nun als Betreiber nur der letzte Betreiber gilt, der Inhaber auch ein Betreiber sein muß und beide Begriffe nicht synonym sind, müssen mit dem Inhaberbegriff sämtliche Betreiber gemeint sein.[62] Die Sicherungs- und Rekultivierungspflichten treffen daher alle Betreiber gemeinsam.

III. Verantwortlichkeit der Rechtsnachfolger ehemaliger Betreiber

Sofern ein ehemaliger Betreiber nicht mehr existiert und einen Nachfolger gefunden hat, der nicht identisch ist mit einem nachfolgenden Betreiber, bemißt sich dessen Haftung nach den allgemeinen Regeln über die Rechtsnachfolge in öffentlich-rechtliche Pflichten. Sofern die Pflichten bereits konkretisiert waren, handelt es sich um eine Nachfolge in die konkrete Verantwortlichkeit. In die abstrakte Verantwortlichkeit ist eine Nachfolge nur bei einer Gesamtrechtsnachfolge möglich.[63] Das dürfte praktisch vorwiegend dann der Fall sein, wenn der Betreiber eine natürliche Person war, die beerbt wurde oder eine juristische Person, die ihre Gesellschaftsform änderte.[64]

---

[60] VGH Kassel, NVwZ 1990, 383 (384); *Hösel/v.Lersner*, Recht der Abfallbeseitigung, § 11 Rn. 51.

[61] VGH Mannheim, DÖV 1988, 609; VGH Kassel, NVwZ 1987, 815 (816); *Dombert*, Altlastensanierung in der Rechtspraxis S. 24; *Schwermer,* in: Kunig/Schwermer/Versteyl, Abfallgesetz, § 10 Rn. 7; *Hösel/v.Lersner*, Recht der Abfallbeseitigung, § 10 Rn. 9; *Kloepfer*, NuR 1987, 7; siehe bereits oben S. 162.

[62] So im Ergebnis wohl auch VGH Kassel, NVwZ 1990, 383 (384); OVG Lüneburg, NuR 1991, 242 (243).

[63] OVG Koblenz, DÖV 1980, 654; a. A:. *Papier*, NVwZ 1986, 256 (262), der nur eine Gesamtrechtsnachfolge in die bereits konkretisierte Verantwortlichkeit zulassen will, da die abstrakte Verantwortlichkeit keinen ausreichenden Pflichtenstatus begründe. Diese Auffassung wurde jedoch oben bereits abgelehnt (vgl. S. 166).

[64] Vgl. VGH Kassel, NVwZ 1990, 381.

IV. Verhältnis mehrerer Pflichtiger zueinander

1. Problemstellung

Abschließend soll noch die Frage einer internen Ausgleichspflicht zwischen mehreren Verantwortlichen erörtert werden. Bei mehreren Verantwortlichen hat die Behörde, ebenso wie im Polizei- und Ordnungsrecht, ein Auswahlermessen.[65] Daher stellt sich die Frage, welche Rechte der tatsächlich in Anspruch Genommene gegen die übrigen Verantwortlichen hat, die von der zuständigen Behörde nicht herangezogen wurden.

Die zuvor behandelten Fragen sind sowohl für die zum Erlaß von Sicherungs- und Rekultivierungsanordnungen zuständige Behörde als auch für den Betroffenen bedeutsam. Das Bestehen einer internen Ausgleichsmöglichkeit ist zwar nicht für die erlassende Behörde, wohl aber für den Adressaten von Sicherungs- und Rekultivierungsanordnungen von großem Interesse. Aus diesem Grunde werden üblicherweise bezüglich der Haftung Vereinbarungen zwischen den verschiedenen Betreibern bei Betriebsübergabe getroffen. Solche Vereinbarungen sind von der zuständigen Behörde bei der Auswahl des heranzuziehenden Verantwortlichen grundsätzlich zu berücksichtigen. Auch in das durch zivilrechtliche Normen geschaffene Haftungsgefüge dürfen Behörden nicht ohne zwingenden Grund eingreifen.[66] Die Frage nach einem internen Ausgleich wird allerdings dann interessant, wenn entweder eine derartige Vereinbarung fehlt oder von der Behörde im Interesse einer effektiven Sicherung und Rekultivierung nicht beachtet werden kann.[67]

2. Interner Ausgleich nach öffentlich-rechtlichen Vorschriften

Ein Anspruch aus öffentlich-rechtlicher Geschäftsführung ohne Auftrag setzt voraus, daß an der Geschäftsführung ein Verwaltungsträger beteiligt ist, d. h., daß ein Privater für einen Verwaltungsträger handelt oder umgekehrt.[68] Beides ist hier nicht der Fall. Ebensowenig gibt es einen allgemeinen öffent-

---

[65] Vgl. *Peters*, VBlBW 1991, 49 (51); siehe auch § 10 Abs. 1 SächsEGAB.

[66] VGH München, NVwZ 1986, 942 (945); siehe bereits oben S. 157 f.

[67] Zu den vorrangigen Ermessenskriterien siehe unten S. 175.

[68] *Maurer*, Allgemeines Verwaltungsrecht, S. 678; *Erichsen/Martens*, Allgemeines Verwaltungsrecht, § 30 Rn. 9; *Habermehl*, Jura 1987, 199 (200).

lich-rechtlichen Rechtsgrundsatz, aus dem ein Ausgleich hergeleitet werden kann.[69]

Regelungen, die auf das Verhältnis mehrerer Verantwortlicher zueinander schließen lassen, finden sich im öffentlichen Recht in verschiedenen Gesetzen.[70] Die einschlägigen Vorschriften setzen die Haftung mehrerer Verantwortlicher als Gesamtschuldner fest. Daraus wird teilweise auch ein Ausgleichsanspruch der Verantwortlichen untereinander gefolgert.[71] Vereinzelt wird in der Norm selbst ausdrücklich auf § 426 BGB verwiesen.[72] Im Abfallgesetz des Bundes findet sich weder eine gesamtschuldnerische Haftung noch ein Verweis auf zivilrechtliche Normen. Lediglich die Länder haben teilweise entsprechende Regelungen aufgenommen. So sollen nach § 13 Abs. 3 S. 2 BremAGAbfG mehrere ehemalige Inhaber, die für die Herstellung eines das Gemeinwohl nicht beeinträchtigenden Zustandes kostentragungspflichtig sind, als Gesamtschuldner haften. Die §§ 21 Abs. 1 S. 3 HAbfAG, 10 Abs. 5 S. 2 SächsEGAB und 20 Abs. 1 S. 4 ThAbfAG sehen ebenfalls einen gesamtschuldnerischen Ausgleich vor. Die Tatsache, daß die einschlägigen öffentlich-rechtlichen Vorschriften das privatrechtliche Institut des Gesamtschuldverhältnisses erwähnen oder sogar auf zivilrechtliche Normen verweisen, läßt den Schluß zu, daß eine Ausgleichsregelung im Abfallrecht auf Bundesebene ebenso allenfalls aus privatrechtlichen Normen folgen kann.

3. Interner Ausgleich nach Privatrecht

Ein privatrechtlicher Ausgleich kann sich aus Geschäftsführung ohne Auftrag, ungerechtfertigter Bereicherung oder einer analogen Anwendung des § 426 BGB ergeben.

a) Geschäftsführung ohne Auftrag

Gemäß § 677 BGB müßte der von der Behörde in Anspruch genommene Inhaber zunächst ein objektiv fremdes Geschäft besorgen. Der Inhaber, an den Si-

---

[69] BGH, NJW 1981, 2457 (2458); *Kloepfer/Thull*, DVBl. 1989, 1121 (1123).

[70] §§ 22 Abs. 1 S. 2, Abs. 2 WHG, 12 Abs. 2 AbwAG, 33 Abs. 1 AtG, 20a Abs. 5 ChemG, 14 Abs. 2 PflSchG, 17 Abs. 4, 32 Abs. 2 GenTG; vgl. auch die §§ 40 Abs. 2 SächsPolG, 74 Abs. 2 SOG LSA, 64 NdsWG.

[71] *Sieder/Zeitler*, Wasserhaushaltsgesetz, § 22 Rn. 26; mit Einschränkungen auch *Gieseke/Wiedemann/Czychowski*, Wasserhaushaltsgesetz, § 22 Rn. 41.

[72] § 32 Abs. 2 S. 2 GenTG.

cherungs- und Rekultivierungsanordnungen gerichtet werden, ist selbst pflichtig. Daher kann es sich allenfalls um ein auch fremdes Geschäft handeln. Das ist der Fall, wenn die Sicherung und Rekultivierung objektiv gesehen auch ein Geschäft der übrigen, nicht in Anspruch genommenen ehemaligen Betreiber war und der Adressat der Anordnungen dieses auch führen wollte.[73] Die Schwelle, ab der ein Geschäft auch dem Rechtskreis eines Dritten zugeordnet und damit ein auch fremdes Geschäft bejaht wird, wird in der Rechtsprechung nicht einheitlich festgelegt.[74] Speziell bei mehreren Störern wurde ein auch fremdes Geschäft teilweise verneint[75] und an anderer Stelle wiederum offen gelassen[76]. Man könnte nun argumentieren, daß der nicht in Anspruch genommene ehemalige Betreiber gegen an ihn adressierte Anordnungen keine Einwendungen hätte erheben können und eine Übernahme der Pflichten durch den Adressaten somit in seinem Interesse lag.[77] Andererseits war die Pflichtigkeit des Dritten noch nicht durch an ihn gerichtete Anordnungen konkretisiert und damit nicht vollziehbar.[78] Aus § 679 BGB folgt jedoch, daß diese Pflichtigkeit fällig, d. h. vollziehbar sein muß.[79] Daher scheidet ein Anspruch aus Geschäftsführung ohne Auftrag aus.

b) Ungerechtfertigte Bereicherung (§ 812 BGB)

Der Adressat von Sicherungs- und Rekultivierungsanordnungen könnte gegen die übrigen, nicht in Anspruch genommenen Inhaber einer Abfallentsorgungsanlage einen Anspruch aus § 812 BGB haben. Dieser Anspruch setzt voraus, daß die übrigen Inhaber eine Befreiung von ihrer Verantwortlichkeit durch Leistung oder in sonstiger Weise ohne Rechtsgrund erlangt haben. Zwischen dem Betroffenen und den anderen Inhabern besteht keine Leistungsbeziehung. Eine Leistung erfolgt aber an den Eigentümer des Grundstücks, dem Sicherung und Rekultivierung zugute kommen. Da somit eine Leistungsbeziehung existiert, scheidet die subsidiäre Eingriffskondiktion gegen die Übrigen somit

---

[73] Vgl. BGH, NJW 1987, 187, (188); *Palandt-Thomas*, Bürgerliches Gesetzbuch, § 677 Rn. 3.

[74] Weit: BGHZ 37, 258; 38, 270; 40, 28; zurückhaltender: BGHZ 54, 157; 62, 186 (189).

[75] BGH, NJW 1981, 2457; OLG Düsseldorf, NVwZ 1989, 993 (997).

[76] BGH, NJW 1987, 187 (188 f.).

[77] Vgl. *Marburger*, UTR 1987, 169 (193).

[78] *Kloepfer/Thull*, DVBl. 1989, 1121 (1124).

[79] *Kloepfer/Thull*, DVBl. 1989, 1121 (1124); *Dienes/Oligmüller/Rinne/Schmidt/Strasen/Zillmer*, RdE 1987, 86 (100); BGH, NJW 1978, 1258 (1259).

aus.[80] Zudem ist Rechtsgrund für die Inanspruchnahme des Betroffenen seine eigene Verantwortlichkeit.[81] Ein Anspruch aus § 812 BGB scheitert also gleich an zwei Voraussetzungen.[82]

c) § 426 BGB analog

Die analoge Anwendung des § 426 BGB, um das Innenverhältnis mehrerer Personen zu regeln, die nach öffentlich-rechtlichen Vorschriften als Pflichtige herangezogen werden können, ist in Literatur und Rechtsprechung umstritten. Nachdem eine Analogie ursprünglich weitgehend abgelehnt wurde,[83] sind dagegen Stimmen laut geworden, die sich für eine Heranziehung des § 426 BGB aussprechen.[84] § 426 BGB ist dann analog anzuwenden, wenn das Abfallgesetz in bezug auf den internen Ausgleich zwischen mehreren Inhabern eine planwidrige Lücke enthält und diese Norm einen vergleichbaren Sachverhalt regelt.[85]

aa) Zunächst müßte also eine Gesetzeslücke bestehen, d. h. der Gesetzgeber dürfte keine Regelung bezüglich des internen Ausgleichs getroffen haben. Da der Behörde ein Auswahlermessen zukommt, ist eine Lücke dann zu verneinen, wenn der Aspekt der Lastenverteilung bereits im Rahmen des Ermessens berücksichtigt wurde. Dementsprechend wird gegen eine analoge Anwendung des § 426 BGB vorgebracht, daß die Auswahl eines Verantwortlichen durch die Behörde auch letztverbindlich über die tatsächliche Belastung entscheide.[86] Eine ähnliche Argumentation wird teilweise auch von den Befürwortern eines internen Ausgleichs angeführt. Das Auswahlermessen orientiere sich neben der

---

[80] Vgl. *Ziehm*, Störerverantwortlichkeit für Boden- und Wasserverunreinigungen, S. 74, der jedoch eine Leistung an die Behörde annimmt.

[81] OLG Düsseldorf, NVwZ 1989, 993 (997); *Kloepfer/Thull*, DVBl. 1989, 1121 (1125).

[82] Anders, aber ohne Begründung nur *Rank*, BayVBl. 1988, 390 (396).

[83] BGH, NJW 1981, 2457 (2458); OLG Düsseldorf, NVwZ 1989, 993 (997); *Marburger*, UTR 1987, 169 (193); *Palandt-Heinrichs*, Bürgerliches Gesetzbuch (51. Aufl. 1992), § 426 Rn. 2; *Pape*, NJW 1992, 2661 (2668); *Papier*, Altlasten und polizeiliche Störerhaftung, S. 73 f; NVwZ 1986, 256 (263); Jura 1989, 505 (511); *Giesberts*, Die gerechte Lastenverteilung unter mehreren Störern, S. 206; *Knauf*, Gesamtschuld und Polizeikostenrecht, S. 256.

[84] *Kloepfer/Thull*, DVBl. 1989, 1121 (1126); *Rank*, BayVBl. 1988, 390 (393); *Seibert*, DVBl. 1992, 664 (673); *Spannowsky*, UPR 1988, 376 (381); *Schwabe*, UPR 1984, 7 (10); *Breuer*, JuS 1986, 359 (364); *Kohler-Gehrig*, NVwZ 1992, 1049 (1051); vgl. auch bereits *Baur*, JZ 1964, 354 (357).

[85] Zu den Voraussetzungen einer Analogie vgl. *Larenz*, Methodenlehre der Rechtswissenschaft, S. 370 ff.

[86] *Knauf*, Gesamtschuld und Polizeikostenrecht, S. 256.

größtmöglichen Wirkung auch am Prinzip einer geringstmöglichen Belastung aller. Jede Umweltschutzmaßnahme habe einen Ausgleich der Interessen herzustellen.[87] Diese Argumentation führt jedoch zu der bereits genannten Konsequenz, daß eine Gesetzeslücke nicht vorliegt und eine Ausfüllung durch andere Normen, die einen internen Ausgleich regeln, nicht in Betracht kommt.[88]

Beide Argumentationen übersehen indessen, daß sich die Auswahl des heranzuziehenden Verantwortlichen ganz überwiegend nach den Kriterien der Effektivität und Leistungsfähigkeit richtet und nicht auf eine gerechte Lastenverteilung abzielt.[89] Wenn nun im Interesse einer effektiven Durchführung der Sicherung und Rekultivierung die Lasten ungerecht verteilt werden, darf das dem Begünstigten nicht endgültig zum finanziellen Vorteil gereichen.[90] Eine verbindliche Entscheidung kann durch die Auswahl des Verfügungsadressaten eher noch für die Gläubigerseite getroffen werden.[91] Und selbst dort kann keine letztliche Verbindlichkeit eintreten. Durch die Auswahl eines Verantwortlichen erlischt nicht automatisch der Pflichtenstatus des anderen.[92] Wenn der Adressat von Sicherungs- und Rekultivierungsanordnungen plötzlich leistungsunfähig wird, muß die Behörde die Möglichkeit haben, einen anderen Verantwortlichen heranzuziehen.[93] Die Auswahl eines Adressaten legt also lediglich die Rangfolge der Inanspruchnahme fest.[94] Sie stellt keine letztverbindliche Entscheidung über die Person des tatsächlich Belasteten dar.[95] Der Aspekt der internen Lastenverteilung ist im Abfallrecht also weder ausdrücklich geregelt noch findet er im Rahmen des Auswahlermessens Berücksichtigung. Das führt allerdings noch nicht zwingend zur Bejahung einer Gesetzeslücke. Das Schweigen des Gesetzgebers könnte auch als bewußte Entscheidung gegen einen internen Ausgleich verstanden werden. Die meisten Bundesgesetze mit umweltrechtlichem

---

[87] *Kormann*, UPR 1983, 281 (285).

[88] Vgl. VGH München, NVwZ 1989, 681 (684).

[89] OVG Lüneburg, NVwZ 1990, 786 (787); *Seibert*, DVBl. 1992, 664 (673); *Kloepfer/Thull*, DVBl. 1989, 1121 (1126); *Pape*, NJW 1992, 2661 (2667); *Rank*, BayVBl. 1988, 390 (392); *Spannowsky*, UPR 1988, 376 (379); *Kloepfer*, NuR 1987, 7 (18); *Kloepfer*, UTR 1986, 18 (47).

[90] Vgl.die Argumentation von *Schwabe*, UPR 1984, 7 (10) zur Störerauswahl im Polizei- und Ordnungsrecht.

[91] *Rank*, BayVBl. 1988, 390 (393).

[92] *Kloepfer/Thull*, DVBl. 1989, 1121 (1125); *Pietzcker*, JuS 1986, 719 (722); *Kormann*, UPR 1983, 281 (285).

[93] Vgl. OVG Lüneburg, NVwZ 1990, 786 (787).

[94] *Dienes/Oligmüller/Rinne/Schmidt/Strasen/Zillmer*, RdE 1987, 86 (100).

[95] VGH München, NVwZ 1989, 681 (684); *Kloepfer/Thull*, DVBl. 1989, 1121 (1126); *Rank*, BayVBl. 1988, 390 (392); *Götz*, Allgemeines Polizei- und Ordnungsrecht, Rn. 238.

Regelungsgehalt, die ein Gesamtschuldverhältnis oder sogar die Anwendung des § 426 BGB ausdrücklich regeln, sind nach dem Abfallgesetz in Kraft getreten.[96] Sie können daher keinen Aufschluß darüber geben, ob der Gesetzgeber sich bewußt gegen eine entsprechende Norm im Abfallgesetz entschieden hat. Denkbar ist auch, daß ihm ein diesbezügliches Regelungsbedürfnis erst nachträglich bewußt wurde. Für eine bewußte Nichtregelung könnte allenfalls der vor dem Abfallgesetz in Kraft getretene § 22 Abs. 1 S. 2 WHG sprechen. Diese Norm regelt eine zivilrechtliche Gefährdungshaftung.[97] Im Wasserhaushaltsrecht trägt dieser Anspruch den besonderen Gefahren Rechnung, die durch die weite Verbreitung von Schadstoffen, insbesondere durch Fließgewässer oder das Grundwasser, für eine unbestimmte Anzahl von Personen entstehen können. Die gesamtschuldnerische Haftung soll die Schwierigkeiten bei der Feststellung des tatsächlichen Einleiters mildern.[98] Im Abfallrecht gestaltet sich die Situation hingegen anders. Eventuelle Verschmutzungen sind örtlich begrenzt. Eine weite Verbreitung in nicht unbeträchtlichen Konzentrationen kann nur über das Grundwasser erfolgen, wobei jedoch bereits bei der Standortwahl für eine Abfallentsorgungsanlage etwaige Grundwasserströme berücksichtigt werden.[99] Zudem ist als Verantwortlicher jedenfalls der derzeitige Betreiber greifbar, dessen Liquidität durch Sicherheitsleistungen oder eine Überprüfung der Person gemäß § 8 Abs. 3 S. 2 Nr. 2 AbfG im Rahmen des Zulassungsverfahrens in der Regel sichergestellt ist. Die Gefährdungssituationen sind verschieden, so daß eine gesamtschuldnerische Haftung und der daraus resultierende interne Ausgleichsanspruch im Abfallrecht nicht so offenkundig regelungsbedürftig ist wie im Wasserhaushaltsrecht. Der Verzicht auf eine § 22 WHG entsprechende Regelung kann daher nicht als bewußte und gewollte Entscheidung gegen einen internen Ausgleich angesehen werden. Das Abfallgesetz enthält insoweit eine Regelungslücke.

bb) Die Gesetzeslücke müßte planwidrig sein. Eine planwidrige Gesetzeslücke liegt vor, wenn eine nach dem Gesetzeszusammenhang zu erwartende Norm fehlt. Wurde oben eine Lücke bejaht, weil das Schweigen des Abfallgesetzes nicht als bewußte Nichtregelung verstanden werden kann, so ist nun zu

---

[96] §§ 17 Abs. 4, 33 Abs. 2 GenTG, 12 Abs. 2 AbwAG, 20a Abs. 5 ChemG, 14 Abs. 2 PflSchG, 33 Abs. 1 AtG.

[97] Vgl. *Sieder/Zeitler*, Wasserhaushaltsgesetz, § 22 Rn. 3, 11.

[98] *Sieder/Zeitler*, Wasserhaushaltsgesetz, § 22 Rn. 8.

[99] Vgl. Nr. 9.3.3 TA Abfall; ausführlich zur Standortwahl *Erbguth*, NuR 1992, 262 ff.

fragen, ob der Gesetzgeber in Kenntnis der Problematik eine Ausgleichsregelung eingeführt hätte.

Teilweise wird vertreten, die alleinige Haftung eines Verantwortlichen sei nicht verhältnismäßig. Das Zufallsrisiko der Auswahl ohne Regreßmöglichkeit überschreite die Opfergrenze.[100] Damit soll ein Ausfüllungsbedürfnis bezüglich der öffentlich-rechtlichen Vorschriften, die keinen internen Ausgleich regeln, begründet werden. Der Gesetzgeber hätte demzufolge eine Ausgleichsregelung einfügen müssen. Damit die Auferlegung öffentlich-rechtlicher Pflichten nicht verfassungswidrig wird, soll § 426 BGB analog angewandt werden.

Diese Argumentation ist indessen nicht stichhaltig. Die Verhältnismäßigkeit der Belastung einer Person mit öffentlich-rechtlichen Pflichten kann stets nur im Einzelfall beurteilt werden. Ein pauschales Abstellen auf die alleinige Inanspruchnahme ist nicht möglich. Selbst wenn ein Inhaber allein zur Sicherung und Rekultivierung herangezogen wird, kann die Belastung für ihn sehr gering sein, wenn etwa bei der Stillegung von Bauschuttdeponien ohne organische Materialien oder chemisch reagierende Stoffe kein Austreten von Schadstoffen zu befürchten ist und dementsprechend nur wenige Sicherungsmaßnahmen erforderlich werden. Zudem wird auch bei stärkeren Belastungen die Verhältnismäßigkeit in aller Regel gegeben sein.[101] Auch kann eine eventuell unverhältnismäßige Maßnahme nicht zu einem internen Ausgleichsanspruch führen. Sie ist vielmehr als rechtswidrig aufzuheben. Die Planwidrigkeit der Gesetzeslücke in bezug auf den internen Ausgleich kann daher nicht mit einer angeblichen Unverhältnismäßigkeit der alleinigen Inanspruchnahme eines Verantwortlichen begründet werden. Es bestand also kein verfassungsrechtliches Erfordernis, eine Ausgleichsregelung einzuführen.

Es bleibt zu untersuchen, ob der Gesetzgeber dennoch einen internen Ausgleich normiert hätte, wenn er die Ausgleichsproblematik gesehen hätte. Der Gesetzgeber hat die abfallrechtlichen Sicherungs- und Rekultivierungspflichten zum Schutz des Wohls der Allgemeinheit und zur Wiederherstellung eines leistungsfähigen Naturhaushalts erlassen. Man könnte insoweit daran denken, daß er die letztendliche Lastentragung zwischen mehreren Pflichtigen auch heute nicht ausdrücklich regeln würde, da der Hauptzweck des Gesetzes ohnehin erreicht wird. Andererseits ist die Problematik eines internen Ausgleichs im Abfallrecht nicht offenkundig.[102] Die Tatsache, daß in vielen nach 1972 in Kraft

[100] *Spannowsky*, UPR 1988, 376 (380).

[101] Siehe oben S. 128 ff.

[102] Siehe oben S. 176.

getretenen Umweltgesetzen zumindest eine gesamtschuldnerische Haftung vorgesehen ist,[103] deutet darauf hin, daß der Gesetzgeber grundsätzlich bemüht ist, auch zivilrechtliche Nebenfragen zu klären.

Eine gleichgelagerte Problematik findet sich im Polizei- und Ordnungsrecht der Länder. Auch hier enthalten die meisten Gesetze keine interne Ausgleichsregelung. In neuerer Zeit zeigt sich jedoch die Tendenz, in die Polizeigesetze entsprechende Normen aufzunehmen.[104] Insoweit ist also ein Regelungsbedürfnis in bezug auf den internen Ausgleich und eine grundsätzliche Bereitschaft der Gesetzgeber, derartige Regelungen zu treffen, anzunehmen. Die Lücke des Abfallgesetzes ist somit planwidrig.

cc) § 426 BGB müßte einen Sachverhalt regeln, der der Situation zwischen in Anspruch genommenen und nicht herangezogenen Verantwortlichen vergleichbar ist. Unstreitige Mindestvoraussetzung für einen Ausgleichsanspruch nach § 426 BGB ist ein Gesamtschuldverhältnis, wie es sich aus dem Wortlaut des § 421 BGB ergibt. Danach sind mehrere Personen Gesamtschuldner, wenn der Gläubiger von jedem die gesamte Leistung fordern kann, insgesamt aber nur einmal.

Eine Vergleichbarkeit der Sachverhalte wird teilweise mit der Begründung abgelehnt, im Zivilrecht habe der Gläubiger einen fälligen Anspruch gegen jeden Schuldner, während der öffentlich-rechtliche Pflichtenstatus erst mit der Inanspruchnahme entstehe. Bis dahin sei das "Ob" der Pflichtigkeit noch offen.[105] Wie oben bereits dargelegt,[106] entstehen öffentlich-rechtliche Pflichten bereits mit Vornahme des Verhaltens, an das die Pflichten anknüpfen. Die tatsächliche Heranziehung entscheidet daher nur über das "Ob" der Aktualisierung, nicht aber über das "Ob" der Pflichtigkeit als solcher. Die Behörde kann eine Person bereits dann heranziehen, wenn sie das in der Ermächtigungsgrundlage vorgesehene Verhalten verwirklicht hat. Sie hat sozusagen einen fälligen und einredefreien Anspruch, den sie jedoch nicht durchsetzen muß. Die gleiche Situation besteht im Zivilrecht, sofern der Schuldner erst auf Anfrage des Gläubigers hin leisten muß. Auch hier existiert ein fälliger Anspruch, der lediglich noch aktualisiert werden muß.

---

[103] §§ 17 Abs. 4, 33 Abs. 2 GenTG, 12 Abs. 2 AbwAG, 20a Abs. 5 ChemG, 14 Abs. 2 PflSchG, 33 Abs. 1 AtG.

[104] Vgl. §§ 40 SächsPolG, 74 Abs. 2 SOG LSA.

[105] *Schwachheim*, NVwZ 1988, 225 (226); *Papier*, Altlasten und polizeiliche Störerhaftung, S. 73; NVwZ 1986, 256 (262); Jura 1989, 505 (511).

[106] Siehe oben S. 166.

Gegen eine Vergleichbarkeit wird weiter angeführt, die analoge Anwendung des § 426 BGB bedeute eine dem geltenden Recht fremde Erweiterung der Gefährdungshaftung über die gesetzlich angeordneten Fälle hinaus.[107] Die Sicherungs- und Rekultivierungspflichten sind indessen ebenfalls verschuldensunabhängig. Sie stellen somit selbst eine Art von Gefährdungshaftung dar und erweitern insoweit nicht die Zahl der gesetzlich angeordneten Fälle.[108]

Ein Unterschied zwischen der Situation mehrerer nach öffentlich-rechtlichen Vorschriften Pflichtiger und Gesamtschuldnern nach § 421 BGB besteht allerdings darin, daß die Auswahl durch eine Behörde den Ermessensschranken unterliegt. Als tragender Einwand gegen eine Vergleichbarkeit der Sachverhalte wird daher vorgebracht, daß eine völlig freie Schuldnerauswahl für ein Gesamtschuldverhältnis kennzeichnend sei, die im öffentlichen Recht wegen der Ermessensgrenzen nicht bestehe.[109] Die Gegenauffassung versucht diesen Einwand zu entkräften, indem sie klarstellt, daß die freie Auswahl unter mehreren Schuldnern eine Rechtsfolge sei und kein Tatbestandsmerkmal.[110] Dem ist zuzugeben, daß bei einer Feststellung der Vergleichbarkeit nur der Tatbestand einer Norm und der nicht geregelte Sachverhalt verglichen werden können. Die Rechtsfolge wird dann als Ergebnis des Vergleichs entweder übernommen oder nicht übernommen. Die freie Schuldnerauswahl ist allerdings lediglich die Rechtsfolge des § 421 BGB. Dessen Rechtsfolge, das Vorliegen eines Gesamtschuldverhältnisses nämlich, ist wiederum Tatbestandsmerkmal des § 426 BGB,[111] der Norm also, die hier zum Vergleich steht. Das Argument der Verwechslung von Tatbestand und Rechtsfolge ist daher nicht stichhaltig.[112] Die Argumentation, daß freie Schuldnerauswahl im Zivilrecht und Ermessensauswahl im öffentlichen Recht nicht vergleichbar sind, kann jedenfalls nicht auf diese Weise ausgehebelt werden.

Wenn man auch zugesteht, daß die freie Schuldnerauswahl ein Tatbestandsmerkmal des § 426 BGB ist, so erscheint die Schlußfolgerung, die Situation mehrerer öffentlich-rechtlich Verantwortlicher sei damit nicht vergleichbar, in-

---

[107] BGH, NJW 1981, 2457 (2458).

[108] Vgl. *Kloepfer/Thull*, DVBl. 1989, 1121 (1126) zum allgemeinen Polizei- und Ordnungsrecht.

[109] BGH, NJW 1981, 2457 (2458); *Knauf*, Gesamtschuld, S. 255 f.

[110] *Seibert*, DÖV 1983, 964 (972); *Rank*, BayVBl. 1988, 390 (393); *Kloepfer/Thull*, DVBl. 1989, 1121 (1126).

[111] *Erman-Westermann*, Bürgerliches Gesetzbuch, § 426 Rn. 4; *Soergel-Wolf*, Bürgerliches Gesetzbuch, § 426 Rn. 5.

[112] *Schwachheim*, NVwZ 1988, 225 (226).

dessen zweifelhaft. Eine Ermessensentscheidung ist die freieste Entscheidungsmöglichkeit einer Behörde. Sie kommt so der freien Auswahl nach § 426 BGB am nächsten.[113] Die Behörde muß neben den verfassungsrechtlichen Schranken vornehmlich nur die Gesichtspunkte der Effektivität und Leistungsfähigkeit beachten.[114] Auch im Zivilrecht wird der Gläubiger den zahlungskräftigsten Schuldner auswählen, der die Schuld am schnellsten begleicht. Die Ermessensschranken sollen zudem Willkürentscheidungen verhindern.[115] Diesem Zweck dient auch § 426 BGB. Er soll einer willkürlichen Belastung eines Schuldners seitens des Gläubigers durch einen Lastenausgleich im Innenverhältnis entgegenwirken.[116] Einer völlig freien Schuldnerauswahl sind darüber hinaus auch im Zivilrecht die - wenn auch schwachen - Grenzen des § 242 BGB gesetzt. Die Situation mehrerer Inhaber einer Abfallentsorgungsanlage ist also mit einem zivilrechtlichen Gesamtschuldverhältnis im wesentlichen vergleichbar.[117]

Zur Bejahung eines Anspruchs aus § 426 BGB wird neben den Voraussetzungen des § 421 BGB ganz überwiegend eine innere Verbundenheit der Pflichten gefordert.[118] Umstritten ist, welches Merkmal für diese innere Verbundenheit kennzeichnend sein soll. Die ältere Rechtsprechung fordert eine Zweckgemeinschaft.[119] Die verschiedenen Betreiber haben gemeinschaftlich die Ursachen für die nun erforderliche Sicherung und Rekultivierung gesetzt. Damit liegt eine Zweckgemeinschaft vor.[120] Literatur und neuere Rechtsprechung stellen auf die Gleichstufigkeit der Pflichten ab,[121] die hier allerdings wegen der Identität der Pflichten für die verschiedenen Betreiber ebenfalls gegeben ist. Eine innere Verbundenheit liegt hier also vor. Zieht die Behörde nur einen Inhaber einer Abfallentsorgungsanlage zur Sicherung und Rekultivierung heran, so hat dieser einen Anspruch auf finanziellen Lastenausgleich gegen die übrigen derzeitigen oder ehemaligen Inhaber analog § 426 BGB.

---

[113] *Rank*, BayVBl. 1988, 390 (393).

[114] Vgl. oben S. 175.

[115] *Maurer*, Allgemeines Verwaltungsrecht, S. 113; *Erichsen/Martens*, Allgemeines Verwaltungsrecht, § 10 Rn. 18.

[116] *Baur*, JZ 1964, 354 (357); *Soergel-Wolf*, Bürgerliches Gesetzbuch, § 426 Rn. 1; *Erman-Sirp*, Bürgerliches Gesetzbuch, § 426 Rn. 1.

[117] So auch *Rank*, BayVBl. 1988, 390 (393); *Seibert*, DÖV 1983, 964 (969); *Kloepfer/Thull*, DVBl. 1989, 1121 (1126).

[118] BGHZ 13, 360 (365); 19, 114 (123); 43, 227 (229); 59, 97 (101); *Larenz*, Schuldrecht AT, S. 635; *Palandt-Heinrichs*, Bürgerliches Gesetzbuch, § 421 Rn. 6.

[119] BGHZ 13, 360 (365); 19, 114 (123); 43, 227 (229).

[120] Vgl. BGHZ 43, 229 (230); 59, 97 (101); 73, 190.

[121] *Larenz*, Schuldrecht AT, S. 635; BGHZ 106, 313 (319); 108, 179 (183).

Zusammenfassung (Thesen)

1. § 10 Abs. 2 und § 10a Abs. 3 AbfG sind neben den übrigen bundesrechtlichen Ermächtigungsgrundlagen für Sicherungs- und Rekultivierungsanordnungen anwendbar. Auf sie können auch vor der Stillegung bereits Maßnahmen gestützt werden, sofern diese mit der Stillegung aktuell werden.

2. Art. 19 Abs. 1, Art. 21 Abs. 1 BayAbfAlG und die §§ 20 AbfAlG M-V, 19 Abs. 1 LAbfWAG RP regeln Sachverhalte, die vollständig von den §§ 8 Abs. 1, 9 S. 1, 9a Abs. 1 S. 1, 10 Abs. 2 oder 10a Abs. 3 AbfG erfaßt werden. Die Länder hatten hierzu keine Gesetzgebungskompetenz. Als Folge ergibt sich aus Art. 72 Abs. 1 GG die Nichtigkeit dieser konkurrierenden Normen.

3. Art. 22 Abs. 1 BayAbfAlG und § 9 Abs. 1 SächsEGAB sind verfassungskonform zu reduzieren und beziehen sich somit nur auf Abfallentsorgungsanlagen, die nach dem 11.06.1972 in den alten bzw. nach dem 1.07.1990 in den neuen Bundesländern noch betrieben wurden.

4. Für Abfallentsorgungsanlagen, die bereits vor dem 11.06.1972 in den alten bzw. vor dem 1.07.1990 in den neuen Bundesländern stillgelegt wurden, regeln die §§ 9 S. 1, 9a Abs. 1 S. 1, 10 Abs. 2 und 10a Abs. 3 AbfG keine Sicherungs- oder Rekultivierungspflichten. Ein Ausschluß dieser Pflichten für Altanlagen kann dem Abfallgesetz des Bundes allerdings ebensowenig entnommen werden, so daß entsprechende landesrechtliche Regelungen nicht wegen entgegenstehender Bundesnormen nichtig sind.

5. Eine zeitweilige Betriebsunterbrechung ist nur dann keine Stillegung, wenn konkrete Pläne zur Wiederaufnahme des Betriebes bestehen und die Unterbrechung nicht länger als ein Jahr dauern soll oder ein Jahr tatsächlich überschritten wird.

6. Rekultivierung ist zu definieren als Herstellung eines intakten und ortsüblichen Naturhaushalts, der möglichst viele, insbesondere auch geschützte Tier- und Pflanzenarten umfaßt, und des ortsüblichen Landschaftsprofils, soweit dies mit der Schaffung eines Naturhaushalts in Einklang zu bringen ist.

7. Die zu Sicherungsanordnungen ermächtigenden abfallrechtlichen Normen enthalten Ausprägungen des umweltrechtlichen Vorsorgeprinzips. Sicherungsanordnungen können daher auch dann ergehen, wenn die Gefahrenschwelle des allgemeinen Polizei- und Ordnungsrechts noch nicht überschritten ist.

8. Die Landesnormen, die Sicherungs- und Rekultivierungspflichten für Uraltanlagen vorsehen, enthalten eine echte Rückwirkung. Diese ist jedoch zum Schutz der Umwelt als zwingendem Grund des gemeinen Wohls zulässig.

9. Sicherungs- und Rekultivierungsanordnungen sind grundsätzlich wiederholbar. Eine zeitliche Obergrenze für nachträgliche Anordnungen läßt sich nur im Einzelfall finden. Bei Überschreitung der Grenze des § 17 Abs. 4a BImSchG von 10 Jahren ist jedoch widerlegbar eine Unverhältnismäßigkeit nachträglicher Anordnungen zu vermuten.

10. Von der Frage einer zeitlichen Grenze für nachträgliche Sicherungs- und Rekultivierungsanordnungen zu trennen ist die Frage nach einer zeitlichen Grenze von Anordnungen mit Dauerwirkung. Hier läßt sich keine einheitliche Grenze festlegen, ab der eine Unverhältnismäßigkeit vermutet wird.

11. Inhaber einer Abfallentsorgungsanlage ist lediglich ihr Betreiber. Der Eigentümer des Geländes, das für die Abfallentsorgung verwandt wurde, kann nicht zu abfallrechtlichen Sicherungs- und Rekultivierungsmaßnahmen herangezogen werden.

12. Betreiber ist der Adressat der Zulassung. Der Betreiberstatus und die damit verbundene Pflichtigkeit bezüglich Sicherung und Rekultivierung endet grundsätzlich nicht mit einer privatrechtlichen Übertragung des Betriebes und der Haftung auf Dritte.

13. Als Inhaber sind sämtliche Betreiber gemeinsam für die Sicherung und Rekultivierung verantwortlich.

14. Der Pflichtenstatus des Inhabers in bezug auf Sicherung und Rekultivierung entsteht bereits mit dem Betrieb der Abfallentsorgungsanlage und nicht erst mit der konkreten Inanspruchnahme. Die Adressierung von Sicherungs- und Rekultivierungsmaßnahmen ist lediglich die Konkretisierung und Aktualisierung der zuvor bereits entstandenen Pflichtigkeit.

15. Wird nur ein Inhaber zu Sicherungs- und Rekultivierungsmaßnahmen herangezogen, so kann er von den übrigen Pflichtigen analog § 426 BGB einen finanziellen Ausgleich verlangen.

Literaturverzeichnis

Bartels, Elke: Abfallrecht, Münster 1987

Battis, Ulrich/*Krautzberger*, Michael/*Löhr*, Rolf-Peter: Baugesetzbuch, 3. Aufl., München 1991

Bauer, Hartmut: Neue Tendenzen in der bundesverfassungsgerichtlichen Rechtsprechung zum Rückwirkungsverbot, NVwZ 1984, 220 ff.

Baur, Fritz: Der Ersatz von Aufwendungen für präventiven Gewässerschutz, JZ 1964, 354 ff.

Bender, Bernd/*Sparwasser*, Reinhard: Umweltrecht, 2. Aufl., Heidelberg 1990

Bernatzky, Aloys/*Böhm*, Otto: Bundesnaturschutzrecht, Wiesbaden Stand: Juli 1991

Bickel, Christian: Der Eingriffstatbestand in § 8 Bundesnaturschutzgesetz, DÖV 1989, 937 ff.

Birk, Hans-Jörg/*Schaupp-Haag*, Judith: Rechtsfragen bei der wirtschaftlichen Verwertung von "Deponiegasen" aus stillgelegten Mülldeponien, VBlBW 1986, 126 ff.

Birn, Helmut/*Jung*, Gottfried: Abfallbeseitigungsrecht für die betriebliche Praxis, Kissing Stand: Aug. 1992

Boisserée, Klaus/*Oels*, Franz/*Hansmann*, Klaus: Immissionsschutzrecht, Bd. 1, 3. Aufl., Siegburg Stand: Okt. 1991

Boldt, Gerhard/*Weller*, Herbert: Bundesberggesetz, 1984

Bonner Kommentar zum Grundgesetz, Heidelberg, Stand: Feb. 1993

Bosselmann, Klaus: Die Natur im Umweltrecht, NuR 1987, 1 ff.

Bothe, Michael: Rechtliche Spielräume für die Abfallpolitik der Länder nach Inkrafttreten des Bundesgesetzes über die Vermeidung und Entsorgung von Abfällen vom 27. 8.1986, NVwZ 1987, 938 ff.

Bracke, R./*Hagemann*, H. W./*Echte*, W./*Püttmann*, W: Geochemische Veränderungen in der Tonbasisdichtung der Deponie Geldern-Pont nach 8-jährigem Deponiebetrieb, Müll und Abfall 1991, 409 ff.

Brandt, Edmund/*Dieckmann*, Martin/*Wagner*, Kersten: Altlasten und Abfallproduzentenhaftung, Düsseldorf 1988

Brandt, Edmund/*Lange*, Holger: Kostentragung bei der Altlastensanierung, UPR 1987, 11 ff.

Breuer, Rüdiger: "Altlasten" als Bewährungsprobe der polizeilichen Gefahrenabwehr und des Umweltschutzes - OVG Münster, NVwZ 1985, 355, JuS 1986, 359 ff.

- Anlagensicherheit und Störfälle - Vergleichende Risikobewertung im Atom- und Immissionsschutzrecht, NVwZ 1990, 211 ff.

- Die Bedeutung des § 8 BNatSchG für Planfeststellungen und qualifizierte Genehmigungen nach anderen Fachgesetzen, NuR 1980, 89 ff.

- Rechtsprobleme der Altlasten, NVwZ 1987, 751 ff.

- Strukturen und Tendenzen des Umweltschutzes, Der Staat 1981, 393 ff.

Brosche, Hartmut: "Wilder Müll", Die Beseitigung von Abfällen, die widerrechtlich auf Grundstücken Dritter hinterlassen worden sind, DVBl. 1977, 235 ff.

Bruns, Dirk/*Jasper*, Karl-Heinz: Das neue Abfallgesetz, VR 1987, 368 ff.

Buch, Thomas: Verhältnis von Abfallrecht und Immissionsschutzrecht, in: Neuere Entwicklungen im Immissionsschutzrecht, Umwelttage 1991, Tagungsbericht, S. 83 ff.

Büge, Dirk: Die 3. Novelle zum Bundes-Immissionsschutzgesetz und ihre Bedeutung für die Betreiber genehmigungspflichtiger Anlagen, DB 1990, 2408 ff.

Degenhardt, Christoph: Staatsrecht I, 8. Aufl., Heidelberg 1992

Dienes, Karsten: Die 3. Novelle zum Bundes-Immissionsschutzgesetz, NWVBl. 1990, 404 ff.

Dienes, Karsten/*Oligmüller*, Peter/*Rinne*, Jochem/*Schmidt*, Guido/*Strasen*, Rainer/*Zillmer*, Horst: Rechtliche Behandlung von Altlasten, RdE 1987, 86 ff.

Dolde, Klaus-Peter: Bestandsschutz von Altanlagen im Immissionsschutzrecht, NVwZ 1986, 873 ff.

Dombert, Matthias: Altlastensanierung in der Rechtspraxis, Köln 1990

Dombert, Matthias/*Reichert*, Ronald: Altlasten in den neuen Bundesländern: Die Freistellungsklausel des Einigungsvertrages, NVwZ 1991, 744 ff.

Drews, Bill/*Wacke*, Gerhard/*Vogel*, Klaus/*Martens*, Wolfgang: Gefahrenabwehr, 9. Aufl., Köln 1986

Eckert, Rainer: Die Entwicklung des Abfallrechts, NVwZ 1992, 725 ff.

- Die Entwicklung des Abfallrechts, NVwZ 1987, 951 ff.

Ehrlein, Matthias: Die naturschutzrechtliche Eingriffsregelung (§ 8 BNatSchG), VBlBW 1990, 121 ff.

Enders, Rainald: Rechtsprobleme der Behandlung von Abfallaltanlagen und Altlasten in den neuen Bundesländern, DVBl. 1993, 82 ff.

Engelhardt, Dieter/*Brenner*, Walter: Naturschutzrecht in Bayern, München 1989

Erbguth, Wilfried: Informale Standortsuche für eine Hausmülldeponie und Abwägungsgebot anhand eines praktischen Beispiels, NuR 1992, 262 ff.

Erichsen, Hans-Uwe/*Martens*, Wolfgang: Allgemeines Verwaltungsrecht, 9. Aufl., Berlin 1992

Erman, Walter: Handkommentar zum Bürgerlichen Gesetzbuch, 8. Aufl., Münster 1989 (zitiert: Erman-Bearbeiter)

Feldhaus, Gerhard: Bundesimmissionsschutzrecht, Wiesbaden Stand: April 1993

- Der Vorsorgegrundsatz des Bundes-Immissionsschutzgesetzes, DVBl. 1980, 133 ff.

- Zum Inhalt und zur Anwendung des Standes der Technik im Immissionsschutzrecht, DVBl. 1981, 165 ff.

Fickert, Hans Carl: Der Verkehrswegebau im Lichte des neuen Naturschutz- und Landschaftspflegerechts, BayVBl. 1978, 681 ff.

Fluck, Jürgen: Die Legalisierung von Genehmigungen als ein Zentralproblem öffentlich-rechtlicher Haftung für Altlasten, VerwArch 79 (1988), 406 ff.

- Die immissionsschutzrechtliche Nachsorgepflicht als neues Instrument zur Verhinderung und Beseitigung von Altlasten, BB 1991, 1797 ff.

Franzius, Volker/*Stegmann*, Rainer/*Wolf*, Klaus: Handbuch der Altlastensanierung, Stand: Sept. 1991

Friauf, Karl Heinrich: Gesetzesankündigung und rückwirkende Gesetzgebung im Steuer- und Wirtschaftsrecht, BB 1972, 669 ff.

Gaentzsch, Günter: Die naturschutzrechtliche Eingriffsregelung, NuR 1986, 89 ff.

Gassner, Erich: Eingriffe in Natur und Landschaft - ihre Regelung und ihr Ausgleich nach § 8 BNatSchG, NuR 1984, 81 ff.

- Zum Recht des Landschaftsbildes, NuR 1989, 61 ff.

- Zur Fortentwicklung des naturschutzrechtlichen Planungsrechts, UPR 1988, 321 ff.

Gertloff, Karl-Heinz: Setzungsmessungen an Deponien - Methoden und Möglichkeiten, Müll und Abfall 1990, 179 ff.

Giesberts, Ludger: Die gerechte Lastenverteilung unter mehreren Störern, Diss., Trier 1989

Gieseke, Paul/*Wiedemann*, Werner/*Czychowski*, Manfred: Wasserhaushaltsgesetz, 6. Aufl., München 1992

Görtz, Werner: Altlastensanierung und Flächenrecycling, in: Fiedler, Kommunales Umweltmanagement, Köln 1991, S. 117 ff.

Götz, Volkmar: Allgemeines Polizei- und Ordnungsrecht, 10 Aufl., Göttingen 1991

Götz, Volkmar: Bundesverfassungsgericht und Vertrauensschutz, in: Bundesverfassungsgericht und Grundgesetz, Festgabe für das Bundesverfassungsgericht, Bd. 2, 1976, S. 421 ff.

Grabitz, Eberhard: Vertrauensschutz als Freiheitsschutz, DVBl. 1973, 675 ff.

Habermehl, Kai: Die Geschäftsführung ohne Auftrag im Öffentlichen Recht, Jura 1987, 199 ff.

Haedrich, Heinz: Atomgesetz, Baden-Baden 1986

Hartl, Roland: Die Beseitigungsanordnung nach dem Bayerischen Abfallgesetz, BayVBl. 79, 170 ff.

Hartmann, Bernhard: Auslegung und Anwendung von Steuergesetzen: Grundlagen der Rechtsanwendung im Steuerrecht, 1984

Herrmann, Nikolaus: Flächensanierung als Rechtsproblem, Diss., Hamburg 1989

Heuer, Klaus: Grundzüge des Bodenrechts in der DDR 1949-1990, München 1991

Hirsch, Günter/*Schmidt-Didczuhn*, Andrea: Gentechnikgesetz, München 1991

Hoffmann, Hartmut/*Stief*, Klaus: Schadensanalyse von Deponiebasisabdichtungen mit mineralischen Dichtstoffen und Kunststoffdichtungsbahnen, Müll und Abfall 1991, 404 ff.

Hoppe, Werner/Beckmann, Martin: Umweltrecht, München 1989

Hoschützky, Arnold/*Kreft*, Hansjürgen: Recht der Abfallwirtschaft, Köln Stand: Feb. 1989

Hösel, Gottfried/*v.Lersner*, Heinrich: Recht der Abfallbeseitigung des Bundes und der Länder, Berlin, Stand: April 1992

Ipsen, Jörn: Die Genehmigung technischer Großanlagen: Rechtliche Regelung und neuere Judikatur, AöR 107 (1982), 259 ff.

Ipsen, Knut/*Tettinger*, Peter J: Altlasten und kommunale Bauleitplanung, Bochumer Beiträge zum Berg- und Energierecht, Bd. 2, Stuttgart 1988

Isensee, Josef/*Kirchhof*, Paul: Handbuch des Staatsrechts, Bd. III, 1988

Jarass, Hans Dieter: Bundes-Immissionsschutzgesetz, 2. Aufl., München 1993

- Der Rechtsschutz Dritter bei der Genehmigung von Anlagen, NJW 1983, 2844 ff.

- Die Kontrolle gefährlicher Anlagen nach dem Bundesimmissionsschutzgesetz, JuS 1984, 351 ff.

- Festlegung von Einzugsbereichen für Abfallentsorgungsanlagen, DVBl. 1991, 7 ff.

- Reichweite des Bestandsschutzes industrieller Anlagen gegenüber umweltrechtlichen Maßnahmen, DVBl. 1986, 314 ff.

- Schädliche Umwelteinwirkungen, DVBl. 1983, 725 ff.

Jarass, Hans Dieter/*Pieroth*, Bodo: Grundgesetz für die Bundesrepublik Deutschland, 2. Aufl., München 1992

Jessberger, H. L. (Hrsg.): Erkundung und Sanierung von Altlasten, 5. Bochumer Altlasten-Seminar, 1989

- Erkundung und Sanierung von Altlasten, 8. Bochumer Altlasten-Seminar, 1992

Kimminich, Otto (Hrsg.): Handwörterbuch des Umweltrechts, Berlin 1986

Kleinschnittger, Annette: Die abfallrechtliche Planfeststellung, Diss., Berlin 1992

Kloepfer, Michael: Die Verantwortlichkeit für Altlasten im öffentlichen Recht, UTR 1986, Bd. 1, 17 ff.

- Die Verantwortlichkeit für Altlasten im öffentlichen Recht, NuR 1987, 7 ff.

- Umweltrecht, München 1989

- Umweltrecht im geeinten Deutschland, DVBl. 1991, 1 ff.

- Vorwirkung von Gesetzen, München 1974

Kloepfer, Michael/*Kröger*, Heribert: Zur Konkretisierung der immissionsschutzrechtlichen Vorsorgepflicht, NuR 1990, 8 ff.

Kloepfer, Michael/*Rehbinder*, Eckard/*Schmidt-Aßmann*, Eberhard/*Kunig*, Philip: Umweltgesetzbuch: allgemeiner Teil, Forschungsbericht, Berlin 1990

Kloepfer, Michael/*Thull*, Rüdiger: Der Lastenausgleich unter mehreren polizei- und ordnungsrechtlich Verantwortlichen, DVBl. 1989, 1121 ff.

Knauber, Raffael: Rechtliche Probleme einer Fließgewässer-Revitalisierung durch gesteuerte Eigendynamik in der intensiv genutzten Agrarlandschaft, NVwZ 1992, 220 ff.

Knauf, Norbert: Gesamtschuld und Polizeikostenrecht, Diss., Hannover 1985

Knemeyer, Franz-Ludwig: Polizei- und Ordnungsrecht, 4. Aufl. München 1991

Knopp, Günther-Michael/*Manner*, Reinhard: Das Wasserrecht in Bayern, München Stand: Dez. 1991

Knopp, Lothar: Altlastenrecht in der Praxis, Herne 1992

- "Altlasten"-Regelungen im hessischen Abfallrecht, DÖV 1990, 683 ff.

- Die "radioaktive" Altlast, NVwZ 1991, 42 ff.

Koch, Hans-Joachim: Bodensanierung nach dem Verursacherprinzip, Heidelberg 1985

Kohler-Gehrig, Eleonora: Der gesamtschuldnerische Innenausgleich zwischen Zustands- und Verhaltensstörer im Polizei- und Ordnungsrecht, NVwZ 1992, 1049 ff.

Kolodziejcok, Karl-Günther/*Recken*, Josef: Naturschutz, Landschaftspflege, Berlin Stand: Juli 1992 (zitiert: Kolodziejcok/Recken, Naturschutz)

Kopp, Ferdinand: Um eine neue Begründung des Grundsatzes des Vertrauensschutzes im öffentlichen Recht, BayVBl. 1980, 38 ff.

Köppke, Karl-Erich: Deponiesickerwasserbehandlung durch chemische Naßoxidation, Müll und Abfall 1991, 273 ff.

Kumpf, E. W./*Maas*, K./*Straub*, H: Müll und Abfallbeseitigung, Bd. 3, Berlin Stand: 1982

Kunig, Philip/*Schwermer*, Gottfried/*Versteyl*, Ludger-Anselm, Abfallgesetz, 2. Aufl., München 1992

Künkele, Siegried/*Heiderich*, Eberhard: Naturschutzgesetz für Baden-Württemberg, 2. Aufl., Stuttgart Stand: 1987

Ladeur, Karl-Heinz: Gefahrenabwehr und Risikovorsorge bei der Freisetzung von gentechnisch veränderten Organismen nach dem Gentechnikgesetz, NuR 1992, 254 ff.

Landmann, Robert/*Rohmer*, Gustav: Umweltrecht, München Stand: Juni 1992

Larenz, Karl: Lehrbuch des Schuldrechts Allgemeiner Teil, 14. Aufl. München 1987 (zitiert: Larenz, Schuldrecht AT)

- Methodenlehre der Rechtswissenschaft, 6. Aufl., Berlin 1991

Leibholz, Gerhard/*Rinck*, Hans-Justus/*Hesselberger*, Dieter: Grundgesetz, 6. Aufl., Köln Stand: Juni 1992

Leinemann, Ralf: Amtshaftung für Altlasten: Ansprüche eines Mieters, NVwZ 1992, 146 ff.

Leisner, Walter: Rechtsstaat - ein Widerspruch in sich?, JZ 1977, 537 ff.

Lorz, Albert: Naturschutzrecht, München 1985

Lukes, Rudolf: Der Entwurf eines Gesetzes zur Regelung von Fragen der Gentechnik, DVBl. 1990, 273 ff.

v.Mangoldt, Hermann/*Klein*, Friedrich: Das Bonner Grundgesetz, 2. Aufl., Berlin 1966

Marburger, Peter: Grundstückserwerb und Altlastenhaftung in zivilrechtlicher Sicht, UTR 1987, 169 ff.

Martens, Wolfgang: Immissionsschutzrecht und Polizeirecht, DVBl. 1981, 597 ff.

Maunz, Theodor/*Dürig*, Günter/*Herzog*, Roman/*Scholz*, Rupert: Grundgesetz, München Stand: Sept. 1991

Maurer, Hartmut: Allgemeines Verwaltungsrecht, 8. Aufl. München 1992

Mosler, Jürgen: Öffentlich-rechtliche Probleme bei der Sanierung von Altlasten, Diss., Bochum 1989

Müggenborg, Kay Artur: Rechtliche Aspekte der Altlastenproblematik un der Freistellungsklausel, NVwZ 1992, 845 ff.

v.Münch, Ingo: Grundgesetz-Kommentar, Band II, III, 2. Aufl., München 1983

Nauschütt, Jürgen: Altlasten, Baden-Baden, 1990

Oerder, Michael: Ordnungspflichten und Altlasten, NVwZ 1991, 1031 ff.

Ossenbühl, Fritz: Vorsorge als Rechtsprinzip im Gesundheits-, Arbeits- und Umweltschutz, NVwZ 1986, 161 ff.

Paetow, Stefan: Das Abfallrecht als Grundlage der Altlastensanierung, NVwZ 1990, 510 ff.

- Die gerichtliche Überprüfbarkeit der Entscheidung über die Zulassung von Eingriffen in Natur und Landschaft, NuR 1986, 144 ff.

Palandt, Otto: Bürgerliches Gesetzbuch, 52. Aufl., München 1993, (zitiert: Palandt-Bearbeiter)

Pape, Kay Artur: Die Bewältigung von Altlasten in der Praxis, NJW 1992, 2661 ff.

Papier, Hans-Jürgen: Anmerkung zum Urteil des OVG Berlin, DVBl. 1979, 159 ff., DVBl. 1979, 162 ff.

- Altlasten und polizeiliche Störerhaftung, DVBl. 1985, 873 ff.

- Altlasten - Rechtsprobleme und politische Lösungsmodelle, Jura 1989, 505 ff.

- Die Verantwortlichkeit für Altlasten im öffentlichen Recht, NVwZ 1986, 256 ff.

- Rechtsgrundlagen der Altlastensanierung, NWVBl. 1989, 322 ff.

Peters, Heinz-Joachim: Das neue Altlastenrecht in Baden-Württemberg, VBlBW 1991, 49 ff.

Pielow, Ludger: Ist die Eingriffsregelung nach § 8 BNatSchG ein Papiertiger?, NuR 1987, 165 ff.

- Verursacherhaftung nach dem Bundesnaturschutzgesetz, NuR 1979, 15 ff.

Piens, Reinhart/Schulte, Hans-Wolfgang/*Graf Vitzthum*, Stephan: Bundesberggesetz, Stuttgart, Berlin, Köln, Mainz 1983

Pieroth, Bodo: Die neuere Rechtsprechung des Bundesverfassungsgerichts zum Grundsatz des Vertrauensschutzes, JZ 1990, 279 ff.

- Grundlagen und Grenzen verfassungsrechtlicher Verbote rückwirkender Gesetze, Jura 1983, 122 ff.

Pieroth, Bodo/*Schlink*, Bernhard: Grundrechte, Staatsrecht II, 8. Aufl., Heidelberg 1992

Pietzcker, Jost: Öffentliches Recht: Die Altlast, JuS 1986, 719 ff.

Prümm, Hans Paul, Umweltschutzrecht, Frankfurt/M. 1989

Rank, Karl Peter: Rückgriff des Grundstückseigentümers gegen den Verursacher von Bodenverunreinigungen, BayVBl. 1988, 390 ff.

Rehbinder, Eckard: Die Freistellung von Anlagenerwerbern von der Verantwortlichkeit für die Sanierung von Altlasten in den neuen Bundesländern, DVBl. 1991, 421 ff.

Reidt, Olaf: Rechtsprobleme bei Bodenuntersuchungen im Rahmen immissionsschutzrechtlicher Genehmigungsverfahren, UPR 1992, 172 ff.

Renck, Ludwig: Neues zum Begriff der Abfallentsorgungsanlage, BayVBl. 1992, 168 ff.

Rengeling, Hans-Werner: Die immissionsschutzrechtliche Vorsorge als Genehmigungsvoraussetzung, DVBl. 1982, 622 ff.

Rid, Urban/*Hammann*, Wolf: Immissionsschutzrechtliche Vorsorge jenseits des polizeirechtlichen Gefahrenbegriffs, VBlBW 1987, 121 ff.

Ronellenfitsch, Michael: Eingriffe in Natur und Landschaft bei der wasserwirtschaftlichen Planfeststellung, VerwArch 77 (1986), 177 ff.

- Rechts- und Verwaltungsaspekte der naturschutzrechtlichen Eingriffsregelungen, NuR 1986, 284 ff.

Salzwedel, Jürgen: Betreiberpflichten im Zusammenhang mit einer Anlagenstillegung, in: Neue Entwicklungen im Immissionsschutzrecht, Umweltrechtstage 1991, Tagungsband

- (Hrsg.): Grundzüge des Umweltrechts, Berlin 1982

Sander, Eberhard: Rechtsfragen im Verhältnis von Wasserrecht und Naturschutzrecht, NuR 1986, 317 ff.

Scharnhoop, Hermann: Die Vierte Novelle zum Atomgesetz, DVBl. 1977, 322 ff.

Scheier, Michael: Abfallrechtliche, wasserrechtliche und ordnungsrechtliche Probleme der Sanierung von "Altlasten", ZfW 1984, 333 ff.

Schink, Alexander: Abfallrechtliche Probleme der Sanierung von Altlasten, DVBl. 1985, 1149 ff.

- Die Berücksichtigung ökologischer Belange bei der wasserrechtlichen Planfeststellung, ZfW 1985, 1 ff.

- Renaturierung von Fließgewässern und Unterhaltungsmaßnahmen, UPR 1987, 157 ff.

- Wasserrechtliche Probleme bei der Sanierung von Altlasten, DVBl. 1986, 161 ff.

Schlabach, Erhard/*Simon*, Alexander: Die Rechtsnachfolge beim Verhaltensstörer, NVwZ 1992, 143 ff.

Schmatz, Hans/*Nöthlichs*, Matthias: Immissionsschutz, Neuburg/Donau Stand: Juli 1992

Schmidt, Reiner/*Müller*, Helmut: Grundfälle zum Umweltrecht, JuS 1986, 284 ff.

Schmidt-Aßmann,Eberhard: Eingriffe in Natur und Landschaft, in: Handwörterbuch des Umweltrechts, Band 1, 1986, Sp. 402 ff.

- Die Grundsätze des Naturschutzes und der Landschaftspflege, NuR 1979, 1 ff.

Schmidt-Bleibtreu, Bruno/*Klein*, Franz: Kommentar zum Grundgesetz, 7. Aufl., Neuwied und Darmstadt 1990

Schmidt-Jortzig, Edzard: Aktuelle Aspekte der kommunalen Haftung für Altlasten, DÖV 1991, 753 ff.

Schrader, Christian: Altlastensanierung nach dem Verursacherprinzip?, Berlin 1988

Schwabe, Jürgen: Lastenverteilung bei einer Mehrheit von Umweltstörern, UPR 1984, 7 ff.

Schwachheim, Jürgen F: Zum Gesamtschuldnerausgleich unter mehreren Störern, NVwZ 1988, 225 ff.

Seibert, Max-Jürgen: Altlasten in der verwaltungsgerichtlichen Rechtsprechung, DVBl. 1992, 664 ff.

- Gesamtschuld und Gesamtschuldnerausgleich im Polizei- und Ordnungsrecht, DÖV 1983, 964 ff.

Sieg, Harald/*Leifermann*, Werner/*Tettinger*, Peter J: Gewerbeordnung, 5. Aufl. 1988

Sellner, Dieter: Änderungen des Bundes-Immissionsschutzgesetzes - Allgemeine und anlagenbezogene Neuerungen, NVwZ 1991, 305 ff.

Sendler, Horst: Grundprobleme des Umweltrechts, JuS 1983, 255 ff.

Sieder, Frank/*Zeitler*, Herbert: Wasserhaushaltsgesetz, München Stand: Okt. 1991

Soergel, Thomas: Bürgerliches Gesetzbuch, Band 2, 12. Aufl., Stuttgart 1990 (zitiert: Soergel-Bearbeiter)

Spannowsky, Willy: Altlastensanierung und Störerhaftung im Spannungsfeld von Gerechtigkeit und Effizienz, UPR 1988, 376 ff.

Stadie, Holger: Rechtsnachfolge im Verwaltungsrecht, DVBl. 1990, 501 ff.

Stern, Klaus: Das Staatsrecht der Bundesrepublik Deutschland, Bd. I, 2. Aufl., München 1984

Striewe, Peter: Rechtsprobleme der Altlastenbeseitigung, ZfW 1986, 273 ff.

Tettinger, Peter J: Besonderes Verwaltungsrecht, 2. Aufl., Heidelberg 1990

- Randnotizen zum neuen Recht der Abfallwirtschaft, GewArch 1988, 41 ff.

- Risiken eines Flächenrecycling für Anlagenerwerber in der früheren DDR, DtZ 1991, 43 f.

Vallendar, Willi: Die Betriebseinstellung - ein neuer Regelungstatbestand des BImSchG, UPR 1991, 91 ff.

Vicinus, Jürgen/*Knoche*, Ronald: Abscheidung von Dioxinen, Furanen und Schwermetallen in einer Gasreinigung, Müll und Abfall 1991, 229 ff.

Ziegler, Wolfgang: Aspekte des Bodenschutzrechts, BWVP 1987, 145 ff.

Ziehm, Hanno: Die Störerverantwortlichkeit für Boden- und Wasserverunreinigungen - Ein Beitrag zur Haftung für sogenannte Altlasten, Berlin 1989

FSC
www.fsc.org
MIX
Papier | Fördert
gute Waldnutzung
FSC® C083411

Kolibri 360 GmbH
Ferdinand-Jühlke-Straße 7
99095 Erfurt, Deutschland
produktsicherheit@kolibri360.de

Druck:
CPI Druckdienstleistungen GmbH
im Auftrag der
Kolibri 360 GmbH
Ferdinand-Jühlke-Str. 7
99095 Erfurt